国家出版基金项目
NATIONAL PUBLICATION FOUNDATION

21世纪中国城市图书馆丛书

厦门市图书馆

XIAMEN SHI TUSHUGUAN

主　编　林丽萍
副主编　付　虹

天津大学出版社
TIANJIN UNIVERSITY PRESS

图书在版编目（CIP）数据

厦门市图书馆／林丽萍主编．—天津：天津大学出版社，2017.11
（21 世纪中国城市图书馆丛书）
ISBN 978－7－5618－5945－2

Ⅰ.①厦…　Ⅱ.①林…　Ⅲ.①市级图书馆—介绍—厦门　Ⅳ.①G259.252.2

中国版本图书馆 CIP 数据核字（2017）第 272815 号

出版发行	天津大学出版社
地　　址	天津市卫津路 92 号天津大学内（邮编：300072）
电　　话	发行部：022－27403647
网　　址	publish.tju.edu.cn
印　　刷	北京华联印刷有限公司
经　　销	全国各地新华书店
开　　本	202mm×265mm
印　　张	22.25
字　　数	431 千
版　　次	2017 年 11 月第 1 版
印　　次	2017 年 11 月第 1 次
定　　价	150.00 元

“21 世纪中国城市图书馆丛书”编委会

《厦门市图书馆》编委会

总　序

中华文化源远流长，历久弥新。中华优秀传统文化是我们最深厚的文化软实力，也是中国特色社会主义植根的文化沃土。要实现“两个一百年”的奋斗目标、实现中华民族伟大复兴的“中国梦”，就必须充分运用中华民族数千年来积累下的伟大智慧。图书馆作为文献机构，汇集了由中华文化五千年精华浓缩而成的一本本图书，具有极高的文化价值。自古代的藏书楼发展至今天的公共图书馆，图书馆的本体在不断生长和变化着，图书馆事业在党和政府的积极扶持下，蓬勃发展，呈现出一片欣欣向荣的景象。

与此同时，我国正在努力构建的公共文化服务体系，是中国特色社会主义事业总体布局的重要内容，是实现经济、政治、文化、社会协调发展战略布局的重大安排。公共文化服务体系的建设关系到最广大人民群众的利益，是促进社会和谐稳定、建构中华民族共有精神家园的重要保障。而公共图书馆服务体系作为其中的重要组成部分和支撑力量，在公共文化服务的标准化、均等化建设和公共文化网络的布局上有其天然优势，责无旁贷。现代图书馆虽然延续了传统图书馆的储存功能，但更加偏重于知识的传播。面向大众的公共图书馆以阅读为中心功能，跳出了传统的知识特权与垄断，实现了书籍和知识的社会化和民主化。在中国当今的图书馆事业中，最具活力的当推公共图书馆，而在公共图书馆之中，又以大中城市的图书馆最有特色。

城市图书馆总是与文化生活联系在一起。城市图书馆是隐藏在喧闹匆忙城市中安静隽永的一隅，巧妙融合传统文明与现代化都市时尚，镌刻属于一座城市的特有的文化印记。在这里，一缕书香、一次活动就将城市的文化生活唤醒了。市民们在图书馆中畅享活色生香的世俗生活与传统民族文化，感受着城市图书馆对于城市文化的保存与维护、传承与发扬。

城市图书馆及其体系是城市化进程中的重要一环。城市中由公共图书馆组成的公共图书馆服务体系和以公共图书馆等公共文化设施为重点构成的公共文化设施网络，是全面推进基本公共文化服务标准化与均等化的重要措施与手段。通过城市图书馆与公共图书馆服务体系建设推动现代公共文化服务体系的发展、提高公共文化服务效能，是当代中国图书馆的发展目标之所在。

城市图书馆是集中展示图书馆职业专业性的场所。图书馆职业从诞生至今一直与非专业化的职业刻板印象进行抗争，我国的图书馆员也在为职业形象的专业化不懈奋斗。好在这样的付出已经收获了回报，我国图书馆职业的专业性已经得到读者的广泛认同。这之间，城市图书馆与图书馆员功不可没。图书馆员将专业性融入图书馆的愿景、规划、改革举措、日常运行、读者活动之中，让市民体会着职业专业性为城市文化生活带来的亮色。

中国的城市图书馆是对外宣传的文化名片。提高国家文化软实力，是党和国家的一项重大战略任务。作为公共文化设施之一的城市图书馆，一直履行着夯实国家文化软实力根基的责任，使中华民族最基本的文化基因与当代文化相适应、与现代社会相协调。在本套丛书中，我们不难发现城市图书馆在此方面付出的努力，这也是我们想要通过本套丛书向外传达的信息。

“21 世纪中国城市图书馆丛书”第一批收录的 12 个图书馆是我国 21 世纪城市图书馆整体风貌的缩影，由南至北分布在近 10 个省，具有很强的代表性。这 12 个图书馆各具特色，在管理运营、文化活动、资源开发与服务等众多方面有许多创新之处被总结积累下来。值此“一带一路”倡议推广之际，双语版的形式能更好地将我国城市图书馆在 21 世纪的创新与特色与世界分享，将优秀文化传播出去，让更多的人了解中国的城市图书馆，进而了解中国。

2017 年 9 月 20 日

General Preface

Chinese culture has a long and eternally renewed history. Excellent Chinese traditional culture is the most profound cultural soft power and the cultural fertile soil where the socialism with Chinese characteristics is rooted. In order to achieve "Two Centenary Goals" and realize the "Chinese Dream" of the great rejuvenation of the Chinese nation, we must make full use of the great wisdom that the Chinese nation has accumulated for thousands of years. The library, as the institution of literature, which has collected a large number of books involving the essence of Chinese culture with five thousand years, has high cultural value. The library has been evolving from the ancient library to the public library today. The librarianship, supported by the Communist Party of China (CPC) and Chinese government, shows a vigorous and flourishing trend.

At the same time, China is trying to construct a public cultural service system, which is an important part of the overall layout of the cause of socialism with Chinese characteristics and the important arrangement of the strategic layout to achieve the coordinated development of economy, politics, culture and society. The construction of the public cultural service system, closely related to the people's interests, is an important guarantee to promote social harmony and stability and build the common spiritual home of the Chinese nation. The public library service system, as an important part and supporting strength of the public cultural service system, has its own natural advantage and responsibility in the construction of standardization and equalization of public cultural services and the layout of the public cultural network. Although modern libraries retain the storage function of traditional libraries , they focus more on the spread of knowledge. With reading as the core function, public libraries are open to the public. They get rid of the traditional privilege and monopoly on knowledge and realize the socialization and democratization of books and knowledge. The most dynamic libraries in Chinese modern librarianship are public libraries , among which the ones in the large and medium-sized cities are the most distinctive.

City library is always associated with cultural life. As a quiet and meaningful place hidden in the noisy and busy city, city library offers a subtle blend of traditional civilization and modern urban fashion, engraved with the unique cultural mark belonging to a city. One book or one activity will wake up the cultural life of a city. Citizens in the library can enjoy the rich and colorful secular life and the traditional culture, and feel the efforts of the city library in preservation and maintenance, the inheritance and spread of urban culture.

City libraries and their system are an important part of the process of urbanization. The public library service system composed of public libraries in cities, and the public cultural facilities network focusing on the public cultural facilities such as public libraries, are the important measure and means to comprehensively promote the standardization and equalization of the basic public cultural services. To promote the modern public cultural service system and improve the efficiency of the public cultural services by constructing the service system of city library and public library is the goal of Chinese libraries.

City library is a place to intensively show the professionalism of the library profession. Since the birth of the library profession, it has been resisting against the non-professional stereotypes. Librarians also strive to establish a professional image. Fortunately, such efforts have been paid off. The library profession has been widely recognized by readers. City libraries and their librarians have made a great contribution to it. Librarians integrate the professionalism into the vision, planning, reform initiatives, daily operation and reader activities of their libraries, so that the public are able to enjoy the beauty of urban cultural life created by the professionalism.

City library in China is a cultural card for publicity. Improving the national cultural soft power is a major strategic task of the CPC and the nation. City library, as one of the public cultural facilities, has been performing the duty to consolidate the foundation of the national cultural soft power, and coordinate the most basic cultural genes of the Chinese nation with contemporary culture and modern society. It is not hard to find the great efforts of city libraries, which we want to spread through the series.

12 libraries of the first batch included in "Series of China's City Libraries in the 21st Century" are the epitome of the overall scene of China's city libraries in the 21st century. From the South to the North, they are distributed in nearly 10 provinces and have strong representativeness. These 12 libraries with their own characteristics have a lot of innovations in various aspects such as management and operation, cultural activities, resource development and service. On the occasion of promoting the Belt and Road Initiative, the bilingual version will be helpful in sharing the innovations and characteristics of China's city libraries in the 21st century with the world, and spreading the excellent culture, trying to enable more people to know China's city libraries and to know China well.

Wu Weici

Sept. 20, 2017

目 录

CONTENTS

01

第一章 厦门城与图书馆

厦门，位于陆地与海洋的交界处，交替战火与和平的脉冲，演绎港口与商埠的衰荣，承载文化与文明的起伏。它是一个混搭型的文化都市，有海洋文化的开拓进取，也有大陆文明的故土萦系。近代早早植入的丰富多样的外来文化，20世纪80年代中国的改革开放大潮，塑造了这座城市开放包容、温馨浪漫的文化性格。植根于这片土地的城市图书馆，记录了厦门岛的岑寂，也经历过炮火的洗礼……世事沧桑，一批批厦门文化名人、爱乡侨胞及图书馆前辈为图书馆建设、藏书活动持续出资出力，奠定了厦门城市文化的坚实基础。改革开放的新时代，厦门发生了翻天覆地的变化，拔地而起的文化艺术中心为厦门文化事业的跨越式发展添翼助力，开放性、服务型的城市图书馆，在厦门多元文化的繁荣进程中发挥着越来越重要的作用。

第一节

海防的城池

厦门市思明区新华路 43 号东侧，一段石墙沿绿树丛荫沿坡而上，墙根青苔暗生，地面落叶成席，墙外民居错落。这是厦门古城中左所遗址，历经 600 年风霜炮火，如今唯剩 120 米残垣，连缀着一座古城的终点和一座新城的起点。

厦门（古称“嘉禾屿”），宋代始设防驻兵，元代设嘉禾千户所，明代设中左守御千户所，建厦门城。

元末明初，日本南北朝混战中的一批落败武士流窜到海上，形成了名为“倭寇”的武装力量，四处侵扰滋事，危及周边各国安宁。作为中国东南沿海重要港口城市之一的厦门，深受其害。

大明开国皇帝朱元璋雄心勃勃，为了维护绵长永续的国脉，防止外敌染指，决定固防御倭，下旨在沿海诸镇建军筑城，遣将名单上出现了周德兴这一名字。

周德兴，安徽凤阳人，明初著名将领，朱元璋的老乡。明洪武三年（1370 年），周德兴受封江夏侯，岁禄一千五百石，颁予世券（“世券”是明朝皇帝赐予功臣世代享受特权的铁质凭证，子孙犯罪，可以折其功过给予赦减）。洪武二十年（1387 年）三月，周德兴入闽，组织十万民兵修筑城池。同年，泉州永宁卫中、左二所迁入厦门，设中左守御千户所，兵额 1204 名，兵船 20 艘，建中左守御千户所城，亦称“中左所城”“厦门城”，历时七年建成。

厦门外围城墙周长 1360 米，高 6 米，设有窝铺 22 个，城门 4 座，分别是东门“启明”，西门“怀音”，南门“洽德”，北门“潢枢”。门以铁板加固，上有城楼，楼中屯兵。然而，江夏侯周德兴未能亲眼见证厦门城的竣工，因其子周骥犯了“乱宫”大罪，在厦门城落成前两年，周德兴受牵连被朱元璋诛杀。“世券”终未能保住家族生命。但周德兴建造的厦门城池，始终屹立在东南海防门户，寿命超越了明清两代，坚强挺立600年，不减巍峨风采。厦门城海防功用显著，明代两次增高加固，将倭寇的进击阻于城外。

17世纪，荷兰和英国取代西班牙和葡萄牙，成为新兴的海上霸主。1624年，荷兰人殖民中国台湾。继倭寇之后，这支被称为“红夷”的荷兰舰队，成为厦门的新对手。

明朝中后期，朝廷推行海禁政策。“迁界移民”“片板不许入海”，严厉的海禁命令传达出朝廷对海洋的强烈抗拒。明朝步入衰弱晚年时，禁令逐渐松弛。内忧外患下空虚的国库，压制不住沿海诸镇逐渐抬头的货物走私活动。其中，以郑芝龙为代表的海商武装，开始把控闽粤沿海的海上贸易，甚至发展了一支令人畏惧的私人军队。厦门成为抗击“红夷”的军事基地。

明亡，清兵入闽，郑芝龙降清。郑芝龙的儿子郑成功不服清朝统治，高举南明（南明是明朝覆亡后，明宗室建立的政权）大旗，他带领的军队成为反对清兵入侵的主要抗争武装之一。

郑成功夺取厦门城后，施行一系列经济发展和武装建设措施，如训练军队、整顿兵船、建局造械等。厦门一度集聚兵将20万人，大小船舰2300余艘。郑成功以厦门为基地，建东西洋船队，设海路五行，发展对外商贸，活动辐射日本、吕宋和东南亚一带。同时，按明朝模式设立政权机构，将厦门改名“思明州”——表达对明朝皇室的忠诚。

在北伐行动受到重挫后，郑成功改弦易辙，“踞金厦台可抗天下全师”。他决定收复被荷兰占据的台湾。南明永历十五年（1661年），郑成功从金门起航，出师东征台湾，4月30日乘潮入鹿耳门，直趋禾寮港登陆，经过一番征战，光复台湾。然而天不假年，一年后，郑成功因病逝世，年仅39岁。郑氏子孙懦弱，部将内讧，军力顿衰。清康熙十九年（1680年），清军攻取厦门。康熙二十二年（1683年），台湾归降，清廷统一了东南版图。

康熙二十四年（1685年），福建水师提督施琅重修厦门城，设福建水师提督署。同年，将军吴英在厦门城东北角玉屏山修建玉屏书院，那是厦门岛创建最早、规模最大、影响最广的书院。乾隆十六年（1751年），水师提督倪鸿范与兴泉永道白瀛等对书院进行扩建。

乾隆五十三年（1788 年），新任兴泉永道胡世铨购置“经、史、子、集”和“九通”等图书万余册，存贮院内，供学子阅览。

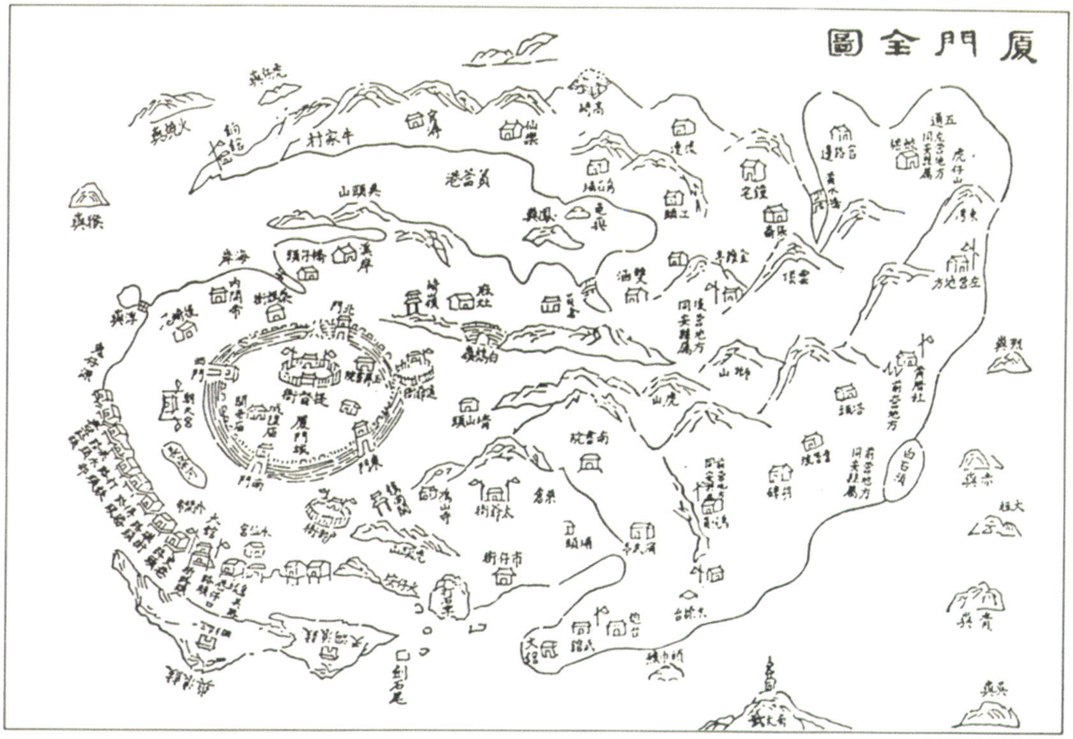

1839 年绘制的厦门全图

继荷兰之后，新一代海上霸主英国舰队来到中国沿海，要求“自由贸易”。清政府沿袭明代海禁政策，拒绝了英国的要求。清道光二十年（1840 年），英国发动第一次鸦片战争，厦门成为这场战争的主战场之一。由于守军分散、武器落后，厦门失守，城池遭到破坏。最终清政府被迫签订了中英《南京条约》，厦门与上海、广州、宁波、福州五个城市被辟为商埠，史称“五口通商”。历经抗倭、抗荷、抗清、抗英等多次战事的厦门城，拖着伤痕累累的身躯，进入 20 世纪。

20 世纪初，厦门人口激增，土地资源紧张。居民随意占用道路、扩大住房的行为时有发生。1920 年春，地方人士自发成立了“厦门市政会”，商请林尔嘉任会长，会董 20 人，由洪晓春、周殿薰、李禧等商、学两界知名人士组成，倡议修建马路，改变城市交通窘境。

1925 年，厦门城开始了大规模的拆除行动，废土石被填充于蕹菜河和厦禾路内海滩。经过5年的努力，厦门城墙基本拆除，城市内外连缀成片。近600年的中左所城完成其历史使命，一座近代化的新型城市从此诞生，迎着喷薄欲出的朝阳，进入新的发展时期。

厦门的第一条马路——开元路

第二节

开放的港口和侨乡文化

厦门，由厦门岛和大陆沿海部分地区以及周边数十个大小岛屿组成。北部、东北部是连绵的丘陵山地，西面紧临九龙江出海口，东面经台湾海峡与太平洋海域连通。其与大海的天然亲密关系，为海洋文化的萌生提供了可能。

厦门先民是古闽越族人，环境造就了他们血液中蕴含的海洋文化基因以及敢于冒险、大胆开拓的性格。古闽越族人“以海为生，以海为田”，用舟技能无可匹敌。中国历史上许多著名的航海活动都与厦门有关。据记载，明朝永乐年间，郑和的船队大多途经厦门海港南下。厦门，即“中左所”，在古代中国的航线图和航海日志中多次出现。对于以季风为动力的古代航海行动，厦门是海洋探险者等待季风来临或是躲避风暴的重要港湾。

明朝末年，作为东南沿海出洋商船盘验放行关口和华人出洋门户之一的厦门，商贸活动繁忙，大量生丝、陶瓷、茶叶在这里装船。海洋贸易带来的丰厚回报，激励着一群又一群不甘守成的勇士，架起风帆，投身于利益丰厚的海外商贸活动中。

厦门地处闽南，闽南语从古代中原河洛音中汲取营养，在持续而广泛的内外交流过程中，逐渐演化为中国八大方言之一。1977 年，作为地球上一种特别古老的语言，闽南语被镌刻在铜质唱片上，由美国“旅行者”号探测器送往外太空，成为地球文化的主要代表形态之一。

海洋文化和闽南文化的碰撞与融合，使厦门呈现出极具包容性的“双重性格”。比如，远儒性与崇儒性兼具，既是茹毛饮血的“蛮荒之地”，又是南宋朱熹的“理学之乡”。

中原传统文明的基本特征是农耕文化，人与土地的关系非常密切，人依靠土地生存，依托土地疆域建立社会秩序。国家统治的重要手段之一“分封”，就建立在土地的分配和辖制基础上，由此形成了人们对故土充满热恋的乡土价值观。厦门地区居民的海洋生活形态，又弱化了土地文化的羁绊。如果说土地文化衍生了“守望”观念，那海洋文化则催生了人们走向远方的“进取”理念。在“安土重迁”的中原文化与“弃土从商”的海洋文化的碰撞与融合过程中，无数出洋经商的华人，最终选择落叶归根、回报乡梓。闽南文化的内在逻辑由此可以获得解读。

1840 年以后，西方文化的强势植入，为厦门文化增添了更多的发展元素。多元文化的混杂、兼容，发展出包容与开放的厦门文化，有着别具特色的地方韵味。

港口文化的形成与嬗变

厦门海湾面积广大，自唐宋开始，已经成为渔舟、商船集泊的重要港口。海洋文化天生具有自由、开放的基因，即便是在明代中期的海禁高压时期，海上商贸活动也没能真正禁绝。那时的中国商人往往“私造巨舶，岁出诸番市易”，葡萄牙人也偷偷行船至厦门西南海域浯屿，从事胡椒、生丝买卖。

1567 年，倭患平息，明朝隆庆皇帝宣布部分港口解禁，从漳州月港出洋的商船必须到厦门查验，再移驻曾家澳（今曾厝垵）候风出洋。明代晚期，厦门取代月港，成为航运贸易中心，一时“夷厦梯航，云屯雾集”。厦门的商业、造船业和手工业迎来第一次井喷式发展时期。

经由厦门港出口的货物，除丝绸、布匹、石料以外，还有两种商品颇受外国人青睐，一种是茶，另一种就是瓷器。

福建安溪盛产茶叶，明政府解除海禁后，荷兰人率先从厦门运茶到欧洲贩卖。厦门是“中国第一个输出茶的港口”。厦门出口的瓷器，大多来自福建中南部的德化、平和、同安。物美价廉的瓷盘、碟、瓶，在欧洲人蓝色的眼眸中，折射出东方古国的神秘光辉。

明代崇祯年间，厦门已经是一座兴盛的港口城镇，街道纵横，店铺林立，厦门的“筼筜渔火”闻名于世。

明末清初，郑成功统治厦门，海上通商范围覆盖东亚太平洋沿岸地区，数十艘商船穿梭于连接厦门港的多条国际航道，海外贸易的巨大收益为郑成功赢得了跟清政府持久作战的财力，客观上也促进了厦门海港城市的繁荣。

康熙二十二年（1683年），清政府统一了东南版图，设台厦兵备道总管闽台事务。翌年，厦门设立海关，派户部司官驻厦，管理相关税务。厦门成为通往南海贸易的正规的海上交通口岸和对台航运专门口岸，外贸港口地位得以稳固。

19世纪末的厦门港

清乾隆元年至嘉庆元年（1736—1796年），厦门港迎来黄金时代。东西洋30多个国家和地区的海上贸易在这个港口中转，厦门港成为泰国大米进口贸易最集中的港口。厦门海关年征税银10.5万两，占全省税收总量的半数以上。

1840年第一次鸦片战争爆发后，厦门被辟为通商口岸。1843年11月，正式开埠，洋货、鸦片的输入和倾销使港口从出超变入超。英、德、美等国的商人纷纷来厦设立洋行，经营范围“从一担糖到一吨茶叶”，涵盖各行各业。

甲午战争前夕，厦门鼓浪屿上各国领事馆达12个。厦门的商业、运输业和金融业被外国商人把持着，连国家的海关管理权也旁落外人。1903年，厦门鼓浪屿被辟为“公共租界”，脱离中国政府管辖。许多外国人来厦门建教堂、开医院、办学校，他们的生活方式潜移默化地对当地居民的传统社会价值观产生影响。

这一时期，厦门的社会文化活动特别是报业活动呈现出蓬勃发展的态势。外国人在香港、广州、上海等地创办的《中外新报》《中外杂志》《孖剌报》等，在厦门都可见到。因此，厦门市民得以较早地接触海外思潮和事物。

厦门出版报纸肇始于西方传教士。他们在厦门办的第一份报是《厦门航运报道》，于

1872 年创办，1878 年改名为《厦门公报和航运报道》。后来又创办了 *The Amoy Gazette*（译为《厦门钞报》)、《漳泉公会报》。这些外文报既报道省内外消息，也介绍当地的风土人情，主要供外侨阅览，以增进对厦门的了解。辛亥革命后，厦门的报纸出版进入了一个新的时期。从 1911 年到 1920 年，先后诞生了《声应日报》《闽南报》《民钟日报》《江声报》《厦门日报》《思明日报》和《信报》。

于是，不少供市民读报的公益场所——“阅报所”相继出现在厦门。据记载，博闻书院是厦门最早的公开阅览书报的场所。1893 年，厦门海关税务司贾雅格向政府及绅商劝捐 1000 多元，在望高石的南面（今水仙路）购置了一座两层小楼，设阅览室、藏书室，公开供人阅览。光绪二十五年（1899 年）又有人在厦门鼓浪屿河仔墘（今泉州路）设立鼓浪屿阅报所，次年又建闽南阅报社。截至 1931 年，厦门已有 14 处阅报所，遍布全岛。这些阅报所虽然藏书不多，存在时间不长，但已具有公共图书馆的性质和功能。一些阅报所演变成后来的公共图书馆，如 1924 年创建的鼓浪屿中山图书馆，其雏形就是一个阅报所。

厦门的台胞和华侨

鼓浪屿的菽庄花园，原本是一座私家园林，依山建筑补山园，临海修建藏海园，每处景致莫不饱含深意，引人遐想，极富人文气息。

光绪二十一年（1895 年），清政府因中日甲午战争战败被迫签订《马关条约》，割让台湾。代表清政府签字的李鸿章视其为奇耻大辱，发誓有生之年不再踏足日本。这种耻辱感在台湾更是强烈，一批不甘心当日本臣民的台湾人士纷纷内渡，迁居厦门鼓浪屿。祖籍福建龙溪县白石堡吉上社（今龙海市）的台湾首富林维源和 21 岁的儿子林尔嘉就在其中。

林尔嘉，字菽庄，举家迁移鼓浪屿后，难抑故园情，于 1913 年仿台湾板桥花园建造了菽庄花园，以寄思念。

清末，林尔嘉历任厦门农工商头等顾问、度支部币制调查员，受命为厦门保商局总办兼商务总会总理。民国初年，任南京临时政府参议院候补议员、福建省行政讨论会会长、鼓浪屿公共租界工部局华人董事、厦门市政会会长等。

林尔嘉属意国家复兴，提出改革经济、发展实业的设想，建议政府振兴商务、兴办工业、开矿铸银、修建铁路、整理税收、裁减冗员，以保证国家财政收支平衡。他在厦门保商局总办兼商务总会总理任内，革除陋规苛例，主持制定《土地买卖章规》《华洋交易规约》，推动了厦门外贸的发展。他投资倡办漳厦铁路、电灯公司、电话公司等，开民族工商事业风气之先。20 世纪 20 年代厦门步入城市现代化发展的进程。作为市政会会长的林尔嘉"不避嫌怨，力为其难"，秉公办事，使市政建设得以顺利发展。他重视教育，主张创办学校，捐资建设了厦门师范学堂、厦门华侨女校、同文书院等，为国家输送人才，对厦门经济、市政、教育做出了巨大贡献，极大地推动了厦门城市化建设的进程。

海外华侨对厦门的发展也起了很大作用。厦门是福建的主要侨乡，也是福建华侨出入的重要港口，过往华侨在厦门产生的庞大消费拉动了内需。厦门是侨汇的主要汇入地之一，华侨在海外积累的财富通过厦门汇入家人手中。相对富裕的侨属，使民国时期的厦门成为一个典型的消费型商业城市。一批眼光长远的华侨，看中厦门独特地理位置所蕴藏的商机，积极参与厦门的工商业活动，对厦门的经济特别是房地产业和金融业，起到了推动作用，这种影响在 1927—1937 年达到高峰。

20 世纪 30 年代初的厦门岛

据统计，近代华侨在厦门的投资金额占全国华侨回国投资金额的八分之一，厦门拆旧城墙、修筑马路、新建市区、投资兴业、赈灾办学等各项事务中，均有华侨的贡献。

1875 年，华侨邱忠坡在厦门创办轮船公司，拉开了海外华侨投资厦门经济建设的序幕。甲午战争爆发后，海外华侨怀揣"实业救国"的理想，大举回国投资兴业。1905 年，陈宝琛募集 170 万银元成立商办福建全省铁路有限公司，建设漳厦铁路。这是福建的第一条铁路。同时，华侨还投资地方轻工业。1913 年，陈嘉庚和杨格非共同出资，在虎头山下创建了厦门大同酱油厂。

华侨投资促进了厦门民族资本企业的发展，也改善了厦门的公共设施和居民生活环境。厦门是海岛，淡水资源极其缺乏，厦门市民的生活用水一度是个大问题。除了山泉、井水外，只能用运水船从漳州石码运来九龙江水。由于饮用水卫生得不到保障，每年春夏之交，鼠疫、霍乱、疟疾、肠炎等瘀疫滋生，威胁公众健康。1921 年，华侨黄奕住创办自来水公司，改善了市民的饮用水水质。黄奕住是福建南安人，年轻时到印尼谋生，经营蔗糖业，是印尼四大糖商之一。他先后捐资赞助了厦门大学、北京大学、岭南大学、复旦大学以及鼓浪屿中山图书馆。

华侨对厦门工业、交通业、商业、金融业、服务业、房地产业以及公共文化和教育的投资，使厦门的社会经济得以发展，公共服务得以进步，同时，海外华人、华侨较高的文化修养，也影响着城市生活的各个领域，形成良好的发展氛围，带动了厦门的文化发展。

情趣高雅的林尔嘉，喜好唱和吟咏。菽庄花园建成后，他组织成立“菽庄吟社”，承担吟社一切活动费用。每逢亲友婚庆、主人寿诞，或七夕、中秋、重阳、上元等节令佳时，时常邀请名人文士到菽庄花园，以景点、定题、限韵、诗钟等方式唱和。高峰时期，吟社成员曾发展到三百余人，活动前后持续数十年，可谓 20 世纪上半叶厦门文坛的一大盛事。

林尔嘉的吟社中有一常客，颊骨清瘦，长衫碗帽，蓄留标志性的髭须，身上散发出一股浓浓的儒生气息，这人就是厦门市图书馆首任馆长周殿薰。

第三节

图书馆前人逸事

在厦门文化发展史上，以周殿薰为代表的厦门文化名流对图书馆的创办及发展功不可没。陈嘉庚、杨贻瑶等爱国爱乡华侨捐资建设图书馆的义举，更是被后人津津乐道，这种对文化的守望与传承是厦门这座城市永远的自豪与荣耀。

周殿薰、余超、李禧与厦门市图书馆

玉屏书院，厦门最早的学堂，其旧址原是明代义学。清光绪十一年（1885 年），年仅十八岁的周殿薰被推举为玉屏书院大董，主管一切行政事务。清末废除科举制度后，厦门没有时务类学堂。周殿薰提议将书院公款和院址用于兴办新学，获得玉屏董事支持。

厦门市图书馆第一任馆长周殿薰

华侨王霭堂先生捐款上万元，在玉屏书院毗连空地建学堂，名官立厦门中学堂（即玉屏中学堂，今福建省厦门第一中学前身）。兴泉永道刘庆汾聘周殿修（周殿薰的哥哥）为监督，周殿薰任监学兼国文、史理教员，负责学堂的具体事务。清光绪三十二年（1906 年）4 月 4 日，厦门中学堂开学。这是厦门中学教育的开端。

周殿薰对学生德行要求极严，他认为“品行恶劣，文学虽美，也无用处”。对有过错的学生，周殿薰不是简单采取体罚了事，而是要他们真正发自内心地反省悔悟。周殿薰重视培养师资力量，用玉屏书院院款资助青年塾师赴福州师范学堂学习，以备发展中小学教育之需。

除致力于办学外，周殿薰还在思考建立图书馆以启民智。他向厦门道尹陈培锟提出此事后，陈深表赞同，拨玉屏书院余款为馆费，以文渊井巷21号玉屏别墅为馆舍建起了厦门图书馆，并聘周殿薰为图书馆第一任馆长。

周殿薰从馆舍、藏书及经费筹措、人员培养等逐一入手，尽心尽责。图书馆接收玉屏书院旧存经、史、子、集和九通等万余册，连同原海关停办的博文书院余存的六千余册图书，又添置新译新著图书三千余册，共计两万余册，报纸杂志亦各添置数十种，于1920年9月20日正式开放。

同年，北京大学教授李大钊创办图书馆学讲习科，周殿薰推荐学生余超赴京学习，余超结业返厦后被聘为厦门图书馆主任，全力协助周殿薰办馆。

1919年创办的厦门图书馆

随着图书馆阅览人数增加，馆舍渐不堪重负。1924年，周殿薰亲赴上海募捐万余元，扩建图书馆。图书馆一楼为藏书室，以号码为序，排列近百个书架，两面都排书，各层可活动，可“视书脊高下变通层数”；二楼为阅览室，可容纳百余人。编制分类目录卡、著者目录卡、书名目录卡三种卡片，方便读者查找图书。每个目录柜上备有目录检查法说明，两旁安置杂志报纸架。中设出纳台，台后有类似井形设计的升降机，连通楼下藏书室。

周殿薰还通过订购和向私人购买等方式增加馆藏，如向商务印书馆、中华书局订购《万有文库》《中学生文库》《影印珍本》《四部备要》等；募捐数千元购买泉州龚家祖遗的古版图书，宋版一部、元麻沙版一部，以及明版和清武英殿聚珍版及诸多罕见图书计两千余册，供研究者使用。周殿薰任馆长十年，纯属义务，不领薪俸，直至1930年8月6日积劳成疾不幸病逝，由他的学生余超继任。

余超，号少文，厦门人。1915年全闽师范学堂毕业后，回厦门创办励业女校，1917年任省立十三中学数理教师。他是周殿薰创办厦门图书馆的得力助手，是其办馆理念的继承者和推动者。

余超非常重视图书馆界联系和图书馆专业研究，多次参加中华图书馆年会。

第二任馆长余超

1929年1月，他参加在南京举办的中华图书馆协会第一次年会，当时与会人员达300多人，各方就图书馆建设经验、新技术、今后各图书馆发展计划和人才培养等方面展开讨论。余超还亲赴山东、上海、杭州图书馆参观学习，汲取先进经验用于馆内革新。1930年图书馆改为公立，余超继续任馆长，开始筹划创办一份“记录图书馆业务情况，刊发有关探讨性论文和国内外图书馆界信息”的刊物，即后来的《厦门图书馆声》。1932年，《厦门图书馆声》月刊正式发行，设有“论著、馆讯、中外图书馆消息、每月业务统计、赠书鸣谢”等栏目，为厦门图书馆的发展历史留下珍贵记录。几乎每期的《厦门图书馆声》，都有余超关于图书馆建设的研究探讨论文，从理论到实践，从图书馆分类法到福建地方文献搜集，余超多方涉猎，促进了图书馆事业研究，培养了学术研究风气。

1933年8月，余超出席在北平召开的中华图书馆协会第二次年会，提出“地方教育经费应拿出30%作为图书馆经费；图书馆应附设儿童图书室；颁布标准的图书分类法；图书馆应重视地方志搜集；创办图书馆学讲习所以培养人才”等六个方案，被大会采纳。1936年7月，余超赴青岛参加中华图书馆协会第三次年会，并赴济南、上海等图书馆参观，参观后撰写参观考察报告刊于《厦门图书馆声》。

余超大胆应用西方图书馆分类法知识，为新旧图书实行统一分类法，编制本馆图书分类法《暂编统一分类法》，将图书分成十大部。他将卡片目录设置为分类、书名、著者和主题四种，推广现代图书馆理念，提出转变传统图书馆的闭架管理方式，倡导图书资料的开放服务。

抗日战争期间，余超被日军列入“抗日分子”遭到通缉，只身逃往香港。临行前，他没有带多少行李，只随身带走图书馆珍藏的两种善本书《埤雅》和《注陆宣公奏议》。后来图书馆失火，馆舍和藏书悉数被焚毁，两种善本因此侥幸躲过一劫。1941年底，日军占领香港，诱其返厦任图书馆馆长，遭到他的严词拒绝。直到抗战胜利，余超才返回厦门，并将两种善本书归还。

1949年10月17日，厦门解放，余超自办“张前阅报所”，继续服务群众。他亲自设计流动书车——矩形木箱下装四轮，可以推动，箱内放图书，箱上支撑三块长方形薄板，斜靠成三角形，板上钉四排细木条，放置期刊，便于民众阅览。他推着载满书报的流动书车，到公园、码头等公共场所，开创了厦门流动书车服务的先河。1952年10月17日，厦门解放三周年纪念日，余超像往常一样将流动书车推到市民集中的中山公园，不料天气突变，大风吹散图书，他急忙四处捡拾，情急之下被石椅绊倒，头部受伤致双目失明。后被送到北京中苏友好医院治疗，终因“拖延时日”无法复明，实为憾事。

第三任馆长李禧

周殿薰的另一个学生李禧，是厦门市图书馆第三任馆长。

厦门人李禧出生于清光绪九年（1883年），1908年毕业于全闽师范学堂，后在鸿麓小学堂执教。他喜好诗歌，尤钟情于“吟咏唱和”。七七事变后，他以诗文为白刃，展开抗战宣传运动。

李禧非常重视地方文化研究。20 世纪 30 年代前后，他撰写了《紫燕金鱼室笔记》，在厦门《昌言报》连载。前后计 469 篇，内容涉及文物、掌故、诗词、逸事、古迹、传说、风俗、天文、地理、物产等，地域辐射福建省内外、台湾、香港以及东南亚。厦门最早的乡土教材《思明县乡土教科书》也由李禧编辑而成。这套教材供当时三、四年级的学生使用，共分 4 册，涉及地理、历史、风俗、商务等内容。

1938 年 5 月，厦门沦陷，李禧暂时避居香港，后因母亲病重返回，在鼓浪屿开设“汉文补习班”谋生。

1945 年 10 月，李禧被委任为第三任厦门市图书馆馆长，兼任厦门修志局纂修、厦门市文献委员会副主任。在此期间，他筹划恢复抗战时期停止运转的图书馆并编纂《厦门市志》。当时没有复印机，志书书稿本只能手抄。李禧请老友陈玉琮用毛笔誊抄经他修改增删的初稿，分卷装订成册。“文革”时期，李禧后人将稿件保存于市商业局，为 1999 年出版《（民国）厦门市志》起了校对底本的作用。

李禧担任厦门市图书馆馆长直至 1961 年退休。

厦门报人李汉青与鼓浪屿中山图书馆

厦门市图书馆分馆——鼓浪屿中山图书馆的第一任馆长李汉青，出生于光绪二十三年（1897 年），是福建永春县一名铁匠的儿子，家境殷实。

李汉青 8 岁那年，永春县太平乡坑尾村发生瘟疫，李汉青感染伤寒，当时没有特别有效的治疗办法，大多人不治身亡，李汉青却意外生还。

1915 年秋，中学毕业的李汉青到福州攻读政法专科学校，满腔热血加入中华革命党，投入反对袁世凯的斗争中。1919 年毕业返乡，自费办义学。未料短短两年间，竟接连两次被绑架，每次都是花钱自赎，虽性命无虞，却令他对办义学彻底心寒，毅然离乡赴厦。

李汉青写得一手好文章，先后担任上海《申报》《新闻报》驻厦门特约访员，任《民钟日报》《江声报》总编辑，事业顺风顺水。1924 年，在民主革命人士许卓然等人的倡议和资助下，27 岁的李汉青于鼓浪屿福建路盐田旅馆旧址（今第二医院隔邻）设阅报所，后称“私立鼓浪屿图书馆”，并自任馆长。

当时鼓浪屿图书馆没有馆舍，李汉青时常为之犯愁。1926 年国民革命军北伐，驻漳州的北洋军第一师师长张毅兵败被擒，他在鼓浪屿港仔后 74 号（今晃岩路 41 号）的一座三层洋房被政府没收。李汉青向国民党市党部和海军当局建议，将此楼改作图书馆，得到当局认可。为纪念民国缔造者孙中山先生，图书馆改名为“中山图书馆”。

馆舍的问题解决后，李汉青着手策划组建图书馆董事会。海军司令杨树庄、漳厦海军警备司令林国赓为名誉董事长，外交部厦门交涉员刘光谦为董事长，中南银行董事长黄奕住为副董事长，李汉青任常务董事。

1928 年 3 月，中山图书馆正式筹办。副董事长黄奕住捐赠巨款作为办馆经费，购买上海商务印书馆出版的所有图书充实馆藏。5 月 5 日，中山图书馆正式向市民开放，时馆藏图书三万余册，大部丛书基本齐全，如《二十四史》《四部丛刊》《四部备要》《武英殿全书》和各省方志等。

中山图书馆的书架采用名贵的黄花梨木，造价不菲。书架隔板可依图书高度调节，实用性与观赏性兼备，一直沿用至今，不招蠹虫。

中山图书馆现仍在使用的古旧书架

中山图书馆自开办起，就得到海内外机构和社会贤达的大力支持，负责社区管理的鼓浪屿工部局每年给图书馆拨款用于购书，社会各界知名人士踊跃捐书，影响较大。

1930 年，国民党内部派系争斗，新来的党部指导员高峰企图强行接收图书馆。李汉青召集董事会议，直接上书国民党中央党部和教育部，图书馆才得以由董事会继续开办。为充实经费，随后举行第二次董事会，黄奕住出任董事长，周辨明为副董事长，李汉青负责图书馆业务，图书馆藏书日渐丰富，达五万多册。

1938 年厦门沦陷后，李汉青及诸董事外迁避乱，中山图书馆由工部局代管，时难民大量涌入鼓浪屿，中山图书馆成为他们查阅国际消息、了解国内时政的窗口，给战乱下的鼓浪屿居民留下一点心灵安慰。1941 年，日军侵占鼓浪屿，中山图书馆遭日伪机构强行接管，改名为“厦门市立鼓浪屿图书馆”，大量珍贵图书因此被侵吞，以致散佚。

1945 年抗战胜利，厦门市教育局接管中山图书馆，更名为“市立第二图书馆”。李汉青回厦门后，又将其改回私立性质，定名为“私立中山图书馆”，并成立第三届董事会，陈荣芳为董事长，周辨明为副董事长，李汉青仍任馆长。厦门解放后，1953 年 1 月，中山图书馆由厦门市政府接办，成为厦门市图书馆分馆，对外仍名“中山图书馆”。

1963 年 3 月，中山图书馆与海关签订《暂换房产协议书》，馆址迁入中华路 4 号（原海关俱乐部）。“文革”期间，图书馆一度停止开放，至 1973 年国庆后才重新对外开放。

1994 年 11 月 4 日，中山图书馆旧馆舍被拆除，政府拨款在原址重建新馆，建筑面积 1600平方米，建成后的新馆以更加美观、幽静的环境接待广大读者。

华侨领袖陈嘉庚与集美图书馆

1918 年，集美学校图书馆诞生，它是集美图书馆的前身，也是厦门最早建立的图书馆，创办者是著名华侨陈嘉庚，时年 44 岁。

陈嘉庚（1874—1961 年），爱国侨领、企业家、教育家、慈善家和社会活动家。17 岁那年，陈嘉庚前往新加坡，佐父经营顺安米号，后经营菠萝罐头业、米业和橡胶业。第一次世界大战期间，陈嘉庚经营的轮船业和橡胶业蓬勃红火，他因此成为东南亚最大的橡胶大王。

1920 年的集美图书馆

“教育为立国之本，兴学乃国民天职。”事业有成的陈嘉庚将视线投向中国的国民教育。他一生兴办、资助的学校多达 100 多所，耗资 1 亿美元。厦门大学、集美大学（前身为集美学村各专科学校）两校师生均亲切地尊称其为“校主”。

除了办学，陈嘉庚还把兴办图书馆看作推广国民教育的重要途径。他投资建设的集美学校图书馆博文楼，占地 2000 平方米，建筑费 4.5 万元。和集美学村其他建筑一样，博文楼有着“洋装瓜皮帽”的建筑形象，系集美学校首座采用中国式大屋顶的建筑物。这座三层宫殿式的图书馆馆舍，中部三层，两侧两层，原中部南北立面一、二层为西洋柱式外廊，三层为中国式柱廊，二层以上砌有琉璃柱式花瓶栏杆，屋顶为绿色琉璃瓦双重歇山式，屋脊和飞檐起翘为闽南风格。

博文楼建成后，学校将图书移入，初配工作人员 2 名。因楼层高度适中，学校的救火队常爬到楼上进行集训。陈嘉庚对购书经费给予充分保证，所有费用全从集美学校经费中拨用。在他的支持下，馆藏数量与日俱增。

抗战爆发后，学校从集美迁至安溪县，部分图书随迁，但仍有包括京沪大报在内的一部分报刊、图书留在博文楼。1939 年 4 月，敌机轰炸集美，博文楼中弹，三楼全毁，二楼洞穿，馆藏在战火中烧成灰烬。安溪的图书馆也没能延续太久。1939 年秋，文庙上空传来日机轰鸣声，战事在即。图书馆不得不对重要图书再次进行疏散，先是寄存到三十里外的蓬莱乡，后来又多次辗转迁徙。

在艰难的抗战时期，文学家郑振铎利用集美图书馆藏书，写成了《中国俗文学史》，这一著作代表着当时国内该领域研究的最高水平。集美图书馆在硝烟弥漫中，依然绽放着文明之光。

抗战胜利后，图书馆迁回集美。故乡满目疮痍，博文楼千疮百孔，图书馆度过了成立以来最寒冷的一个冬天。随后启动博文楼修葺计划，重新汇聚、整理图书馆文献。至中华人民共和国成立时，集美学校图书馆共有藏书八万册。

1953 年，陈嘉庚回国定居。考虑到博文楼地势低洼，不利于书刊保存，他选择了地势高位，新建了“工”字形的两层新馆舍。

1972 年，集美学校图书馆由厦门市图书馆接管，更名“集美图书馆”，成为厦门市图书馆分馆。1989 年，图书馆重新归还集美学校校委员会。

20 世纪 90 年代，集美图书馆的影响力不断提升。作家巴金亲自整理出自己的五十五部著作，签名赠予集美图书馆。作家冰心为集美图书馆自办刊物《图书馆信息》题写了刊名。

香港侨胞杨贻瑶的图书馆情愫

1919 年创立的厦门市图书馆，抗战期间被大火烧毁，馆舍成了问题，只能到处借房。中华人民共和国成立后，爱国工商业者郑忠益把思明北路一座千余平方米的三层房舍无偿借给图书馆，图书馆这才有了较宽敞的场所。“文革”期间，因调整商业网之故，图书馆又被迁到中山路。由于藏书逐渐增加，书库的书架叠至层顶都容纳不了数十万册藏书，再加上年久失修，房屋在超重的负载下，多处出现裂缝，下水管道破损严重，污水甚至渗透进楼下书库，珍贵馆藏面临被破坏的危险。谁也没想到，馆舍问题最后竟由厦门市图书馆的一位老读者出面解决。

祖籍晋江的杨贻瑶，年轻时在厦门给人做店员、当伙计。“头家”（老板）家里的事、店里的活都得干，确实很累。在那几年，能让杨贻瑶开心的事，就是到图书馆看书。不但可以识字，还可以阅读各类书刊、报纸，获得知识。后来他能够想到出洋，也是经常看书读报学习的结果。

抗战前夕，杨贻瑶到菲律宾做生意，有了些积蓄。他说："图书馆对市民的文化生活有很大影响，许多人都从中得益，如不是图书馆，我也不会赚那么多钱。那时，我常到市图书馆读书看报，学到了做人的道理，正是因为从图书馆借得《商业尺牍》一书，才学会了做生意。离开厦门前，我曾到南普陀寺烧香许愿，如我赚到钱，也要建一座图书馆。如今我果然有了钱，当然要兑现我的诺言。祖国改革开放了，很多人回乡参加校庆活动，我没有母校，图书馆就是我的母校。我要回报图书馆。"

经过多方筹措和准备，1987 年 11 月的最后一天，杨贻瑶先生捐建的图书馆选址确定，将原市政府大院作为图书馆的永久用地。

杨贻瑶对图书馆的初步设想如下：六层建筑，每层皆为大空间，层承重量为 500 千克/平方米，外墙敷贴马赛克，门窗用铝合金，地板用水磨石，配一部升降机，每平方米造价为 500 元。

1989 年 3 月 17 日，他进一步补充：图书馆六层框架实建五层，安一部电梯，各层承重量要达到 700 千克/平方米，窗户要朝外开，窗顶要有遮雨棚，并预留空调位置。三楼以上不要建厕所，一楼厕所门朝户外，专供读者使用。正门台阶式，后门斜坡式。

1990 年 1 月 30 日，图书馆破土动工。五层大楼封顶后，杨老先生再度出现在工程现场，他对工程进度感到很满意，并表示愿增加经费，将大门立柱改为不锈钢装修，一、二楼棚顶改为吊顶，使大楼更加美观。

1991 年初，内部装修紧张地进行，杨老先生亲自采购的三菱牌电梯也已安装完毕。5 月份，大楼装修完工。8 月，这座 4500 平方米的五层图书馆综合大楼竣工，全新的图书馆设备也安装完毕。

12 月 17 日，在庆祝厦门经济特区建设 10 周年前夕，厦门市数百名图书馆工作者在崭新的图书馆前举行剪彩仪式。锣鼓喧天，鞭炮齐鸣，杨贻瑶手持剪刀剪断红绸布，一块红帷揭开来，嵌在墙上的大理石醒目地出现在人们的眼前，上面镌刻着"厦门图书馆综合楼——香港杨贻瑶先生捐建。1991 年 5 月”。

杨贻瑶先生及他捐建的图书馆综合楼

[英文原版精读俱乐部]

02

第二章
便利、普惠的图书馆服务

20 世纪 90 年代初，杨贻瑶先生解决了厦门市图书馆馆舍紧张的难题，为厦门市图书馆的业务建设和事业发展打下了良好的基础。1991—2006 年的十五年间，厦门市图书馆先后实现了图书馆业务管理及读者服务的自动化，书刊开放借阅、免费服务，并增设了地方文献、港台文献、外文文献等专题阅览室，开展了周末讲座、文化艺术展览等读者活动。图书馆阅读环境的改善、服务内容的拓展和自动化程度的提高，使厦门市民对阅读、对图书馆有了更多的激情与期待。

2007 年，以厦门新地标——文化艺术中心厦门市图书馆新馆建成开放为契机，市图书馆确立了“全方位开放、全公益服务、全社会共享”的“三全”服务宗旨：一是坚持服务对象、服务空间、服务布局及文献资源的全开放服务；二是坚持从文献借阅等基本服务到参考咨询、读者活动等读者服务的全免费；三是坚持创办基层分馆，让全社会共享公共文献资源。

围绕“三全”服务宗旨，厦门市图书馆创新服务手段，深化服务内涵，延伸服务辐射面，形成以全开放为主导的服务新常态，使办馆效益得到跨越式提升。2013 年，到馆读者 414 万人次、文献外借 352 万册次。这是厦门市图书馆建馆以来首次年到馆人次突破 400 万大关。2014 年，到馆读者 421 万人次、文献外借 399.1 万册次，创下历史新高。这些不断递增的服务绩效与图书馆坚持不懈的开放服务、便民服务以及不断创新的阅读推广、技术提升手段等密不可分。

第一节

全开放免费的平等服务

厦门有史以来规模最大的文化建设项目——厦门文化艺术中心于2006年3月16日正式全面开放。文化艺术中心这一颇具现代人文特点的庞大建筑群，其“前身”是厦门工程机械厂的两幢旧厂房。经过两年多的改造建设，总占地面积约14万平方米、投资总额达5.5亿元的厦门文化艺术中心成为福建省最大的公共文化设施群：2.6万平方米的图书馆，2.5万平方米的博物馆，2.8万平方米的艺术馆（包括美术馆和文化馆），2.1万平方米的科技馆，覆盖居住人口50多万。

这座备受市民关注的综合文化艺术中心的建成开放，为厦门市图书馆服务理念、服务布局、服务体系的创新发展，提供了良好的硬件条件。

开放服务进入新常态

利用旧厂房改建而成的厦门市图书馆，整个建筑主体二层，局部四层，其独特的设计总是能引起首次进入图书馆的读者的惊叹。当年厦门工程机械厂遗留下来的部分钢构件依然保留在图书馆内，带着它过去隆隆作响的历史书写着自己新的荣光。

由厦门工程机械厂厂房改建的厦门市图书馆

借助原厂房的钢结构与大空间，图书馆一改以往服务区域分隔的传统格局。服务大厅恢宏明亮，使到馆读者感到心旷神怡；设置于图书馆大厅的总服务台是读者服务的重要站点，办证退证、借还图书、问询服务等在此一站式完成；进入超大型阅览空间，映入读者眼帘的是位于建筑中央的1000多平方米的室外中庭花园。无隔断的各阅览区像休闲回廊，环绕中庭花园，读者可自由出入其间，或在长椅上独思默想，或在花香中闲庭漫步，感受阅读的宁静和自在；环绕着中庭花园展开的各阅览服务区域，连成上下两层超万平方米的大型阅览空间，使整个图书馆的布局一览无余。

为方便读者，阅览区实行以学科或主题为划分标准的藏书布局模式。相同学科或主题的图书、报刊以及音像型、数字型、网络型等各类信息资源集中在同一区域，便于读者综合运用。

一层是普通文献借阅区。以社会科学、文学和自然科学文献等借阅为主，收藏各学科的中文普通图书、报刊、音像资料等文献，满足读者开阔眼界、学习科学知识、提升文化修养的需求。

IT体验区是新型的图书馆服务区域，它利用先进的计算机设备、优秀的软件工具和丰富的馆藏文献资源，为读者提供集软件开发设计、多媒体编辑制作于一体的实践平台；视障人士借阅区里各种针对特殊群体专门购置的现代化设备，彰显了图书馆平等服务的理念。送书上门服务，极大地方便了残障人士利用图书馆；独立于大厅一角的少儿借阅区，有着色彩明快的装饰、卡通造型的布置及丰富的书刊和音像资料，为孩子们营造了一个快乐的阅读园地；位于服务大厅东北角的24小时自助图书馆利用RFID无线射频技术实现图书借还、图书定位和图书防盗智能化管理。读者可凭借书证刷卡进入阅览区选书借书，也可在阅览区内阅读，真正实现了图书馆365天24小时开放。

二层的参考文献阅览区，收藏各种工具书、参考资料、外文资料、地方文献、政府信息和古籍线装书，满足读者查询研究性信息的需求。其中，立足本地的闽台关系文献、华人华侨文献和地方文献逐渐成为本馆的特色馆藏。

典雅的古籍文献阅览区、先进的现代化管理和保护设备让历史与文化在故纸堆里延续；设备高端专业的音乐图书馆，为音乐爱好者搭建起音乐鉴赏、交流及阅读的平台；“洪卜仁工作室”“华人研究工作室”成为专家阅览区的一道风景，每周免费对外开放，提供专题咨询、学术探讨等，促进图书馆地方文献和华人华侨文献的搜集、整理、研究和传承。

除阅览区外，报告厅、展览厅、自修室等所有服务空间都免费开放；无论是本地居民、外来务工人员还是游客，进入图书馆都不用提供任何证件，可以免费平等地利用图书馆；文献借阅、书目检索、参考咨询、读者活动等所有服务项目都免费提供。场馆全开放、“零门槛”的服务，吸引了越来越多的读者走进图书馆。2014 年，厦门市图书馆日均到馆读者 11534 人次，单日到馆读者最多为 18107 人次，厦门市图书馆成为市民终身教育的知识殿堂和文化休闲的重要场所。

温馨的读者花园

在改变空间布局、提供全开放服务的同时，厦门市图书馆还改变了传统的文献布局及资源利用服务方式。一是采取多种载体资源并存的文献布局。例如：在社科文献借阅区，图书、报纸、期刊、视听文献等集中在一起，不因其载体的不同而分属不同区域，这样便于读者一次性获取同一主题的文献，无须奔波于不同收藏地点。二是除部分珍藏本文献外，将所有利用率高的文献资源全部开架借阅，至 2014 年，开架图书占馆藏总量的 56% 。三是全面开放数字资源，总馆、各分馆及各区级图书馆的读者均可远程访问并免费使用厦门市图书馆 56.23 TB 的数字资源。

“藏、借、阅、检、咨”一体化的服务模式，使读者利用图书馆资源更为便捷。同时，各阅览区还设有多个咨询台，为读者提供现场导读和代查、检索、咨询等信息服务；实时更新的读报系统、高科技 RFID 自助借还设备，书刊自助消毒、自助复印和免费扫描服务以及外借预约，大大改善了读者的阅读体验；无线网络覆盖服务，电子资源检索阅读，手机图书馆、“网上参考咨询”平台、智能书架管理系统等多种新媒体的应用，使读者获取文献信息更为自由；24 小时自助图书馆、微型图书馆全天候为读者提供文献借阅服务。

宽敞舒适的阅览区

读者只要持社会保障卡并缴纳一定额度的借书押金，就能开通图书借阅功能，暂无社会保障卡的市民可持身份证、军官证、户口本、护照等证件办理一张借书证。与大多数图书馆不同的是，厦门市图书馆借书证的借书数量不单纯以册数限定，而是与押金等级相匹配。读者借阅文献的总金额只要不超过押金额度，就可以不限制借阅册数。为满足不同读者的借阅需求，图书馆设立了灵活的借书证押金制度，从 50～1000 元不等，读者可以根据自己的需要任意选择，在今后的借阅过程中还可以随时增减押金。对经济困难和行动不便的读者，图书馆分别提供免办证押金和送书上门服务。

厦门市图书馆开放、便利和以人为本的温馨服务得到了广大读者的认可，大家口口相传，走进图书馆、利用图书馆成为厦门市民文化休闲的新时尚。

免费服务常升级

厦门市图书馆是国内较早实现免费服务的公共图书馆之一。20 世纪 90 年代初期，厦门市图书馆的基本服务已实现全免费，不论是本地市民还是外来务工人员，不需任何证件就可进入图书馆免费阅览。2007 年取消了借阅证工本费，至 2014 年，免费服务已达到 30 项。

◇ 书目检索。提供本市公共图书馆馆藏文献信息检索服务。

◇ 书刊阅览。图书馆向所有人免证开放，全天候 24 小时书刊阅览“零门槛”。

◇ 借书证办理。凭厦门市社会保障卡或身份证及相应的借书押金，可开通借阅功能或办理借书证。

◇ 书刊外借。持具有借阅功能的厦门市社会保障卡或借书证即可外借厦门市图书馆总馆、联网分馆及厦门市区两级公共图书馆、24 小时街区图书馆的书刊。

◇ 24 小时自助图书馆。全年不间断服务，4500 册的图书供读者随时借阅。

◇ 书刊续借。书刊借期满 21 天后可续借 21 天。读者可通过厦门市图书馆网站、电话、短信以及 24 小时自助图书馆、24 小时街区图书馆办理。

◇ 图书自助借还。读者可利用自助借还书机、24 小时自助图书馆、24 小时街区图书馆完成自助借、还书。

◇ 图书自助消毒。在少儿及成人服务区均提供图书自助消毒服务。

◇ 短信提醒。提供文献借阅到期提醒、图书馆活动信息预告等短信服务。

◇ 文献自助扫描。提供馆藏文献自助扫描服务。

◇ 数字资源利用。凭社会保障卡可开通数字资源账号，并用卡号和密码登录 http：//www. xmlib. net 统一认证平台或手机图书馆（http：//wap. xmlib. net）“电子资源”栏目，随时随地获取厦门市图书馆的数字资源。

◇ 电子阅览。凭借书证即可在图书馆登记上网，获取各种网络信息资源。

◇ 掌上图书馆。通过手机或平板电脑等移动手持设备进行书目检索、借阅查询、图书预约以及了解图书馆服务和活动信息，还可全文阅读 120 多万册图书、8000 多万篇期刊论文、每天实时更新的全国各地主流报纸 300 种以及多种音频和视频资源。

◇ Wi-Fi 服务。凭借书证号和密码登录连接，即可免费使用。

◇ IT 体验。为 IT 人士等提供互动式计算机知识更新学习及应用体验平台，并利用“音乐鉴赏区”定期举办音乐鉴赏、计算机培训等配套活动。

◇ 触摸式电子读报。通过电子触摸屏，随时浏览国内 100 种报纸的新闻信息。

◇ 电子书借阅。利用二维码技术，提供十一个类别、每月图书更新百本的电子书借阅服务。

◇ 参考咨询。图书馆专业参考馆员为个人和社会团体提供代查代检、定题咨询以及文献远程传递等服务。

◇ 洪卜仁工作室。每周一、四上午 9：00 对外开放，提供地方文史专题咨询服务。

◇ 华人研究工作室。每周三上午 9：00 对外开放，开展华人华侨专题研讨及相关沙龙活动。

◇ 专家研究室利用。根据预约申请，为专家、学者开展课题研究和学术交流活动提供服务空间。

◇ 古籍文献查阅。提供馆藏古籍文献查询服务，并配有缩微资料检索设备、古籍工具书。

◇ 自修室利用。为读者自修提供专门场所。同时社会科学、自然科学文献阅览区也可供读者自修。

◇ 残障人士、孤寡老人专项服务。为残障人士、孤寡老人提供专用设备、专用文献利用及送书上门服务。60 岁以上的老人可以免费复印文献。

◇ 知识讲座。每周六、日上午 9：30 在二楼报告厅举行各种讲座。

◇ 文化展览。常年举办，随时观看。

◇ 周末电影。每周六、日下午 15：00 在二楼报告厅举办电影观赏活动。

◇ 少儿活动。每周六、日上午 10：00 在少儿借阅区举办，免证参与。

◇ 读者沙龙。定期推出“读书人”俱乐部、英文原版精读俱乐部、“书虫”青少年阅读会、“寻找老厦门”读者俱乐部、户外运动爱好者俱乐部等公众活动。

◇ 饮水供应。各服务区均有冷热直饮水供应。

第二节

全城共享的便民服务

“我不在图书馆，就在去图书馆的路上”，每次读者要花多长时间才能到达图书馆？当厦门市图书馆还位于老市区公园南路2号时，图书馆人就开始思考这个问题。那时的图书馆与中山公园相邻，闹中取静，环境清幽，然而，面对全市数百万人口，一个总面积仅7900平方米的市级公共图书馆显然无法满足市民读书学习的需求。于是，向外延伸、让更多的市民能共享图书馆服务，成为厦门市图书馆着力开拓的一项重要业务。

2007年，厦门市图书馆迁至文化艺术中心内2.6万平方米的新馆。市民对图书馆的知晓度随着图书馆服务品质的改善而提升。厦门市图书馆借公共文化发展繁荣之势，开始探索厦门地区公共图书馆服务体系。一是主干建设，在体系内以总分馆的形式完善具有地区特色的总分馆制；形成以市区两级公共图书馆为主体的、以行业合作方式开展联合服务的区域图书馆联盟。二是枝节建设，盘活基层服务网点，以流通点形式开展延伸服务；通过全市24小时街区图书馆全天候自助借阅等多种形式，实现公共文献信息资源的全社会共享。经过多年的努力，一个具有厦门特点的、遍及全市的公共图书馆服务网络已逐步形成。

托管制模式下的分馆建设

鼓浪屿中山图书馆是厦门市图书馆的第一家分馆。第二家分馆杏林分馆创建时，已经是2005年，这是厦门市图书馆步入总分馆制建设时期的标志。至2014年底，厦门市图书馆共创办了20个分馆，服务延伸至岛内外，托管型分馆是厦门市图书馆比较有特点和成效的分馆办馆模式。

托管型分馆。所谓托管型分馆是指由举办单位与图书馆签订协议，将其所属图书馆委托厦门市图书馆筹建与管理，从而以规范化的管理形式，为基层群众提供文献信息服务。

所谓委托管理是指分馆的举办单位将其所属图书馆委托给厦门市图书馆筹建、创办、运作、管理，包括将馆舍与设备等财产、人员工资以及运作经费等托付给厦门市图书馆管理。文献资源的组织则由厦门市图书馆统一调配、定期轮换。托管期间，馆舍、设备等财产的所有权仍属于举办单位所有，而其管理使用权则在厦门市图书馆；分馆管理人员的工资以及部分运作资金等，根据托管协议商定的经费预算，由举办单位一次性或分期交付给管理单位。通过这种委托关系，厦门市图书馆获得了分馆建设经费，使馆舍、藏书、设备、人员及管理等办馆要素得以落实。举办单位获得了专业的图书馆建设援助，同时节省了每年需要持续投入的文献资源购买经费，实现了以较小资金投入获得较大服务效益的目标。

厦门市图书馆将受托管理的图书馆纳入分馆管理系统。根据社区、工业园区等分馆所在区域的读者阅读需求，系统制订不同分馆发展计划和实施进程，对分馆的文献资源实施集中编目管理，统一按需调配。对工作人员也实施集中管理，经过专业培训后统一聘用。同时逐步建立统一的服务规范、服务程序，包括统一的读者数据库、图书馆识别代码标准、业务处理标准和计算机信息网络管理等，实现了基于总馆计算机网络管理系统平台的统一服务。分馆统一悬挂“厦门市图书馆××分馆”馆牌，与总馆标识统一、格式统一、色彩统一，通过这些视觉识别系统，形成了厦门市图书馆总分馆的公众形象。

2007年，厦门市图书馆组建了统一管理分馆的组织机构——馆外流通部，负责分馆的创办，并承担分馆的业务规划、组织管理、指导协调、规章制度制定及组织实施等具体工作，有效地保障了分馆的建设、管理及其办馆效益的可持续发展。根据《厦门市图书馆馆外流通服务建设与管理工作规则》，创建托管型分馆必须遵循以下办馆原则。

（1）规模设施。托管型分馆须有面积300平方米以上的独立馆舍，馆内设置书刊借阅区、电子阅览区、少儿阅览区，有的还设有读者活动室；在设备配置方面，须配置书架、阅览桌椅、寄包柜、书车、图书防盗监测仪及计算机、读卡器等图书馆专业设备，空调，信息发布栏，打印机、复印机、验钞机以及光纤宽带专线等配套设备。

（2）资源建设。托管型分馆须有基本藏书8000～30000册、报刊100种以上，由总馆书库调配；每年新补充的文献资源由总馆统一选购、编目加工后分配到馆外流通部，由馆外流通部根据各分馆的读者需求和流通情况进行选配，每个分馆每月约更新图书300册。同时，各分馆之间图书的调配也由馆外流通部完成，每周两次通过物流公司配送至各分馆。

（3）文献流通。托管型分馆实行“借书证通用、图书通借通还”的文献流通服务，采用与总馆相同的“藏、借、阅”一体化全开放服务模式，每周开放42～82小时不等，并为读者提供书刊借阅、文献检索、电子阅览以及咨询、读者活动和学习培训等多元化服务，其服务规程、标准和要求也与总馆一致。

（4）读者活动。每年由总馆活动部统一策划主题活动，各分馆根据所在区域读者类型特点，举办相关主题活动。为丰富基层阅读文化活动，各分馆活动鼓励“一馆一品牌”。如高殿分馆面向外来务工人员子女举办的“课业辅导活动”；殿前街道分馆面向社区少年儿童举办的“363少儿手工活动”；火炬（翔安）产业区分馆面向产业工人举办的“悦读存折”阅读推广活动；等等。

至2014年底，厦门市图书馆已建有13个托管型分馆。2008年，托管型分馆读者办证2376个，到馆读者23.2万人次，外借文献18.2万册次；到2014年，读者办证7857个，到馆读者91.3万人次，外借文献34.1万册次。由此可以看出，托管型分馆建设进一步满足了公众的阅读需求，提高了社会对图书馆的认知度，激发了基层政府及社会各种机构的图书馆建设热情。

下面介绍托管型社区分馆、工业园区分馆案例。

2005年，厦门市图书馆完成了第一个托管型分馆的建设，即杏林街道委托建立的杏林分馆，走出了“把图书馆搬进社区，让居民在家门口就能看书借书”的第一步。

2013年4月，厦门市图书馆第16个分馆——殿前街道分馆正式开放。该分馆面积920平方米，藏书近2.6万册，馆内设书刊借阅区、少儿阅览区、电子阅览室、科技活动室以及专门为老年读者设置的专题书架和敬老专座。殿前街道分馆每周开放82小时，是厦门市图书馆分馆中开放时间最长的分馆。

殿前街道分馆的所在地湖里区是厦门经济特区的发祥地，是厦门市外来人口最集中的地方之一，分馆的建立让大量的外来务工人员和周边居民享受到文化惠民的成果，“在家门口就能免费看书借书、参加自己感兴趣的文化活动”成为他们引以为豪的事情。2014年，殿前街道分馆到馆读者共计23.7万人次、外借书刊近7.7万册次。

到工业园区创建分馆，让外来务工人员下班后有一个放松身心、读书学习的场所，这是厦门市图书馆服务延伸的又一个探索。

2008 年，厦门市图书馆分别在同安工业集中区、火炬（翔安）产业区创建了分馆。两个分馆面积均在 600 平方米以上，基本馆藏 20000 册。馆内还开设了电子阅览区，提供快捷的数字化文献服务。

2011 年，厦门市图书馆在火炬（翔安）产业区（二期）又创建了一个分馆，面积达 800 平方米，除了提供文献借阅外，还推出周末免费电影。“下班读书去”，图书馆在丰富园区产业工人业余文化生活的同时，也优化了工业园区的投资环境。

2011 年 2 月 17 日，火炬（翔安）产业区分馆与产业区物业公司、工会共同举办了“2011 年元宵游园活动”。活动项目包括猜谜语、投飞镖、打保龄球等一系列大众游戏，吸引了近 800 名产业区员工参与，活跃了产业区的节日气氛，为刚刚回到工作岗位的外来务工人员送上了一份文化娱乐大餐。

2011 年 10 月 18 日至 11 月 2 日，火炬（翔安）产业区分馆举办的“我与企业共成长——庆祝厦门经济特区成立 30 周年摄影作品展”在火炬（翔安）产业区（二期）分馆大厅进行首场展出。展览以外来产业工人的工作、学习、生活为主题，通过近百张影像图片，记录他们与企业共同奋进的成长经历、吃苦耐劳的敬业精神、多姿多彩的业余生活和积极乐观的精神面貌，并透过广大产业工人独特的视角，展现厦门经济特区建设 30 年来取得的成就。

在工业园区创办的分馆

2012 年 9 月 30 日，同安工业集中区分馆举办了“阅读有益，博出精彩”中秋读者博饼活动，邀请 2012 年 1 月至 2012 年 9 月同安工业集中区分馆借阅量排行榜前 30 名的读者参加厦门民俗博饼活动。活动现场其乐融融，充满欢声笑语，这项活动增进了读者和图书馆之间的交流和沟通。

除托管型分馆外，厦门市图书馆在分馆建设实践中，还因地制宜，在政府未增加投入的情况下，探索直管型、联办型分馆相互发展的总分馆办馆模式。

直管型分馆。所谓直管型分馆，是指分馆是厦门市图书馆直属机构，其馆舍、经费、人员、藏书均属于厦门市图书馆所有。自1919年建馆以来，厦门市图书馆共建立了两家直管型分馆。1953年，厦门市政府接管了私立图书馆——鼓浪屿中山图书馆，并交由厦门市图书馆管理，中山图书馆因此成为厦门市图书馆的第一家直管型分馆（简称中山分馆）。2007年厦门市图书馆迁至新馆后，原旧馆成为厦门市图书馆的第二家直管型分馆——公园分馆。2010年12月，因馆舍移交给厦门市少年儿童图书馆使用，公园分馆撤销。因而鼓浪屿中山分馆成为市图书馆唯一的直管型分馆，六十余年不曾改变。

直管型分馆案例：鼓浪屿中山图书馆创建于1924年，是由厦门辛亥革命志士许卓然资助，由李汉青和叶清泉等社会名流倾心创办的厦门第一所私立公共图书馆，时称“私立鼓浪屿图书馆”。1927年为纪念孙中山先生，改称“中山图书馆 ”。1953年1月，由厦门市政府接办，成为厦门市图书馆分馆，对外仍名“中山图书馆”。

中山图书馆馆舍面积1600平方米，是目前厦门市图书馆所有分馆中面积最大的一个分馆，其服务对象是鼓浪屿岛上不到2万人的常住居民以及鼓浪屿的旅游观光客。馆内设书刊借阅区、电子阅览区、少儿阅览区和读者活动室等服务区域，藏书2万余册。与总馆实现计算机联网管理，实行书刊外借“一证通用”制，是目前鼓浪屿岛上唯一一个全天候向公众免费开放的公共图书馆。

鼓浪屿中山图书馆外景

中山图书馆在提供图书借阅服务的同时，还举办“鼓浪讲坛”等活动，设有鼓浪屿“申遗”活动宣传点、家庭旅馆图书角等特色服务区域。

2008 年，鼓浪屿开始走上“申遗”之路。鼓浪屿图书馆也参与了“申遗”宣传等活动。2010 年 4 月，中山分馆正式成为鼓浪屿“申遗”活动宣传点，广泛地征集并展示鼓浪屿文献，邀请地方文史专家举办鼓浪屿租界、鼓浪屿建筑等主题讲座和沙龙活动，举办具有鼓浪屿特色的老照片、老建筑展览等文化艺术活动。

2013 年，中山分馆主动“走出去”，面向越来越多的游客，在蓬勃兴起的鼓浪屿家庭旅馆建立图书角，让游客在欣赏美丽海滨风光的同时，在鼓浪屿度过一段悠闲的阅读时光。

鼓浪屿家庭旅馆图书角由家庭旅馆提供固定的书刊存放和展示场所，并派专人负责管理和开展书刊借阅服务。家庭旅馆法人或负责人可以持社会保障卡向中山分馆申请办理集体借书证，凭借书证向图书馆借书。至 2014 年底，中山分馆已先后在 11 个家庭旅馆建立了图书角，为家庭旅馆年配送图书共计 3530 册。通过家庭旅馆图书角，一些游客认识了厦门市图书馆设在鼓浪屿的中山分馆。

鼓浪屿家庭旅馆图书角

联办型分馆。联办型分馆是厦门市图书馆与部队、学校等的图书馆（室）联合，利用双方各自的资源合作创办的分馆。由所在单位提供场所、人员和设备，并负责日常管理，图书馆提供书刊资料和专业指导。至 2014 年底，厦门市图书馆已在某部队、厦门海警某支队、杏林书院、新圩中学、厦门华厦学院及厦门市行政服务中心等建立了 6 个联办型分馆。

1990 年，厦门市图书馆从中山路搬迁至公园南路时，是部队官兵伸出援助之手，无偿将堆积如山的书刊搬运到位。长期以来，图书馆先后为驻岛官兵、鼓浪屿好八连等送书上门并建立图书流通点。2007 年下半年，厦门市图书馆分别与某部队和海警三支队合作建立部队分馆，面积均为 300 平方米以上，藏书均在 8000 册左右，并随时补充、更新图书。部队分馆图书利用方式为内部流通，书刊外借“一证通用”。图书馆还为部队官兵送去各种文化信息共享工程的数字资源，举办读书征文、展览、讲座、培训等活动。

厦门市图书馆一直关注青少年的阅读，特别是农村儿童的阅读。2012 年 4 月 23 日，第十七个“世界图书日”，厦门市图书馆新圩分馆在厦门最偏远的农村学校——新圩中学正式对外开放，这也是厦门市图书馆在学校设立的首个分馆。

新圩分馆由厦门市图书馆、新圩中学及新圩镇政府三方共建，整合了图书馆的文献和技术资源、新圩中学的场馆及管理资源，并得到了新圩镇政府经费、宣传等方面的支持。作为厦门市图书馆的第一个学校分馆，新圩分馆不仅起到了学校图书馆的作用，还部分承担着公共图书馆的职能。每周一至周五上课时间为校内师生服务，下午放学后及周末、节假日对社会公众开放。村民及外来务工人员只要凭社会保障卡或身份证就可以到分馆办证、借书，并与全市各个分馆、区图书馆、24 小时街区自助图书馆通借通还，图书馆的藏书既有学校购买的，也有市图书馆每月不断补充、更新的。

厦门园博苑是第六届中国国际园林花卉博览会的举办地，它因此成为厦门的文化休闲胜地。2008 年 1 月，厦门市图书馆在杏林书院开辟了古籍文献分馆。分馆面积 543 平方米，一楼为展示厅，二、三楼为藏书阁，藏有《中华古籍再造善本》等文献 9669 册。馆内藏书的分编加工由总馆统一操作，书库配备了恒温、恒湿以及防虫等设备，闭架管理，预约借阅。

台湾学者（中）参观古籍文献分馆

2014 年厦门市图书馆分馆基本情况汇总表

序号	分馆名称	创办时间（年）	类型	馆舍面积（m^2）	阅览座席（个）	电子阅览室		自助借还机（台）	单层书架数（m）	馆藏量			周开放时间（小时）	年外借册次（不含续借）	年流通人次	年办证量（个）
						面积（m^2）	电脑（台）			图书（册）	报纸（种）	期刊（种）				
1	中山分馆	1953	直管	1600	131	20	5	0	564	21101	27	229	76	31522	87862	381
2	杏林分馆	2005	托管	600	74	60	22	1	290	10027	17	107	42	11285	14137	196
3	灌口分馆	2005	托管	800	71	50	11	1	543	16168	7	151	42	55204	138098	1153
4	同安工业集中区分馆	2008	托管	620	100	20	10	1	578	16313	17	181	75	32969	145085	1023
5	火炬（翔安）产业区（一期）分馆	2008	托管	600	92	20	5	1	736	19041	17	144	48	18627	38291	511
6	高殿分馆	2009	托管	300	90	0	0	1	382	12344	14	70	44	16026	54080	182
7	某部队分馆	2007	联办	300	42	80	40	0	260	5335	0	0	40	7195	7224	7
8	海警某支队分馆	2007	联办	300	50	30	10	0	345	6603	0	0	40	9045	8166	0
9	古籍文献分馆	2008	联办	543	8	0	0	0	90	9669	0	0	预约借阅	0	0	0
10	火炬（翔安）产业区（二期）分馆	2011	托管	800	80	10	3	1	770	16233	25	137	48	15341	30101	298
11	马巷分馆	2011	托管	440	100	30	10	1	686	22651	14	137	76	49942	124127	874
12	新圩分馆	2012	联办	500	0	0	0	0	208	7925	0	57	40.5	5813	18840	225

（续）

序号	分馆名称	创办时间（年）	类型	馆舍面积（m^2）	阅览座席（个）	电子阅览室		自助借还机（台）	单层书架数（m）	馆藏量			周开放时间（小时）	年外借册次（不含续借）	年流通人次	年办证量（个）
						面积（m^2）	电脑（台）			图书（册）	报纸（种）	期刊（种）				
13	华夏职业学院分馆	2012	联办	600	160	0	0	0	258	8522	0	122	97	2561	9218	134
14	后溪分馆	2013	托管	300	50	30	22	1	200	8652	15	71	76	17048	43047	373
15	新店分馆	2013	托管	340	90	20	12	1	735	17998	20	146	76	11974	38571	269
16	殿前街道分馆	2013	托管	920	178	60	21	1	720	25977	20	167	76	76302	236753	1962
17	市政服务中心分馆	2013	联办	300	56	0	0	1	120	8090	14	101	40	25002	108777	421
18	五通分馆	2014	托管	450	100	20	10	1	563	13363	19	138	42	18330	22681	678
19	同文分馆	2014 试开馆	托管	300	40	20	6	1	400	1974	0	0	35	0	0	0
20	集美区党群活动服务中心分馆	2014	托管	380	60	25	46	1	555	12777	16	136	50	18376	2101	338
合计				10993	1572	495	206	14	9003	260763	242	2094	1063.5	422562	1153159	9025

联创共建的公共图书馆服务联合体

2008 年，由厦门市图书馆牵头，联合全市 10 家市区两级公共图书馆共同建立了“厦门市公共图书馆服务联合体”。服务联合体以市民社会保障卡为通用借书证，利用 Interlib 集群管理系统统一开展服务。至 2014 年底，已建立市区两级 10 个公共馆、62 个街区自助图书馆、70 个联网分馆及 30 个联网流通点共 172 个联网服务点的区域性图书馆联合服务网络。

作为区域性的图书馆服务联盟，经过数年的磨合，其在公共文化服务中所发挥的良好效能日益凸显。一个遍布全城的图书服务网络已渐渐形成。纵观这个公共图书馆服务网络，从网络平台到业务协作，从资源共享到物流统一，无处不彰显着联创共建、联盟合作给图书馆带来的无限能量。

（1）统一管理平台。厦门市公共图书馆服务联合体成员馆统一使用 Interlib 图书馆集群管理系统，整合全市公共图书馆书目数据，为读者提供统一的书目检索平台。

（2）文献联合编目。依托厦门市图书馆，成立厦门市公共图书馆服务联合体编目中心，各成员馆使用相同的文献编目规则，由厦门市图书馆负责文献书目数据的审校，规范书目数据质量，同时编目中心也承担为成员馆代分编加工图书业务。

（3）文献通借通还。全市公共图书馆实现一卡通用、图书通借通还，在任一馆办理的借书证可以在其他图书馆及其分馆和街区自助图书馆进行借还书，实行统一的借阅规则，实现图书馆服务全城一体化。

（4）统一物流管理。由厦门市图书馆负责文献物流管理的统一招标，并承担全市公共图书馆服务网络的文献借还物流管理。

（5）资源共建共享。服务联合体成员馆在资源建设上秉承共建共享原则。在文献采购上各有侧重，根据服务对象的不同，在文献品种、复本控制上均相互协调。尤其在数据库采购上，厦门市图书馆采购和自建的数据库全部向服务联合体内所有读者开放，厦门市少年儿童图书馆、湖里区图书馆也将其数字资源在联合体内开放共享，极大地提高了数字资源的利用率，同时大大节约了采购成本。

（6）活动互联互动。服务联合体的成立还促进了各馆在读者活动上的互联互动。厦门市图书馆联络各馆合作举办读书活动，并将其举办的展览送到其他成员馆进行巡展，既充分利用了资源，又丰富了各馆读者活动的内容。

2007 年厦门市图书馆新馆开馆，开始统一使用市民社会保障卡作为借书证。市民无须另外办理图书馆借书证，只要将社会保障卡开通借书证功能就可以充当图书馆借书证。图书馆推行 RFID 自助借还图书业务后，读者只要记住社会保障卡卡号，在自助借还书机上手工输入卡号也可以完成图书借阅，非常便利。

厦门市公共图书馆服务联合体成立后，各成员馆达成共识，在 2009 年实现一卡通用、图书通借通还，统一使用社会保障卡作为借书证，在任一馆办理的借书证可以在其他图书馆及其分馆和街区自助图书馆进行借还书，实行统一的借阅规则，实现服务一体化。从此之后，借书还书不再是一件纠结的事，读者可以在任何一个图书馆借书，然后就近选择还书地点。

2014 年厦门市公共图书馆服务联合体各成员馆的文献外借量达到 815. 67 万册次，是实施联合服务前 2008 年文献外借册次的 2. 34 倍。作为公共文化服务体系建设中的一个重要组成部分，服务联合体的运行大大提升了厦门市公共图书馆的社会效益。

联网服务的农家书屋示范点

农家书屋工程是加强农村公共文化服务的重要项目之一。2009 年，厦门市农家书屋覆盖率达到 100%，全市 156 个行政村都建立了农家书屋。从 2012 年开始，厦门市图书馆负责全市农家书屋的图书采选配送工作。

2009 年，厦门市图书馆配合厦门市文化局建立了郭山村农家书屋，书屋内配有 1000 多册图书以及报刊、电子文献、少儿读物等供村民借阅，每周六向村民开放，向读者提供免费借阅书刊、查阅厦门市图书馆网络资源等图书馆服务。郭山村农家书屋通过互联网平台与总馆共享 Interlib 图书馆集群管理系统，实现与厦门市图书馆总分馆及厦门市各区馆通借通还，是厦门市首家实现计算机管理的农家书屋，为提高农家书屋管理水平和服务效益做出了有益的探索。

2012 年 9 月底，在天津召开的全国农家书屋工程建设总结大会上，郭山村农家书屋管理员郭花叶荣获“全国农家书屋先进个人”称号。

流动服务的汽车图书馆

2014 年，以白色为底色、以图书为装饰的 9 米长的大巴士，一上路就吸引了市民好奇的目光。它穿梭在社区、学校、部队、工业园区，车上装载着 3000 多册图书，并配备了笔记本电脑、自助借还书机、无线移动网络、空调等设备。汽车图书馆与厦门市图书馆联网，市民在汽车上就能享受到和在厦门市图书馆同样的免费办理借阅证、借还图书、阅览书刊、信息查询等同步服务。

汽车图书馆在人流量集中、缺乏实体图书馆服务的区域设立服务点。2014 年 7 月 20 日，厦门市图书馆汽车图书馆首次在集美康城社区开展服务就引发社区居民围观，纷纷前来参观、办证、借书、咨询，汽车图书馆自此成为社区的一道景观。至 12 月底，汽车图书馆的服务点扩大至同安环东海域工业园、集美康城社区、枋湖水晶森林社区、海沧海虹社区、集美某海军部队、湖里芙蓉苑社区、同安芸溪居住公园社区、海沧新阳街道悦实广场等 12 个。

汽车图书馆

城市文化的新亮点——24 小时街区自助图书馆

从 2012 年底开始，在厦门市湖里区、思明区陆续安装了 55 台街区自助图书馆设备。这些静立在街头、社区的机器，将图书馆的服务从时间和空间上扩展开来。

从 2014 年 1 月开始，这 55 个街区自助图书馆统一归厦门市图书馆管理。运营招标、技术调试、组织构架、物流管理、文献配置、宣传规划，在完成这一系列协调工作后，街区自助图书馆正渐渐地以统一规范的管理为读者提供家门口的图书馆服务。

2014 年厦门市街区自助图书馆文献外借量统计

序 号	所属区	地点	布点类型	借阅量（不含续借）
1	湖里区	HL01 五缘湾商业街	商业街	4307
2		HL02 五缘湾运动馆	其他	2890
3		HL03 高林社区	社区	7288
4		HL04 忠仑公园	公园	1352
5		HL05 钟宅社区	社区	2175
6		HL06 湖里高新区	工业园区	1532
7		HL07 湖边社区	社区	7067
8		HL08 金湖社区	社区	1954
9		HL09 蔡塘路口	社区	3716
10		HL10 金尚小区	社区	6732
11		HL11 泰和天桥	社区	5010
12		HL12 湖里图书馆门口	其他	3986
13		HL13 金山街道	社区	3005
14		HL14 金山社区	社区	5799
15		HL15 教师进修附小	学校	960
16		HL16 大地幼儿园	学校	6165
17		HL17 祥店社区	社区	6786
18		HL18 湖里实验二小	学校	1028
19		HL19 小东山社庙	社区	3862
20		HL20 SM 城市广场	商业街	4957
21		HL21 第三中学	学校	3666
22		HL22 幸福密码小区	社区	1777
23		HL23 禾欣社区	社区	2758
24		HL24 岭下社区	社区	2445
25		HL25 高崎小学	学校	2549
26		HL26 高殿大厦	社区	3065
27		HL27 翔鹭花城	社区	1723
28		HL28 外国语分校	学校	1188
29		HL29 徐厝社区	社区	3017
30		HL30 湖里中学	学校	5368
31		HL31 灿坤产业园	工业园区	1220
32		HL32 康辉社区	社区	1800
33		HL33 康泰社区	社区	9661
34		HL34 东荣社区	社区	3962
35		HL35 东渡二小	学校	5920

（续）

序　号	所属区	地点	布点类型	借阅量（不含续借）
36	思明区	SM36 七星西路	社区	4524
37		SM37 育秀广场	社区	3615
38		SM38 中山医院	医院	6013
39		SM39 新景数码	商业街	5747
40		SM40 莲坂西小区	社区	4648
41		SM41 莲花五村	社区	8911
42		SM42 中华城	商业街、学校	7542
43		SM43 第一医院	医院	5491
44		SM44 中山公园	公园	5944
45		SM45 曾厝垵	社区	5589
46		SM46 石泉路	社区	3138
47		SM47 塔埔社区	社区	6252
48		SM48 前埔不夜城	社区	14723
49		SM49 前埔健身公园	公园	10245
50		SM50 BRT 洪文站	社区、商业街	6646
51		SM51 瑞景广场	商业街	7048
52		SM52 观音山学校	学校	2981
53		SM53 会展南七路	社区	2537
54		SM54 观音山党建办	其他	1431
55		SM55 石亭社区	社区	4786
总　计				248501

第三节

优化创新的阅读推广服务

阅读，让一座城市“腹有诗书气自华”。2014 年，厦门市公共图书馆藏书总量为 503.6 万册（件），年到馆读者共计 867.2 万人次，外借文献 815.6 万册次，全市年人均到馆 2.28 次、人均外借文献 2.14 册，平均每册图书外借 1.62 次。市民的阅读热情与厦门常年开展的阅读推广活动不无关系。

厦门较有影响的全民阅读活动始于2003 年推出的“书香鹭岛”活动月，这项全市性的阅读活动于每年 10 月至 11 月举行，已连续举办 11 年。从 2007 年起，厦门市图书馆成为活动的主要参与者，连续多年获得“‘书香鹭岛’活动月先进集体”称号。2014 年，“书香鹭岛”书市活动走进了厦门市图书馆。

关注城市阅读的“4·23 世界读书日”

从 2008 年开始，厦门市图书馆以“4·23 世界读书日”为宣传点，有意识、有计划地策划引导读书、推进阅读的系列活动。

关上电视，品读图书——“世界读书日”主题活动。2008 年，厦门市图书馆首次开展“4·23 世界读书日”纪念活动。由厦门外国语学校高考保送生及厦门海洋职业学院、厦门英孚语言培训中心、厦门小鱼社区、中信银行等单位志愿者组成的“厦门市图书馆活动志愿者小分队”走进社区、机关、企事业单位、繁华商业区等，通过分发宣传单、调查表及面对面宣传等形式，倡导在读书日“关上电视几小时，悉心品读一本书”。这一活动的宣传地点选在人流量较大的繁华商业街以及社区、企业、政府机关等，引起市民的广泛关注。通过面对面宣传及填写调查表得知，仅有不到20% 的人知道4 月23 日是世界读书日，有50% 的人没有到过图书馆。通过这次宣传，至少让拿到宣传单的这几千名市民知道了“4·23世界读书日”，也了解了位于厦门文化艺术中心的厦门市图书馆的许多免费服务项目。

志愿者向市民宣传“世界读书日”

同时，为吸引没到过图书馆的市民走进图书馆，让走进图书馆的读者爱上图书馆，厦门市图书馆开展了有奖读书活动，在“世界读书日”当天，凡到图书馆少儿阅览室读书、借书的小读者均可获赠一份精美的小礼品，以资鼓励。为了让市民知道“世界读书日”的来历，厦门市图书馆举办了“从莎士比亚到塞万提斯——周末知识讲座‘世界读书日’专场”。在这一天，厦门市图书馆还推出了滞还金“特赦”活动，即凡在“世界读书日”当天还书的读者，其以往逾期图书滞还金一律免除。

都市女性阅读季——为女性定制的阅读节。都市女性身负工作、家庭等多重重任，平日的生活紧张而忙碌。但女性是营造家庭阅读氛围的重要角色，放松身心、静心阅读，是现代都市女性的一大休闲方式。2009 年，厦门市图书馆的“4·23 世界读书日”活动以此为主题，围绕经典阅读、女性创作、古琴欣赏以及爱心捐赠等内容，通过讲座、沙龙、主题专架等多种形式展开，共举办 27 场活动，参与人数达 5485 人。

“书中自有颜如玉——主题图书阅读推荐活动”以陶冶女性情操、丰富女性业余生活为出发点，图书馆定期向都市女性推荐一批阅读书目，让女性在精品图书阅读中培养气质，在快乐阅读中获得睿智。在女性专题讲座、沙龙的活动中，邀请了厦门本土女性作家、长篇小说《鼓浪烟云》的作者泓莹主讲《读书与创作》，邀请著名古琴演奏大师汪铎开办

“中国古琴美学”讲座，邀请外地来厦的女讲师楚春玲主持女性读书休闲沙龙，通过这些活动让都市女性与作家、艺术家等进行近距离交流与沟通，激发其阅读的潜质。为外来民工子女学校捐赠课外读物和图书活动，激发了都市女性的爱心特质，让阅读惠及更多的家庭。

都市时尚生活一卡通——图书馆借阅证增值服务。2010 年“4·23 世界读书日”，厦门市图书馆推出了“都市时尚生活一卡通——图书馆借阅证增值服务”活动。图书馆与书店、培训机构等商家合作，对持有厦门市图书馆借阅证的读者，进行赠送、打折、优惠等多种方式的让利回馈，让图书馆读者获得意外的增值服务，让阅读与时尚生活方式结合起来。

乘着动车去漂流——不一样的图书漂流活动。2011 年 4 月，正值福厦动车开通一周年。厦门市图书馆决定以此为契机，策划“4·23 世界读书日”主题活动——乘着动车去漂流。4 月 23 日上午 9 点，厦门市图书馆工作人员与来自厦门外国语学校的 50 名志愿者，向厦门火车站三号乘车点的乘客发放共计 1400 余册漂流图书、图书馆服务手册等宣传资料。在向乘客介绍图书漂流活动流程的同时，宣传“世界读书日”的由来和图书馆的公益服务，带动更多市民参与全民阅读活动，分享阅读感受。厦门市图书馆的两位宣讲人员还登上 D6219 次列车，通过车厢广播向乘客们宣传“世界读书日”。

本次活动走出了图书馆阵地，借由福厦动车首站传递，采用“不求回归起点，唯愿永久漂流”的创意分享好书。参与图书漂流的读者还可登录厦门市图书馆网站抒发阅读感受。这个创意活动受到新闻媒体的高度关注，不仅本地各家媒体纷纷预告、报道，“凤凰网”厦门频道更是全程参与，网站在本地新闻栏目整版介绍了厦门市图书馆“4·23 世界读书日”活动，并派出随行记者同步报道活动过程。福建新闻频道和厦视新闻频道不但现场采访了候车厅内的动车乘客，还登上福厦动车组进行追踪报道。当晚，厦门市图书馆的活动在全省新闻媒介滚动播出，有效扩大了图书馆的影响。

向乘客发放漂流图书和图书馆宣传资料

游走城市·同城阅读——区域图书馆的活动联动。厦门、漳州、泉州地理上相邻，经济上相互对接，文化上同属特色鲜明、魅力独特的闽南文化。2011 年，厦漳泉大都市区同城化发展建设启动，在通信、交通、医疗卫生及文化产业等多方面逐步推进同城化建设。在这样的社会发展背景下，厦门市图书馆、漳州市图书馆、泉州市图书馆联合策划组织了“游走城市·同城阅读——厦漳泉三地图书馆纪念‘4·23 世界读书日’系列活动”。以三地同根同源的闽南文化为合作互动的聚焦点，通过专家讲解、实地探寻以及专题展览、讲座、沙龙等方式，集传统阅读、立体阅读、互动阅读于一体，全面推动厦漳泉三地同源文化的交流。

2012 年的“4·23 世界读书日”，三地图书馆共举办活动 20 余场，参加人数达 3.3 万余人。其中“读城记”“记录城市”“厦门的魅力”等活动深受三地读者欢迎。

“爱上老厦门——高振碧摄影展”是“记录城市”专题系列展览的活动。著名厦门籍导演高振碧将自己多年拍摄、行将消逝的厦门老市区照片公开展出，再现了近代海洋文明浸润下的老厦门历史。摄影展在厦漳泉三地巡展，独特的老厦门韵味让三地读者感同身受；“厦门的魅力”文化沙龙，邀请备受读者关注与喜爱的《最厦门》一书的主创人员与 60 余位读者一起，围绕《最厦门》中的最小吃、最大排档、最散步地、最赏花地、最钓鱼地等内容展开热烈讨论，共同领略今日厦门的城市文化魅力。在厦漳泉三地图书馆同期举办的“闽南文化”系列讲座、“闽南风情”视频演播活动，分别以厦门古城、漳州历史货币、泉州族谱等为主题。其中在厦门市图书馆一楼大厅播放的《口述历史：我的鼓浪屿往事》，吸引了 600 余名读者观看。

文化惠民·美丽厦门——那些用镜头记录的厦门公共文化。厦门虽然是从 2011 年开始参与创建首批国家公共文化示范区，但厦门文化建设的发展却从它成为特区的那一天起便进行点滴累积、完善。改革开放三十年来，厦门的文化设施从无到有，规模从小到大，让市民享受，也让市民参与。这些发展中的美丽与哀愁，需要一次集中的展示，让市民有更多的了解与感官上的触动。于是，在 2013 年的“4·23 世界读书日”，“文化惠民·美丽厦门—— 公共文化服务体系建设摄影大赛”正式启动。

本次大赛向社会各界广泛征集反映厦门市公共文化服务建设成就的摄影作品，内容包括展现厦门多姿多彩的群众文化新貌、公共文化服务品牌铸造及文化志愿者服务风采等，提倡风格多样化，鼓励贴近生活、视角独特。大赛一经启动，活动组委会就通过厦门市图书馆网站、厦门市文化信息网、图书馆新浪微博、豆瓣活动、活动 QQ 群等平台开展网络宣传，并喷绘印制了 120 幅精美的海报，发放至全市各区文化系统单位在宣传栏张贴。此外，活动还得到了厦门市摄影家协会的大力支持，通过摄影家协会的广泛宣传，吸引了更多的专业摄影家和广大摄影爱好者为大赛奉献高水平的作品。经过全方位、多渠道的密集宣传，大赛共征集作品 606 幅，最后遴选出《千人腰鼓齐欢舞》《爱读书的一家人》等或具闽南神韵，或展现市民丰富文化活动的优秀作品。其中，《爱读书的一家人》颇具戏剧色彩。这是一家来厦旅游的哈尔滨游客，他们特意带孩子来厦门市图书馆参观、阅览，兴趣盎然的一家人从图书馆阅览区走过的瞬间被相机定格，于是，便有了一幅贴近生活、文化气息浓厚的获奖作品。

爱阅读·游厦门——厦门首张阅读地图的问世。“面朝大海，春暖花开”，厦门是充满诗意的栖居地，鼓浪屿的琴声中都有诗句在飘荡。著名本土诗人舒婷在《真水无香》中就曾写道：“许多作家朋友常说在鼓浪屿这个充满诗情画意的地方，‘插一根木棍也能生根发芽’。”言外之意就是生活在这里的人应该都会写诗。如今，这座充满诗情画意、天风海涛的城市小资潮刚退，文艺范儿尽显，“长裙，草帽，手绘地图”成为女文青的标配。只是，厦门的手绘地图五花八门、种类繁多，却独独缺少一份与这座城市文艺气息相匹配的“阅读地图”。于是，2014 年“4·23 世界读书日”期间，在厦门外图、新华书店等企业的支持下，由厦门市图书馆独家策划的“爱阅读·游厦门——厦门阅读手绘地图”横空出世，这是福建地区的首张阅读地图。阅读地图详细标注了厦门市区两级公共图书馆及市图书馆分馆、街区自助图书馆以及特色书店等阅读场馆，引导市民了解家门口的图书馆，为读者就近阅读提供了便利。

厦门阅读手绘地图

4 月 23 日这一天，厦门市图书馆在总服务台及咨询台放置的首批 600 张阅读地图被读者领取一空。为扩大宣传，图书馆组织馆员和志愿者前往市政府、市政服务中心、学校以及机场、火车站、码头、中山路等人流密集场所，向市民免费发放了 7000 张阅读地图，受到市民的普遍喜爱和社会的广泛关注。《厦门日报》《厦门晚报》10 万份发行量的宣传，从阅读地图的策划过程、图书馆阅读推广成效及营造全城阅读氛围多个角度对厦门首张阅读地图以及厦门市图书馆开展的阅读推广活动进行了整版报道，厦门电视台、厦门卫视、福建省电视台等还进行了专题和跟踪报道。而通过 QQ 群、微信等渠道率先了解本次活动的北京、上海、苏州、青海、湖南等地的图书馆同行、合作伙伴也兴致盎然地索要厦门阅读地图，以期日后进行厦门深度文化游。

媒体记者跟踪采访市民对“厦门阅读手绘地图”的反响

随后的日子，由于媒体的大力宣传，厦门市外国语学校湖里分校、厦门市公安局、厦门地税局、驻厦部队及闻讯而来的市民纷纷向厦门市图书馆索取阅读地图，这样再次发放了近 2000 张。在主动索要阅读地图的市民中，从福建尤溪赶来的一名学生令人印象极深，他说他的老师非常热爱阅读，当他从报纸上看到福建首张阅读地图向市民免费发放时，特意嘱其学生趁来厦之便为其索取地图一张，以便了解厦门的阅读场馆，即使一时无法亲自前来，也可按图索骥“神游”一翻。

宣传地方文献的“图书馆服务宣传周”

“4·23 世界读书日”活动之后，每年 5 月底 6 月初，与全国公共图书馆同期举办的“图书馆服务宣传周”活动是厦门市图书馆启动最早、持续时间最长的“老牌”服务宣传活动。20 世纪 90 年代初，由于旧馆场地等的限制，宣传周活动多以联合书店举办图书展销为主。2007 年迁入新馆后，为加强地方文献特色资源建设，提高图书馆社会认知度，厦门市图书馆确立了以宣传和征集地方文献为主，以走出馆门宣传推送图书馆公益服务为辅，结合每年全国图书馆服务宣传周主题，开展“图书馆服务宣传周”活动的总体思路。至2014年，已举办各种形式的服务宣传活动129场，吸引了17.8万余人参与。其中厦门地方文献征集及地方文献专题展览、图书馆服务进社区等已成为厦门市图书馆服务宣传周颇具持久力的宣传推广活动。

地方文献专题展。2008年，为宣传《厦门地方文献征集管理办法》颁布实施，厦门市图书馆举办了“地方文献征集宣传展”。2009—2014年，分别举办了黄萱赠书展、厦门市图书馆馆藏社会捐赠文献展、厦门市政府机构捐赠文献宣传展等，持续不断的地方文献征集、展示和宣传活动，有效地推动了厦门市图书馆地方文献的收集、收藏、推广及开发利用等各项工作。

图书馆服务宣传走出图书馆。2007年，厦门市图书馆首次策划了“图书馆服务宣传进社区”，活动以进社区为市民现场办理图书馆借阅证、宣传推广图书馆服务资源和公益活动等为主要内容。至2014年，已先后走进岳阳、康乐、金尚、金山、兴湖、槟榔、官任等厦门数十个社区及中山公园、南湖公园、金榜公园等市民休闲、聚集地开展宣传活动，通过活动让广大市民了解图书馆、走进图书馆、利用图书馆，同时树立了图书馆惠民便民的服务形象。由于活动取得了很好的宣传效果，现已拓展到进学校、进企业等图书馆服务“三进”活动。

进社区宣传图书馆公益服务

搭建课外学习平台的“青少年假期热读”

全国政协委员、新教育实验发起人朱永新说过，“一个人的精神发育史就是他的阅读史”，有个相应的理论也叫作‘You are what you read’，即阅读造就了你。中国图书馆学会也在大力倡导全国图书馆界形成“儿童优先”服务意识。“阅读从娃娃抓起”，一个人的阅读习惯养成于其青少年时期。以上种种只是再次强调了青少年阅读的重要性。作为全民阅读推手的公共图书馆，自然也将青少年阅读活动纳入重要的服务范畴。

2007年以来，厦门市图书馆通过开展形式多样的青少年阅读活动，为青少年搭建了课外学习平台。一是发挥图书馆社会教育职能，引导青少年利用图书馆资源丰富假期生活，推动青少年课外阅读及社会实践活动。二是帮助青少年借助图书馆免费开放的、与阅读相关的平台，策划组织青少年自主阅读系列活动。

“青少年假期热读”活动是根据青少年读者群体的特点，结合当下社会关注的热点，以课外学习、延伸阅读、素质教育、安全教育、信息化教育等为主，开展的寓教于学、寓教于乐的公益性青少年主题活动。经过多年的持续开展，厦门市图书馆逐渐成为青少年的社会教育课堂、课外实践基地。

闯关大赢家——图书馆资源利用有奖竞赛。2008 年的寒假，厦门市图书馆首次举办“青少年假期热读”活动，其主打活动“闯关大赢家——图书馆资源利用有奖竞赛”起到了开门红的效果。参与活动的小读者通过参观图书馆各借阅区、学习各项借阅规则、学习查找资料方法等，掌握了利用图书馆的基本知识，从易到难进入图书馆资源利用有奖竞赛环节。“闯关”问题中既有关于如何办理图书馆借书证、图书馆开放时间等图书馆基本服务问题，也有让参加活动的小读者自己动手查找借阅图书的实践操作体验活动。通过这种青少年喜爱的闯关、比赛形式吸引他们进入图书馆、了解图书馆，继而利用图书馆、喜爱图书馆，培养他们从小具有图书馆意识。这项活动因形式新颖、竞争趣味性强而深受小读者欢迎。继 2008 年寒假开展之后，2011 年厦门市图书馆“迎六一”活动、分馆青少年假期活动也先后举办了相同的活动。

“平安暑假”安全教育及“迎奥运”主题系列活动。2008 年因汶川地震和奥运盛会成了中国人悲喜交集、无法忘记的一年。“平安”和“奥运”成为当年的年度关键词，因此，2008 年暑假青少年热读活动主题确定为“平安暑假 文化相伴”。其主打活动分为“安全教育”与“迎奥运”两个主题系列。

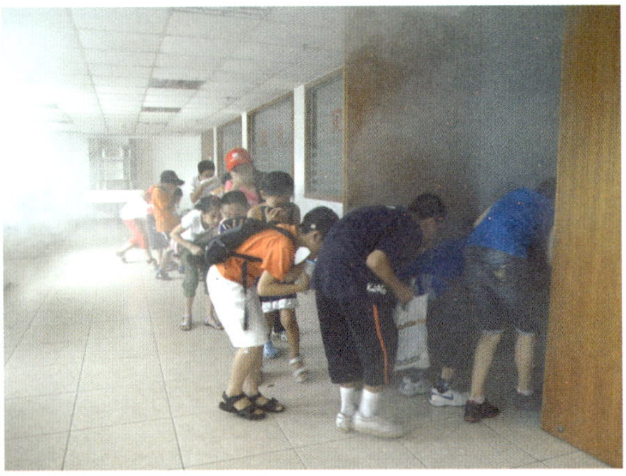

小读者学习火灾逃生常识

“安全教育”系列活动以专人讲解、实地参观的形式分批组织小读者参观厦门市气象局、市公安消防支队和市地震局，还配合开展了《濒临绝境》《日本沉没》等防灾减灾电影展播活动。通过现场观摩，亲身体验火灾、地震等模拟场景，观看科普影视资料等，普及了防震抗灾方面的基本常识，让青少年读者不仅了解还学习掌握了相应的防范技能。

“迎奥运”系列活动通过组织奥林匹克博物馆参观活动、“奥运英语”学习讲座、奥运知识竞赛等，让青少年多形式、全方面地了解、感知奥运的魅力。

“走读厦门”欢乐游活动。对青少年来说，学习知识的途径是多种多样的，在图书馆读书能学到知识，而通过户外的“走读”，更能加深对知识的吸收和理解。2010 年暑假，一场“穿越时空看厦门”的“走读”活动，让青少年读者饶有兴趣地了解了厦门的过去、现在和将来。活动通过到厦门市图书馆、市规划展览馆、市科技馆、市美术馆及市博物馆参观专题展览，并根据参观内容完成“走读厦门”有奖问答等活动，让青少年读者由厦门的海洋文明出发，逐步了解了厦门海域的人文历史、厦门城市的建设和厦门未来的发展规划，开启了青少年丰富多彩的“穿越时空”的厦门城市文化之旅。活动由于名额有限，采用电话报名形式，40 个名额，1 小时内便已告罄。

“闽南文化”主题宣传活动。闽南文化是我国闽南地区、台湾地区以及东南亚传承已久的区域性地方文化，厦门由于其独特的地理环境、文化积淀使之逐渐成为闽南文化区域的集合点和辐射点。因此，承担着地方文化传播、传承责任的厦门市图书馆将闽南文化的宣传活动作为其重要活动之一，常年通过举办闽南文化展览、讲座及向各学校赠送闽南文化光盘资料、教唱闽南语歌曲等向青少年宣传、宣讲闽南文化。寒暑假期间，曾多次举办“温馨厦门”摄影作品展、“爱上老厦门”摄影展、“闽南语电影专题资料展”、“鼓浪屿建筑与生活”摄影展等活动，并每月定期举办闽南文化系列讲座。让生于或长于厦门、受教于厦门的青少年从小了解、热爱闽南文化，为闽南文化的传承与发展奠定基础。

“穿越时空看厦门”的“走读”活动

假期青少年英语学习活动。寒暑假期间举办的各类英语学习活动，因灵活多变的形式和超高的人气而成为厦门市图书馆首屈一指的最受读者欢迎的活动项目。其中包括假期青少年英语角、“异域风情”英文系列讲座、“和老外过一天”主题活动、“走遍美国”口语体验、“书虫”青少年阅读会、英文原版精读俱乐部等。

2009 年暑假，厦门市图书馆推出了首场“异域风情”全英文讲座——“西雅图夜未眠”，大受听众欢迎。青少年读者参与外语讲座的热情出乎我们的预料，他们认为“异域风情”系列讲座，让他们在练习外语听力的同时，更了解了各地的风土人情，掌握了不同文化背景知识。另一类备受青少年喜爱的主题活动“和老外过一天”，也让青少年更深入地了解了国外习俗和文化。为保障活动有效进行，活动开展前还进行了外语口语、听力测试，40 人的活动吸引了 200 余名中小学生报名参加。此外，“假期青少年英语角”和“英语沙龙”则为青少年提供了口语练习、文化主题学习的有益空间。美国校园文化、英文歌曲学唱、“走遍美国”情景口语、简·奥斯汀经典名著赏析等活动，让青少年学习英语不再只是“纸上谈兵”。2014 年暑假，“书虫”青少年阅读会利用假期的集中优势，辅导、排演了英文短剧，将语言学习与艺术表演进行了有机的结合。

“和老外过一天”英语 Party

课外的“课堂”—— 兴趣课堂、名师讲堂。在青少年的成长过程中，课堂学习是必不可少的重要环节。厦门市图书馆寒暑假期间举办的“兴趣课堂”及“名师讲堂”，由于师资力量雄厚、活动形式新颖而长期受到青少年及其家长的热捧。“兴趣课堂”，顾名思义，以“兴趣”为活动出发点，自 2008 年寒假开始，“兴趣课堂”在内容上不断进行延展，从书法、诗词、国画、国学等“传承民族文化”的国学课堂拓展到机器人模型拼装、亚热带植物赏鉴等科普知识课堂，从“漫画超级秀”——自己动手做动漫的闪亮登场到海军、地铁、火车、观鸟各类知识的大普及；在形式上也不断创新，从固定课堂教授、听讲到实地走读，如亚热带植物赏鉴就直接开赴鼓浪屿亚热带引种园，实物观赏与讲解结合，给小读者以耳目一新的感觉。

“名师讲堂”聚集了厦门本地及外地中、小学高级、特级教师，学科带头人、高校教授、教育专家及极具社会影响力的名人等，举办各类学习辅导、家庭教育等主题系列讲座和培训，受众面广，影响力大，几乎场场爆满，听众为了能占到位子，往往提前一个小时就到报告厅等候。有听众甚至从泉州、晋江、漳州、龙海等周边地区赶来听讲。国家图书馆、上海图书馆的优秀国学讲座光盘也为青少年提供了聆听“大师”教诲的难得机会。

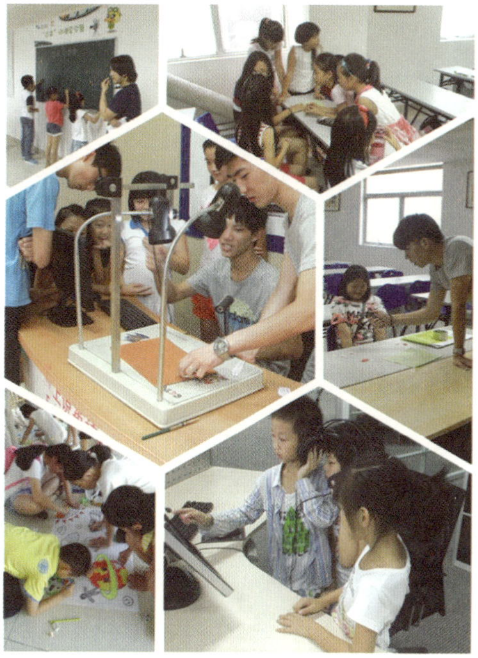

兴趣课堂

青少年院线。每个周末，厦门市图书馆在总馆、分馆免费播放电影，丰富读者的业余生活。电影片源及播放设备由厦门电影发行放映公司提供，图书馆负责策划组织。每年假期热读活动期间，图书馆都会根据活动主题开展电影专场——“青少年院线”活动，如2008年寒假的励志电影系列及原版电影赏析活动，2009年的“开心寒假”喜剧电影展播活动等。该项活动在假期受到青少年的关注与青睐，由于参加人数远大于报告厅容纳限度而不得不采用提前发票的组织方式。

主题展览与专题书架。展览是向青少年普及知识的有效手段之一，既传授知识，又不必囿于课堂。每年寒暑假期间，厦门市图书馆都面向青少年举办闽南地方文化、科普知识讲座以及青少年摄影、书法、漫画作品展等，其办出了自己的特点：一是公益培训与展览相结合，为青少年提供展示才艺的舞台与空间，如“教您自己写春联”公益培训优秀作品展、“迈萌”动漫夏令营活动作品展等；二是展览与活动相结合，如“童话森林”——少儿文学常识展与有奖竞答活动，“一起变形吧”——变形金刚电影卡通人物展与观影会等，都广受学生、家长及年轻人的关注。

专题书架则是青少年热读的又一活动内容。自2008年寒假开辟“新课标”青少年热读专架以来，厦门市图书馆每年假期都推出不同的专题书架，如：品味书香，启迪心智——寒假热读主题图书，颂读经典、著名人物传记等主题图书专架，推动了青少年假期的拓展阅读。

主题展览与活动联动

“文明小督导”社会实践活动。“文明小督导”社会实践活动是厦门市图书馆为青少年参与社会实践和公益活动提供的平台。活动自推出便受到广大学生和家长的欢迎。2009年寒假原计划为期一周的活动报名时间，仅一天便报满。2011年寒假，报名参与该活动的青少年累计达到796人次，2012年暑假更是达到了1134人次。

活动期间，参与实践的“文明小督导”，根据图书馆的工作需求，分批到少儿文献借阅区协助工作人员维护阅览秩序、整理图书；指导读者操作RFID自助借书机；到综合阅览区内对读者的不文明行为进行劝导；到总服务台工作间及各阅览区进行图书分类、整架、排架等；参与图书馆讲座、少儿活动等的辅助工作。这项活动让中小学生在为广大读者提供志愿服务的同时，也极大地锻炼了他们在沟通、引导、协调等方面的实践能力和吃苦精神。

农民工子女假期阅读活动。厦门市图书馆的分馆遍及工业园区、外来务工人员聚集区以及偏远社区、农村等。在青少年寒暑假期间，每年举办有针对性的阅读活动，其中关注农民工子女的“假期课业辅导”已成为农民工聚集区分馆的常态化活动。2009年暑假，厦门市图书馆针对未成年人特别是农民工子女的暑期学习和阅读需求，在高殿分馆开展为中小学生免费辅导暑期作业、答疑解惑、开展课外阅读指导的学习辅导活动。2010年寒假，为鼓励这些农民工子女“多读书，读好书”，又举办了“我最爱的一本书”外来员工子女作文演讲赛，来自江西、河南和福建安溪等地的农民工子女参加了演讲赛，孩子们质朴的文字和饱含真情的演讲，吸引了中小学生和高殿社区的居民共500多人。高殿分馆不仅成为孩子们假期最安全、最省钱的学习场馆，还是孩子们开学后的4:30学校。

在农民工聚集地举办的假期课业辅导和青少年读书及演讲活动

随着图书馆阅读推广活动的持续开展，农民工子女学校的同学们以及其他参加活动的青少年，也逐渐由被动接受者向参与实践者转变。厦门市图书馆策划、组织了一系列“我的活动我做主”活动，鼓励“少有所为”，为他们提供展示自我学习能力的舞台。

黄丁如与《百年孤独》读书沙龙。2008年4月23日，厦门市图书馆在“4·23世界读书日”举办了“关上电视，品读图书”主题活动。在志愿者队伍里有一位已保送清华大学的厦门外国语学校高三学生——黄丁如，这次活动让她与厦门市图书馆结缘。每年大学的寒暑假，她都以志愿者身份参与图书馆举办的读者活动。2011年，已有四年志愿者工作经历的她，策划并组织了厦门市图书馆影响较大的读书沙龙活动——“《百年孤独》的沧桑与新生”。本场沙龙的来宾包括厦门本土知名作家，厦视、厦门音乐广播电台主持人等，大家围绕《百年孤独》的情节结构、写作技巧及其魔幻现实主义风格的背景与影响展开了深入对话，争鸣激烈，精彩不断。讨论内容在新浪微博上进行了文字同步直播，厦门音乐广播电台还进行了现场连线报道，这一颇具影响力的读书沙

“《百年孤独》的沧桑与新生”读书沙龙活动

龙，有效提升了厦门市图书馆读书活动的公众凝聚力。

高中留学生与留学公益交流会。2013 年的暑假，几个在美国留学的高中生，拿着书写规范、流程完整、分工明确的《厦门美国高中留学公益交流会策划案》找到厦门市图书馆，准备做一场交流活动。他们通过其自身在海外的经历、体会，运用他们所掌握并已进行分类、整合的留学信息，为广大有意出国留学的学生、家长提供第一手留学信息及经验，让他们对美国高中有全面的了解。交流活动开始后，原可容纳 40 余人的活动室挤入 60 多名参与者，门外还有众多读者驻足旁听，活动效果始料未及。

“小书虫”与“书虫”青少年阅读会。2013 年 1 月“书虫”青少年阅读会成立以来，每月举办一次活动。这一活动源自一群热爱阅读、偏好趣味英语的中小学生在日常交往中形成的创意。阅读会以牛津寓教于乐的“书虫”系列丛书为读本，以名著改编的电影欣赏、戏剧角色扮演等为基本形式。活动方式受到小学生的喜爱，他们所栽的“书虫”之树茁壮成长，成了图书馆少儿阅读推广的传统活动。

“书虫”青少年阅读会及其暑期英文短剧表演

郑少彬团队与英文原版精读俱乐部之演讲系列。英文原版精读俱乐部演讲系列的主策划人郑少彬，也是一名长期在厦门市图书馆当志愿者的中学生。在提供志愿服务的同时，他积极参与图书馆各类活动，加上课外英语培训的体验，促使他产生了组建一个类似“模拟联合国”的学生社团的念头，让有演讲兴趣的同学参与。他的团队在学校老师的支持下，与图书馆和英语培训机构等进行三方合作。学生社团为活动主体，厦门市图书馆组织原版精读俱乐部作为平台，面向有同类阅读爱好的市民组织系列演讲活动。“My Favorite Book”（我最喜欢的图书）、“My Favorite Movie”（我最喜爱的电影）两期活动，有近百人参与。活动效果也引起全球公益演讲组织（Toastmaster）厦门演讲俱乐部的关注。随后的演讲话题，从你最喜欢的图书、电影到城市、旅行…… 2014 年底，这些中学生志愿者成功策划举办了“首届英语演讲比赛暨英文精读俱乐部演讲展示会”，展示了这一活动的新形象。

创立演讲社团的郑少彬团队
和他们的英语演讲比赛

推动全民立体阅读的“我与书缘”读书月

2007 年 10 月，厦门市图书馆搬入新馆后，加大了阅读推广工作力度。为吸引更多的市民认识图书馆，举办了首届综合性大型读书宣传活动——“我与书缘”读书月，希望通过这项活动引导阅读时尚，推动立体阅读。至2014年，“我与书缘”读书月活动已连续举办了八届，参加活动的读者共计58.3万人。

2007年第一届“我与书缘”读书月活动。第一届“我与书缘”读书月活动，是厦门市图书馆首次举办的较大型的、综合性的、持续时间长的宣传活动，对于图书馆的活动策划团队来说，是一次练兵也是一场考试。首先要考虑的是活动目的，既要宣传图书馆新馆的服务及资源，又要吸引更多市民走进图书馆，并激发他们的阅读兴趣，所以活动的内容要多元化。经多方研讨，确定以读书主题展览、读书讲座、读书征文、读书沙龙及文献征集等五项活动为主要内容，以图书展销等配套活动为辅助项目。在日均接待读者3300人次的新馆开馆时期，本次活动无论是启动仪式还是展览、讲座、沙龙等主题活动都吸引了一批批厦门书画家、专家、教授、青年学者以及机关干部、学生、部队官兵参与，他们因参加这些活动，走进了新建成开放的图书馆，新图书馆的服务硬件和软件让他们既喜悦又兴奋，不但从此与图书馆结缘，成为图书馆的忠实读者，还成为厦门市图书馆新馆的首批宣传推广“大使”。

当时，五项读书宣传活动得到厦门各界名家及民间“草根”力量的鼎力相助。读书主题展览展出了与读书主题有关的50多幅书法作品、60多幅摄影作品以及300多件读书手稿、藏书票、藏书章等读书用品。其中，书法作品中不乏厦门市书法协会主席陈秀卿、福建省书法协会原副主席谢澄光、厦门市书法协会原主席余纲等名家的作品。读书用品等实物展区则有厦门篆刻名家孙煌的藏书票、苏梦飞的藏书章，来自台湾的洪明章等收藏家收藏的旧时的读书、学习用品，如旧时上学用的书箱、读书照明用的各式油灯、印刷图书的雕版等。如今看来，这些展品弥足珍贵，因为他们当中的余老、谢老已相继过世，而他们当年挥写的“卓荦观群书，高眄邈四海”“读而未晓则思，思而未晓则读”等刚劲有力的作品却一直留在了爱书人、读书人的心里。

热爱书签收藏的读者郭黎丹和热爱读书笔记收藏的郭志珊则无私地将他们多年的收藏向公众免费展出，让大家一饱眼福，领略了上百种书签之美，见识了各色版本的读书笔记。

“读书不一定成为名家，但名家大多因读书而受益匪浅。”摄影作品中的“名人读书展区”展出了厦门大学许多著名教授，如教育家潘懋元、寄生虫学家唐崇惕、经济学家邓子基、学者易中天及厦门市荣誉市民潘维廉等名家的读书场景及读书赠言。活动得到他们百忙之中不遗余力的支持。唐崇惕教授因即将出差外地，临走前特意口述“读书是一件非常有意义的事。……读自己感兴趣的书，则会给自己增加无穷的乐趣”，让我们整理出来与读者共勉。

读书沙龙与《厦门晚报》联手，邀请了刚受聘于厦门大学的谢泳教授。因 2007 年恰逢胡适先生去世 45 周年，沙龙主题选择了胡颂平的《胡适之先生晚年谈话录》。萧春雷、何况、南宋等厦门青年学者也纷纷加入沙龙。这次活动之后，这些青年学者常常出现在厦门市图书馆讲座等其他读书活动中，他们为厦门市图书馆的读书活动出谋划策，与图书馆结下了一段书缘。

参与“读书主题展”活动的专家学者

我和电影、阅读有个约会——阅读与电影主题活动。文字和影像的结合，阅读与电影的互动，丰富着观者的感受。阅读、电影也是厦门市图书馆读书月活动历久弥新、广受欢迎的主题。2010 年、2013 年的“我与书缘”读书月活动主题均与电影和阅读相关，只是从活动内容策划上看，2010 年的“阅读与电影”活动偏重阅读稍多些，活动共举办 40 场，78657 人次参与；2013 年的“电影与阅读”活动涉及电影更多一些，内容与形式也更加丰富、多样，共举办系列活动 102 场次，累计 107746 人次参与。

2010 年的活动围绕“阅读与电影”展开，主要活动包括“原版文献推广阅读”活动以及“光影流波画电影——厦门市图书馆馆藏电影资料展”。为组织开展“原版文献推广阅读”活动，厦门市图书馆引进 111 种与电影主题相关的外文原版文献，首次提供外文原版书刊外借，这是厦门市图书馆文献借阅范围的一次突破。短短一个月内，外文原版书刊的借阅量达到 114 册次。《暮光之城》《哈利・波特》《绯闻女孩》等已改编为畅销影视剧的系列图书最受欢迎，借阅量均排在前列。

“光影流波画电影——厦门市图书馆馆藏电影资料展”是厦门市图书馆馆藏电影资料的一次集中展示。此次展览共展出厦门市图书馆收藏的近 3000 幅电影海报及图书、报刊等馆藏中精选出的 600 多幅珍贵资料及图片。为丰富展览内容，厦门市图书馆还向社会征集了部分实物和资料，包括20世纪30至50年代的电影画报、厦门报纸上的电影广告、厦门电影院发行的宣传单、明星鹭红主演的厦语电影海报、闽南语电影资料、电影放映机等。活动旨在用图片和实物相结合的形式，从一个侧面展示百年来电影发展的轨迹。既展示了20世纪20年代曾在厦门实景拍摄并引发了武侠片热潮的《西游记》《火烧红莲寺》等早期电影，也展现了早期厦门籍电影艺人的风姿，如著名导演吴村、影坛才女艾霞、反串名优凌波等。展览还以图像诠释了风行、热销于东南亚的厦语电影以及由厦语电影演变、后来在台湾发展兴盛的闽南语电影。展览展出后观众反响热烈，共计32500人参观了此次展览。厦门大学人口研究所郑启五教授，在厦门市图书馆举办的电影沙龙上更是给予了该展览极高的评价，他激动地对读者说，"这样的展览在全国并不多见"。沙龙结束后，他还将自己珍藏多年的电影资料、插曲歌片，悉数赠予厦门市图书馆。展览在厦门市图书馆展出后，不仅应邀至集美、泉州、漳州、晋江等地巡展，更首次走向全国，亮相上海图书馆展厅。

光影流波画电影——厦门市图书馆馆藏电影资料展

除电影资料展览外，各分馆与总馆联动开展了与电影资料展相关的系列配套活动，如高殿分馆举办了"我最爱的一部电影"征文，翔安火炬产业区分馆组织了"爱猜电影"有奖猜谜，灌口分馆举行了"爱动画、绘动画——动画电影绘画比赛"等，与总馆活动遥相呼应，由市区中心馆向社区、农村和工业园区分馆扩大主题展览的社会影响。

近年来，每逢假期、周末，来厦旅游人数持续突破性增长，除了动车线路增加等硬件方面的原因，携程旅行网2006年7月的一份调查显示，有超过四成的人表示有关厦门的影视作品是促使他们踏上鹭岛的重要因素。2013年，涉及阅读与电影的主题开始升级为"涉电"活动。

灌口分馆举办的动画电影绘画比赛

厦门电视台与厦门市图书馆合作举办了"电影·阅读好时光"海选活动。邀请厦门市图书馆馆员制作了阅读活动专题片，为海选活动进行预热。活动吸引了厦门华厦职业学院、华侨大学、集美大学的青年学生，图书馆读者共300余人报名参与海选，其中有80多岁的图书馆老读者。

"电影·阅读好时光" 海选现场

海选规则：要求选手上台讲述一段对由畅销图书或经典图书改编而成的某部电影的看法，由三名评委现场决定去留。经过初选、复选的激烈角逐，最终确定12名选手入选，参与大型电视益智类节目《电影好时光》的录制。厦门电视台主持人王哲、孙苗也到现场为选手们加油，并鼓励现场观摩的读者通过利用图书馆多读好书、多看好电影来丰富假日休闲生活。

2013年的"电影与阅读——厦门市图书馆馆藏电影海报专题资料展"是继2010年"光影流波画电影——厦门市图书馆馆藏电影资料展"的延续性活动。"光影流波画电影"以1990年以前的电影海报及相关资料为主，而"电影与阅读"则选取了1990年后的电影海报资料举办专题展览，如《阳光灿烂的日子》《活着》《甲方乙方》《少年派的奇幻漂流》《了不起的盖茨比》等。众多读者在观赏海报的同时，重温了这一部部经典之作。在厦门取景拍摄的《一轮明月》《云水谣》《疯狂的赛车》《第一次》《天竺山传奇》等类型与风格迥异的影片则为观众再现了厦门的独特魅力，吸引了78000人次。

在2013年的"电影与阅读"主题活动中，关于电影和阅读的话题向更深入、更多元化的方向发展。专题沙龙邀请了《厦门晚报》资深编辑萧春雷，以"冷眼观影：商业片的奇特生态"为题与现场读者、众多新浪微博网友共同聚焦电影产业的现状与未来；策划了以"网络时代看电影"为主题的讲座；以经典文学作品、畅销图书改编的影片配合主题活动展映，为广大读者提供"光影阅读"院线联展；"电影在左，阅读在右"图书漂流活动则通过现场采选、网络购买一系列电影主题的文学类图书，分别在厦门著名的"不在书店""老塞咖啡"等或闲适、或文化气息浓厚的场所举行；而全英文解析热门经典电影的首场"英文原版精读俱乐部"活动更是人气爆棚，可容纳40人的活动室挤入了80多名英语电影观赏者。

影像中的书香。书香满衣，承阅读之美。每一届"我与书缘"读书月活动都试图从多角度诠释、解读阅读，品味书香。

2012 年，“我与书缘”读书月活动进行至第六届，数字科技是当时社会最时尚的话题，“全民拍客”时代悄然来临。用镜头关注社会，表达个人感受，成为一种生活方式。厦门市图书馆遂以“影像中的书香”为主题，结合数码科技普及与全民阅读活动推广，举办了“影像中的书香”视频征集大赛，鼓励读者利用 DV、相机、手机等设备，摄录制作一段推荐视频，内容可以是自己喜爱的书刊、常去的图书馆，或是情有独钟的读书场景等与阅读相关的视频资料。活动通过厦门市图书馆网站、厦门市文化信息网、图书馆新浪微博和读者活动 QQ 群、豆瓣等网络平台进行宣传，并首次向境内外公共图书馆、高校图书馆发出邀请函征稿，其中，厦门大学团委别具一格的“书式生活——市图书馆下发‘英雄帖’”宣传，吸引了众多高校学生。同时图书馆还进入厦门市外国语中学、科技幼儿园等学校开展活动宣传。图书馆也首次利用公交车车身进行活动宣传，选取厦门岛内外的繁华街区、人流密集地路线，作了连续7 个月的流动广告。同时邀请央视“百家讲坛”主讲人袁腾飞、台湾著名作家“九把刀”为活动拍摄视频，取得了显著的宣传效果。此次大赛共收到来自厦门、武汉、杭州以及美国、加拿大等地的投稿作品 52 件，内容丰富多彩，有少年儿童课外阅读的生动场景，有美国纽约公共图书馆的辉煌历史，也有厦门市图书馆宁静素雅的阅读氛围…… 最后，来自杭州的范祖荣凭借《悦读时间》获得一等奖；《我的读书生活》《纽约公共图书馆》获得二等奖，等等。获奖作品在图书馆一楼大厅滚动播放，吸引了众多读者驻足观看。

公交车广告——图书馆“影像中的书香”视频征集大赛

馆员的力量。2014 年中国图书馆学会年会的主题为“馆员的力量：改革、发展、进步”。这一年，厦门市图书馆的“我与书缘”读书月活动也将主题聚焦到“阅读推广人”，以馆员为主体的“馆员的力量”专题图片展和以志愿者为主体的“阅读推广公益星”表彰招募活动，成为第八届“我与书缘”读书月活动的重要内容。活动以馆员和读者共同推动全民阅读为核心内容，将人的价值、精神、个性、合作等元素融入图书馆，反映了图书馆馆员与社会人士为全民阅读所做的共同努力。

厦门市图书馆的五大系列活动，以系列化模式、集中式宣传、主题化形式形成了全年阅读推广的“主干线”。常年开展的公益讲座、展览、沙龙、少儿活动、读者俱乐部等常态化活动，与结合社会热点的主题活动交错开展，相互渗透、互相融合，构建了一条“交错纵横”的阅读推广之路。

市民喜爱的大课堂“周末知识讲座”

2000 年底，厦门市图书馆开始举办“周末知识讲座”。以传播知识为目标，围绕社会热点、生活百科、终身教育、文化传播四大主题，策划了经典阅读、家庭教育、艺术鉴赏、闽南文化、养生保健、异域风情及经济生活等一系列讲座。至 2014 年底，“周末知识讲座”共为市民提供了 900 余场公益讲座，听众超过 11 万人次，成为深受厦门市民喜爱的公益讲座品牌。

策划与合作。厦门市图书馆的“周末知识讲座”从不刻意组织听众。各系列讲座中，家庭教育、养生保健、异域风情、经济生活及经典阅读等受到听众欢迎。尤其是“异域风情”讲座，自 2009 年以来举办了 76 场，有 13187 人次参与，讲座报告厅有 154 个座席，几乎场场爆满。

厦门市图书馆讲座伊始，即开始了“闽南文化”话题的深入探索，“闽南文化系列讲座”被列为厦门市图书馆“周末知识讲座”的发展重点，选题从闽南古代名人到现当代名人，从厦门大街小巷、福建土楼到与闽南文化一脉相承的台湾，从厦门畲族到惠安女服饰等。

社会化合作是厦门市图书馆讲座持续发展的重要保障。在讲座举办之初，厦门市图书馆用于举办讲座的经费仅有 2 万余元。通过社会化合作，有效解决了讲座资源和经费问题。2010 年，厦门市图书馆总馆所举办的 87 场讲座中，与社会各界合作举办的讲座活动占了

69%。随着讲座品牌影响力的扩大，厦门市委宣传部、市社科联主办的“鹭江讲坛”，逐渐把厦门市图书馆作为主要举办地点，平均每月在图书馆举办 4 场讲座。厦门市文联也将“文艺大讲堂”的重要活动安排在厦门市图书馆。

社会化合作的另一成果是大型公益文化讲座。厦门市图书馆与厦门外图集团有限公司、厦门卫视、厦门新东方学校、中国移动厦门分公司等单位合作，先后举办了“百家讲坛”主讲人易中天、阎崇年、袁腾飞、张传芳，新东方创始人俞敏洪，台湾著名词人方文山，香港凤凰卫视评论员梁文道，知名记者闾丘露薇，著名散文家张晓风等主讲的 20 场大型公益讲座，听众达 13057 人，极大地提高了图书馆讲座的社会影响力。

方文山大型公益讲座

宣传与创新。厦门市图书馆讲座的宣传坚持与时俱进，从传统的海报、宣传单、纸媒到网络时代的各大网站（包括厦门市图书馆网站、市政府网站、市妇联网站、厦门大学“讲座信息网”等），并伴随着公共媒介的发展，拓展到在超市设置海报宣传，利用街头人行信号灯信息屏、BRT 车站电子显示屏、楼宇电视等宣传图书馆活动。进入移动互联网时代以后，又及时开辟了微博、微信等宣传途径，让社会公众能随时随地获取讲座信息。

为吸引更多市民关注图书馆的讲座，图书馆不断创新讲座活动方式，如讲座与展览、咨询、观摩会相结合，配套同步进行。“闽南文化”讲座活动将“游走鼓浪屿”从报告厅移至鼓浪屿岛上；“异域风情”之“欢乐万圣节”活动，采用英语演讲方式，介绍节日来历，进行歌曲、街舞表演，让参与者获得节日体验，了解西方文化习俗的形成；“万马奔腾闹新春”音乐鉴赏讲座，将音乐演出与现场评析结合起来，有效地普及了音乐知识。

为了更好地保存讲座视频资源，厦门市图书馆成立了多媒体编辑室，购买了 EDIUS 非线性编辑软件，安排专业工作人员，提供包括摄影、制作、发布全套工作流程的周末讲座数字化服务。从 2008 年 7 月至 2014 年底，厦门市图书馆已将 316 场周末讲座视频定期发布到网上，供读者随时点播观看。

读者的图·时光“读者俱乐部”

厦门市图书馆为了让更多有相同兴趣爱好的读者在图书馆一起度过或温暖或充满激情的“图·时光”，先后组建了“读书人”俱乐部、“寻找老厦门”俱乐部、音乐爱好者俱乐部、户外运动读者俱乐部、“书虫”青少年阅读会、“留学全球”读者俱乐部、英文原版精读俱乐部。这些俱乐部里既有长期坚持的资深成员，也有不断注入的“新鲜血液”。2012 至 2014 年，共举办了 182 场俱乐部活动，有 7291 人次参加。

“读书人”俱乐部。成立于 2012 年 2 月，是厦门市图书馆组建最早的读者俱乐部。活动方式为独立策划与社会合作相结合，经历了与厦门民间公益图书馆——荒岛图书馆、厦门知名门户网站——厦门小鱼网合作，与厦门作家协会共同举办“厦门本土作家品读会”，以及推荐人气新书、推动市民阅读，全城共读一本书的“新锐阅读”等三个阶段。

与厦门作家协会合作举办的“本土作家品读会”

在与荒岛图书馆合作之初，“读书人”俱乐部每月一期，举办经典诗歌朗诵、“爱情”主题读书会、影视文学赏析、“晒书单”及重读沈从文、重温小人书等读书活动。在台湾知名作家“九把刀”、“百家讲坛”主讲人袁腾飞等来厦之际，“读书人”俱乐部与厦门小鱼网读书频道紧急策划，推出了“那些年，我们一起读九把刀”和“历史是个什么玩意儿——品读袁腾飞”等主题活动，并以抽取“九把刀”和袁腾飞讲座门票作为号召手段，吸引读者。与厦门作家协会合作举办的“本土作家品读会”，以描写厦门最知名的小说《小城春秋》、厦门儿童文学作家李秋沅的《木棉·流年》和厦门作家须一瓜的新作《白口罩》为话题，“读书人”俱乐部的成员在本土作家的带领下，对这些作品逐一品读赏析。2014 年 4 月，“4·23 世界读书日”前后推出的“新锐阅读”是“读书人”俱乐部活动的全新拓展，借助街区自助图书馆推荐人气新书，“真诚相邀、全城共读”，与读者一起分享读后心得。活动先后举办了 9 期，在读书分享、交流活动开展的同时大大提高了文献利用率。如《大唐李白·少年游》的借阅率为 5.45%，《从你的全世界路过》的借阅率为 10.8%，《陆犯焉识》的借阅率为 9.96%，《断舍离》的借阅率为 7.87%。《我得的感冒比你打的喷嚏都多》一书，2014 年 10 月在厦门市图书馆上架后乏人问津，但在 12 月通过“新锐阅读”海报、微信、微博等多途径宣传后，短短两周内借阅量就达到 44 册次。

“寻找老厦门”俱乐部。成立于 2012 年 3 月，以实地走访厦门独特人文景观、品尝厦门古早味为主，在推荐厦门特色文化的同时，也寻找和记录了这座城市久远的记忆。

俱乐部先后举办了寻找厦门古早味、寻找鼓浪屿老别墅、寻找厦门十大名景以及寻找老侨批馆、老厦港采风等活动，涵盖了衣、食、住、行等诸方面的厦门历史与文化。2014 年 4 月，厦门市图书馆首次举办了“寻找老厦门——与摄影名家同行亲子摄影活动”，以镜头定格厦门这座城市的“前世今生”。

“寻找老厦门”活动（中山路老街）

“寻找老厦门”——与摄影名家同行亲子摄影活动

“书虫”、留学全球、英文原版精读俱乐部。“书虫”青少年阅读会和英文原版精读俱乐部是厦门市图书馆针对青少年和成人英语爱好者而分别组建的俱乐部。“留学全球”读者俱乐部则是为有留学或旅行意向的读者群体打造的一个学习交流平台。自2013年1月成立之日起，“书虫”青少年阅读会成员在外教的带领下，从《地心游记》《福尔摩斯探案故事》《亚瑟王》到《暴风雨》《花木兰》《生存游戏》和《侠盗罗宾汉》，随着牛津“书虫”一一品读简化版的英文名著；英文原版精读俱乐部虽然组建最晚，但人气最高，成立一年，已举办活动50场，3013人次参与。而每10次俱乐部活动，坚持8次或以上的参与者可获赠一本精读原版图书，这样的奖励措施进一步提高了俱乐部的凝聚力。

每周一期的“英文原版精读俱乐部”活动

启蒙低幼儿阅读的“何娟姐姐故事角”

2008年2月的一个周日，厦门市图书馆首场以培养低幼儿阅读兴趣为宗旨的少儿主题活动——“听书讲故事”正式开始。由于讲故事的馆员姓何名娟，大家灵机一动，就将活动命名为“何娟姐姐故事角”。故事内容从科学到音乐、从古典到现代、从英文到闽南语，丰富多彩；活动形式则从讲故事开始，衍生为折纸、绘画、彩泥，直至游戏，形式多样；活动次数，从2008年每年52场增加到每年104场，小读者参与人数从全年的1300余人，增加至3400余人。活动的主持人——何娟姐姐，有很多同事、志愿者主动接力协助。“何娟姐姐故事角”由此成为厦门市图书馆幼儿阅读的常态化活动项目。

何娟姐姐故事角

首届“快乐绘本秀”活动

公益、开放的“厦门文史沙龙”

2004年，厦门市图书馆聘请地方文史专家洪卜仁先生成立了“洪卜仁工作室”，开展厦门文史类研究和宣传，组织文献开发、课题咨询及厦门文史展览等。

2012年，厦门市图书馆携手华人华侨问题研究专家黄猷先生成立“华人华侨研究工作室”，为海内外华人华侨研究工作提供服务。

2012至2014年间，依托两个专家工作室，厦门市图书馆为对这两项专题有兴趣的读者策划了“厦门文史沙龙”和“华人专题研究”等培训活动。“厦门文史沙龙”每月一期，通过研讨会、走访、调研、实地考察等多样化的形式，举办厦门地方史料探讨，厦港、鼓浪屿采风等活动，吸引了千余名厦门文史研究者和地方史爱好者参与。不定期举办的“华人专题研究”培训活动也吸引了444人次参与，在集聚闽南地区华人华侨研究专家、学者人力资源，广泛收集海内外华人华侨文献资料及厦门地方文献资料，促进新人后备研究力量的培养建设等方面发挥了积极作用。

“厦门文史沙龙”活动

流动的“图书馆服务宣讲团”

为了扩大图书馆公益服务宣传辐射面，发展潜在读者群体，2010 年 11 月，厦门市图书馆组建了一支流动的宣传队——“图书馆服务宣讲团”，它走进幼儿园、学校、社区、机关宣传图书馆的公益服务项目。宣讲团每月两次前往幼儿园、学校等进行图书馆宣传。同时，还前往各种特殊群体学校、爱心护理院等社会弱势群体集聚的场所，为他们办理集体借阅证，提供送书上门等服务。此外，宣讲团还与各机关企事业单位联系，推广图书馆参考咨询服务、数字资源利用等。至 2014 年底，宣讲团活动达 91 场次，获得服务的有 27188 人次。

“图书馆服务宣讲团”在幼儿园开展活动

面向老年读者的“夕阳网事”

厦门市图书馆关注老年人阅读服务，从便利设施等硬件建设，到针对性阅读和培训等软件完善，均有全面的、多方位的策划与组织。

硬件建设包括为行动不便的老年人提供专用轮椅，为视力不好的老人提供老花镜、放大镜及其他助视设备。此外，为老年读者专门订购相关报刊，设立了“夕阳红”专题书架，还在报告厅及社区分馆设立敬老专座，为 60 岁以上的老人提供免费复印文献资料等服务。

服务“软件”是指形式多样、服务老年人的各类活动，如养生保健类专题讲座、老年书画笔会、“夕阳红”专题电影展播、为家庭困难的老人办理免押金借书证等。其中“夕阳网事”——中老年电脑培训班受到老年读者的欢迎。培训班面向 50 岁以上的读者，分期分批进行上机培训，满足他们获取网络信息、丰富退休生活的愿望，参加培训的学员最年长者 80 岁。通过 3 次课程、6 个学时的培训，从最基础的电脑开关机，到上网查寻资料及利用图书馆的数字资源，老年人在手把手的操作实践中掌握了上网技能，打开了丰富多彩的网络生活通道。

因此，厦门市图书馆获得了全国“敬老文明号”的荣誉称号。

在社区分馆举办的“老年书画笔会”

第四节

宣传提升图书馆服务影响力

图书馆服务不断推陈出新，目标是提高图书馆的办馆效益。厦门市图书馆在做足内功的同时，积极拓展社会宣传工作模式，扩大图书馆的社会影响力。

多形式的宣传手段

图书馆公益广告。2007 年搬入新馆后，厦门市图书馆设计定制了精美的宣传手册和活动海报，并将其放置在图书馆大厅和各阅览区，供读者随手取阅，这一举动在促进公众关注图书馆活动过程中发挥了作用。随着电子信息技术的普及，厦门市图书馆利用大型 LED 显示屏系统、电子显示器等数字信息装备，向外界实时发布图书馆的所有服务及文化活动信息。

在应用现代最新技术的同时，图书馆员还不时走上街头，在公交车站、过街横道线、超市入口处，向过往市民发放宣传资料，摆放海报宣传图书馆服务和活动信息。

“每周一课”—— 向读者面对面宣传。2014 年 4 月，以培育读者信息素养、推送信息资源、宣传多元服务、推广新技术运用、指导读者延伸阅读为宗旨的开放式读者培训“每周一课”在厦门市图书馆二楼报告厅开课。“每周一课”由各部门报送选题并选派具有实践经验的馆员担任主讲。内容涉及古籍文献如何查阅、参考咨询问题如何提交等常规知识以及图书馆 Wi-Fi、电子图书借阅、街区图书馆设备利用等应用知识。

“每周一课”的面对面宣传方式，在提升图书馆服务内涵的同时，也为馆员展示个人综合能力提供了舞台。至 2014 年 12 月，“每周一课”共开课 36 场，现场获得培训的读者有千余人，一些没有时间来上课的读者则可以通过课件和视频等资料学习。

借力网络平台

线上线下的宣传渗透。厦门市图书馆网站（www. xmlib. net）将图书借还系统无缝整合，使读者只需登录系统，便可实现预约图书，查询图书所在地，网上续借、挂失等；网上丰富的数据库资源也免费对外开放，读者只要登录厦门市图书馆网站输入卡号、密码便可无偿使用，不受时空限制，方便快捷。2010 年 12 月，厦门市图书馆网站开辟“网上展厅”专栏，上传了 2005 年以来图书馆主办的“厦门旧影新光图片展”“庆祝厦门解放六十周年史料展”“厦门市图书馆馆史展”等各类型共 20 场专题展览的资料。“网上展厅”将现场的展览资源转移至网络空间，读者可以随时自由浏览图书馆的展览资源。网站首页还建了“厦门文化信息网”“文化信息资源共享工程”“两会服务平台”“文献交换平台”“创建国家公共文化服务体系示范区”等专栏以及周末知识讲座视频点播等，方便读者了解和利用更多信息资源。至 2014 年底，厦门市图书馆网站总访问量 170 万，其中“厦图活动”栏目访问量 17. 2 万，“读者指南”15. 2 万，“厦图动态”10. 4 万。

厦门市图书馆利用网络传播的可重复、可检索、低费用等诸多便利优势，使用电子邮件、短信、QQ 群以及厦门市政府网站、厦门大学讲座信息网、厦门小鱼网络社区、新浪微博等网络平台，聚拢具有活力的中青年读者，有针对性地开展服务及活动宣传。

2009 年 2 月，厦门市图书馆首次与厦门小鱼网联手。拥有 28 万注册用户的厦门小鱼网，每天有 15 万人次的访问量。图书馆活动信息在网上发布后，读者可在网上选择自己爱听的讲座、爱参与的活动。此外，还与中国移动“家校网”平台合作，将青少年主题活动通过“家校网”平台推送给学生家长。

2013 年 8 月 11 日，厦门市图书馆联合搜狐网福建站举办了“走你——那些年的日子”微电影大赛获奖作品展映活动。现场播放了《世事难料》《面包有了，梦难圆》以及《失恋 33 年》等微电影，并邀请厦门广播电视集团黄宁老师点评，黄老师讲述了微电影的赢利模式及今后的发展趋势，为读者普及了微电影的相关知识。活动采用讲座和微电影展播相结合的形式，其间穿插与微电影相关的互动环节，引发了读者尤其是年轻人的关注与喜爱。为宣传本次活动和图书馆的公益服务，厦门市图书馆还在搜狐网站福建社区开设专栏宣传图书馆免费服务项目及读者活动内容，为推广图书馆服务拓展了一个新的宣传渠道。

处处可寻的微“厦图”。2011 年，厦门市图书馆尝试通过微博开展全民阅读等活动宣传，并于7月26日开通了新浪微博，实时将举办的讲座等读者活动和服务信息发布到微博上，与读者进行交流互动，搭建了一个即时的沟通平台，扩大了图书馆服务的社会影响力。2014年3月，厦门市图书馆开通便民微信平台“厦图讲座”“厦图活动”，读者只要扫描厦门市图书馆微信平台二维码或通过微信公众平台搜索“厦图讲座”或微信号 xmtsgjz，“厦图活动”或微信号 XMLIB_ Activity 进行关注，就可以获取讲座、阅读活动预告、活动现场报道等信息，还可以发表对某场活动的感悟、见解。

与媒体渐行渐“近”

多年来，厦门市图书馆与各类型媒体建立了较好的联系，第一时间将信息发送到位，展开全方位宣传。在与媒体沟通的过程中，厦门市图书馆利用自身的资源优势，不断增加信息内涵，扩大资源共享。

2009年6月，福建师范大学文学院教授、博士生导师、福建省作家协会副主席孙绍振做客厦门市图书馆二楼报告厅，为听众讲述了人际交流的“雄辩与幽默”，260余人参加讲座，现场座无虚席。同年，厦门市图书馆与厦门卫视“两岸开讲”栏目首次合作，三台摄像机从不同的角度全程拍摄；举办“晚报记者面对面”系列讲座，特别邀请《厦门晚报》专栏记者做客厦门市图书馆周末讲座，畅谈文学创作，赏析电影佳作，与听众分享城市生活感受。

2014年1月4日、5日两天，厦门市图书馆携手厦门日报社、厦门网共同打造“厦门24小时马拉松式全民学习日”活动。全国多位知名专家、讲师应邀登台演讲，主题涵盖经济理财、信息消费、科技前沿等，为厦门市民带来24小时“马拉松式”的信息洗礼。本次活动是厦门市图书馆创新周末讲座的一个尝试，吸引了1550位市民到场听讲，迎来2014年新年讲座的“开门红”。讲座还通过厦门网、手机视频进行直播及图文传送，分会场的屏幕、视频同步播放，让市民可通过多种方式与专家面对面交流。

2014年8月9日，厦门市图书馆邀请厦门电视台新闻主播、首席主持人丁江举办了一场别开生面的“对话”讲座，丁江以幽默、敏锐的亲和风格，讲述了自己的人生阅历以及对社会现实的深刻见解，并对年轻人提出了各种中肯的择业建议。180名读者参与了活动，现场互动热烈。

厦门市图书馆还与广播电台合作，在讲座现场同步传播发送活动内容，既为广播电台提供节目资源，又让节目收听者有了亲临现场的感受。通过广播这一信息媒介，播音员娓娓道出讲座信息，给听众以深刻的印象。近年来，厦门市图书馆先后与调频FM107厦门经济交通广播电台合作推出了吴经国《奥运中华情》、易中天《先秦诸子之墨子与杨朱》、梁文道《阅读的寂寞与虚无》、张鸣《辛亥：摇晃的中国》等节目。

馆刊《厦门图书馆声》的前世今生

《厦门图书馆声》是厦门市图书馆的馆刊，创刊于1932年，1937年停刊。2000年6月，中断了63年的《厦门图书馆声》复刊。

20世纪30年代出版的《厦门图书馆声》

《厦门图书馆声》创刊于1932年1月，月刊，由厦门市图书馆第二任馆长余超主持创办，其宗旨是“报告本馆状况、灵通图书馆消息、交换图书馆学识、鼓吹图书馆事业”，设有“论著、馆讯、中外图书馆消息、每月业务统计、赠书鸣谢、新书介绍、文苑”等栏目，“每期印千余册，专以寄赠海内外各图书馆及文化机关，以便互通信息及交换刊物”。这些历史记录表明，《厦门图书馆声》创刊时就有很大的发行量，在行业中有广泛的影响。时至21世纪，中国国家图书馆、上海图书馆、北京大学图书馆和台北的图书馆都有不少收藏。

厦门许多老人以及老一代华侨，年轻时都曾是图书馆的读者，他们中的一些人对《厦门图书馆声》有极深的印象。2009年5月27日，80岁高龄的著名学者、原福建省政协副主席黄猷老先生参观厦门市图书馆新馆时，专门提到20世纪30年代出版的《厦门图书馆声》，并对一些栏目仍然记忆犹新。《厦门图书馆声》真实地记录了厦门地区图书馆事业从无到有、从有到兴的发展史。它存留了文渊井21号厦门市图书馆的第一座馆舍等的老照片，记录了1932至1937年间图书馆的业务状况，为厦门市图书馆留下了十分珍贵的历史记录，也在中国图书馆馆刊发展史上留下了荣耀的足迹。2005年4月，北京图书馆出版社编辑出版《近代著名图书馆馆刊荟萃续编》（全二十册），《厦门图书馆声》入选“近代著名图书馆馆刊”，表明了它在现代中国图书馆事业史上的特殊地位。

1989 年 10 月 30 日，厦门市图书馆编印《全国单列市图书馆信息交流（厦门版）》，后更名为《十五城市公共图书馆信息交流（厦门版）》。同年 11 月 15 日又编印了《厦门市图书馆工作简报》。虽是两份信息简报，但基本反映了厦门市图书馆的各种业务动态。而《全国单列市图书馆信息交流（厦门版）》从创刊时便是公共图书馆协作组织的一个交流平台。

1999 年底，由厦门市图书馆组织编印的《厦门图书馆馆史 1919—1998 年》完稿。在编辑过程中，编撰人员深感资料和线索的重要性，有些章节由于资料较完备，编撰人员就有了丰富的编写素材，如 20 世纪 30 年代图书馆的业务建设和发展，就是在参照了《厦门图书馆声》等相关资料的基础上编写而成的。但有些章节由于资料缺失，编撰人员虽耗费了很多时间和精力，多方面查证，却收效甚微。由此加深了图书馆全面系统地集录自身建设发展资料的重要性认识。于是，决定对《厦门市图书馆工作简报》进行改版，复刊《厦门图书馆声》。

2000 年 5 月 12 日，由厦门市图书馆各部门推荐出 9 名信息员，他们及时报送信息、撰写文章，重新设计《厦门图书馆声》刊物封面，增设了《读者论坛》《好书推荐》等栏目，《厦门图书馆声》于 6 月正式复刊。复刊的《厦门图书馆声》为双月刊，总期号则延续了《厦门市图书馆工作简报》。

《厦门图书馆声》的编辑人员主动联系专家、学者，组织稿源。厦门市文化局原局长彭一万、厦门市博物馆原馆长龚洁、《厦门晚报》总编朱家麟、厦门大学副教授郑启五、集美大学副教授沈昭铿等陆续提供了文稿。复刊伊始的《厦门图书馆声》是电脑打印文本，仅印了 40 册。随后获得厦门市对外图书交流中心的支持，从第 2 期开始每期提供 500 元资金协办，到 2004 年又增加到 1000 元。从第 3 期（总第 43 期）起，图书馆为刊物委托了专业设计人员，并由专业印刷厂印制，从内容到形式都有了较大的提升。

2001 年 5 月 30 日，厦门市图书馆在鼓浪屿中山分馆举办读者活动——厦门艺术家笔会。著名书法家谢澄光先生欣然应允为《厦门图书馆声》题写刊名，使该刊增色不少。同时，在内容上又增加了《名人名作》《读书驿站》等栏目，增强了该刊的资料性和导读性。2013 年，《厦门图书馆声》获得了“福建省内部资料性出版物准印证”。2013 年 7 月，《厦门图书馆声》（总第 115 期）获得了福建省内部资料出版号。随着影响的不断扩大，印数从复刊初期的 40 册增加到 500 册。

2000 年复刊的《厦门图书馆声》

《厦门图书馆声》复刊后，延续并保持了该刊自创刊以来对地方历史文化的探讨与传承风格。在 2003 年《厦门图书馆声》（总第 58 期）上，厦门大学副教授郑启五撰文，就“蒋介石的第五次厦门之行”等地方史研究问题与厦门地方史专家洪卜仁探讨，吸引了《厦门晚报》记者的注意，当期刊登的两位专家的探讨文章引起了业界的关注。2008 年，郑启五赴土耳其任孔子学院院长后，仍然为《厦门图书馆声》撰稿，并且在他的博客和编著出版的书中也多次提到他与《厦门图书馆声》的缘分。

厦门市博物馆原馆长龚洁先生在 2005 至 2014 年期间，连续为《厦门图书馆声》撰写了《连横与山雅谷别墅》《胡适父子的厦门台湾生死缘》《林语堂情牵鼓浪屿——廖家小巷》等文章，用精彩的文笔揭秘了一些鲜为人知的地方史实；市图书馆馆员陈红秋撰写的《千里大追踪——善本〈晃岩集〉寻访记》《尺寸之间存真意——〈增广四书人物类典串珠〉搜集记》，被《厦门日报》《厦门晚报》发现后，认为是宣传地方文化的着眼点，专程到厦门市图书馆进行专访。

厦门市法制局的姜宏，将一篇记录他大学时与柯灵先生一面之缘的纪念文章《一本特殊的签名本》发表于《厦门图书馆声》，先后被《文汇读书周报》《厦门日报》转载，让笔者颇感欣慰，因此成为《厦门图书馆声》的铁杆作者。

从 2007 年起，《厦门图书馆声》每年编辑出版一本专刊，先后出版了《我与书缘》《走读鼓浪屿》《越讲越精彩——讲座十周年》《电影与阅读》等专刊，将图书馆策划组织的大型读者活动集中记录与展示在《厦门图书馆声》上，宣传与推广了图书馆的延伸服务和创新服务。

为提高《厦门图书馆声》在读者中的认知度，厦门市图书馆在一、二楼阅览区分别设立《厦门图书馆声》专架，方便读者阅览。在厦门图书馆网站改版时，在导航条上添加了《厦门图书馆声》栏目，方便读者了解和检索《厦门图书馆声》。还通过分馆服务网络，向农村、部队、社区、学校、工业区等配送《厦门图书馆声》，达到了较好的宣传效果。

第五节

新技术驱动图书馆服务创新

从1994年安装第一套ILAS系统至今，厦门市图书馆已走过二十多年科技创新之路，它一直坚持创新探索，应用最新科技手段，提高业务效率，提高社会服务能力。

短信催还、续借

2004年，厦门市图书馆首次提出建设“残疾人短信图书管理服务系统”，为特殊读者提供短信服务。2009年6月，图书馆扩大短信服务受众范围，所有使用中国移动公司手机号码的读者主动申请短信服务后，平台自动为其发送图书外借到期前3天和超期1天的催还短信。通过回复短信，读者可以查询外借记录、预约图书、查询图书逾期滞还金、续借图书、挂失借阅证等。

长期以来，中国通信运营商分为移动、电信和联通三家公司，运营商之间存在商业利益冲突。2013年，厦门市图书馆通过短信云平台，解决了跨网短信上下行问题，让使用不同运营商手机号的图书馆用户都可以享受一致的图书馆短信服务。

统一认证与单点登录

在图书馆自动化、信息化建设过程中，相关的应用系统越来越多，数字资源产品间的兼容性障碍影响了图书馆的社会服务效能。

2010年12月6日，厦门市图书馆推出“统一认证平台”服务，打破了各资源系统和

OPAC 系统的隔阂。读者只要登录平台，就可以自由地使用厦门市、区两级公共图书馆的数字资源及国家数字图书馆资源，可以在线浏览、全文下载 CNKI 中文期刊、维普电子期刊等电子资源，也可观看视频讲座、电影等多媒体资源。馆内外均可直接访问，不受 IP 和时间限制。读者可一站式进行图书续借和账号管理。

统一认证平台

统一认证平台（Interlib SSO）有效实现了公共图书馆服务联合体“一证通用”和数字资源共建共享。2014 年，统一认证平台与厦门市一站式公共服务平台对接，将“一证通用”应用范围扩展到了交通、医疗、住房公积金等领域。

厦门市图书馆将借书证与市民社会保障卡相结合，依托社保中心数据库信息资源实现了信息共享，提高了办证效率。厦门市民凭借社保卡即可在厦门市公共图书馆服务联合体内任意一个图书馆、流通点和街区自助图书馆借还图书，获得通借通还的便利。

智能书架和 24 小时自助图书馆

智能书架是一套高性能的架上图书定位管理系统。厦门市图书馆在 24 小时自助图书馆、推荐图书专架和主题书架三个区域率先投用智能书架，其中 24 小时自助图书馆由 17

个书架拼接而成，每个书架宽 1 米，分 5 层，每层高约 40 厘米，可以陈列 16 开本的期刊。每层架设 4 个天线，线路隐藏在书架内部，信号覆盖各层角落。

读者可在触摸屏浏览虚拟书架，查看每层在架图书和摆放位置，也可输入检索词查找图书。智能书架使在架图书的数据更准确，提高了读者对图书的获取率。图书自动借还、分拣和上架等全套信息跟踪系统，有效改善了图书的流通效率。智能书架还可以搜集许多现场实时数据，读者随意抽放、简单翻阅的琐碎动作也能一一记录，经过整理后，就可以挖掘出隐藏其中的有用信息，改善图书馆的文献管理水平。

智能书架

多媒体展示系统

2011 年 8 月，一台 42 寸触摸屏电子读报机亮相厦门市图书馆一楼大厅。用指尖在触摸屏上轻轻滑动，50 种原版格式的国内主要报纸即映入眼帘，每日通过网络更新。触摸屏不需要用户学会打字，开机即用。

2012 年，厦门市图书馆增购 7 台 55 寸触摸液晶屏一体机，报纸种类增加到 200 份，并可满足更多定制化需求。内容不再局限于读报，一体机升级为读报、电子展览和视频播放多功能一体化管理和展示平台。

数字展览方面，图书馆将过去的展览图制作成数码图片，放到触摸屏展示，定制一套资源发布系统，对所有终端进行统一管理。每台终端可以展示多个主题的展览，读者可查看当前图书馆正在举办的专题展览图片，也可回顾过往的展览图片。图片支持放大，呈现更多精彩的细节。

多媒体展示系统

除了发布图片，还可以发布视频资源，比如公益服务宣传片和部分讲座片段等。这一套多媒体展示系统成为图书馆向读者宣传数字资源的有效平台，后来又陆续增加了龙源期刊网、少儿资源库和图片库，内容越发精彩，吸引了更多的人。

网上参考咨询

2012 年，厦门市图书馆加入由广东省立中山图书馆牵头，全国公共、教育、科技系统图书馆合作建立的公益性信息咨询服务机构——“全国参考咨询联盟”。这是厦门市图书馆初次涉及网上参考咨询，从中学习到不少经验和方法。2013 年，厦门市图书馆建立网上参考咨询服务平台，并将其作为图书馆网站的一个常设栏目。

网上参考咨询服务平台以厦门市图书馆馆藏文献、地方文献数据库及特色资源库为基础，参考馆员利用各种信息搜寻技术，为个人和社会团体提供代查代检、定题服务、课题服务以及文献远程传递等服务。

平台分为两大板块，其中一块是网上咨询，主要解答读者在利用图书馆过程中遇到的常见问题或疑惑，如什么是初始密码，怎么使用数字资源，图书馆是否支持免费 Wi-Fi，等等。只要是读者关心的问题，不论大小，都有图书馆员公开答复。这些问题往往是很多读者的共同疑惑，有一定的代表性。而这些问题及其解答，积累起来就成为图书馆服务的 FAQ，同时也是图书馆服务宣传的渠道之一。平台的另一板块是参考咨询服务，主要基于馆藏文献、数据库、协议馆共享资源及网络资源进行开发、利用。网上参考咨询服务平台与厦门市图书馆统一认证平台对接，读者不需要重新注册网络账号，只要用借书证号即可直接登入，提交问题。厦门市、区两级公共图书馆均系网上参考咨询的服务主体，读者可以将问题提交给任何一个图书馆，使交流更有针对性。

网上参考咨询页面

智能分拣系统

2008 年，厦门市图书馆引入自助借还 RFID 技术，图书借还量显著提升。但这催生了新的问题，在人手没有相应增加的情况下，自助借还给图书分拣和上架等人工劳动带来巨大的工作量。书车上等待分类的归还图书堆成小山，从书车到书架的短短百米距离，像马拉松跑道一样漫长。

2010 年 7 月，厦门市图书馆启动自动化分拣建设进程。

智能图书分拣系统由终端还书机、传送带、分拣装置和周转箱组成，配置 13 类分拣口，26 个分拣中转箱，每个中转箱可容纳 100 本 2 厘米厚的 16 开本图书。系统准确、快速地对归还图书进行分拣，每小时可分拣 1000 本以上。无分拣任务时，系统自动进入休眠状态，有任务即时触发，环保节能。

厦门市图书馆的智能图书分拣系统，设置了三个终端还书机并行作业，一年365天无休。读者归还的图书通过分拣系统落入相应的中转箱，大大节约了人力成本，提升了工作效率。

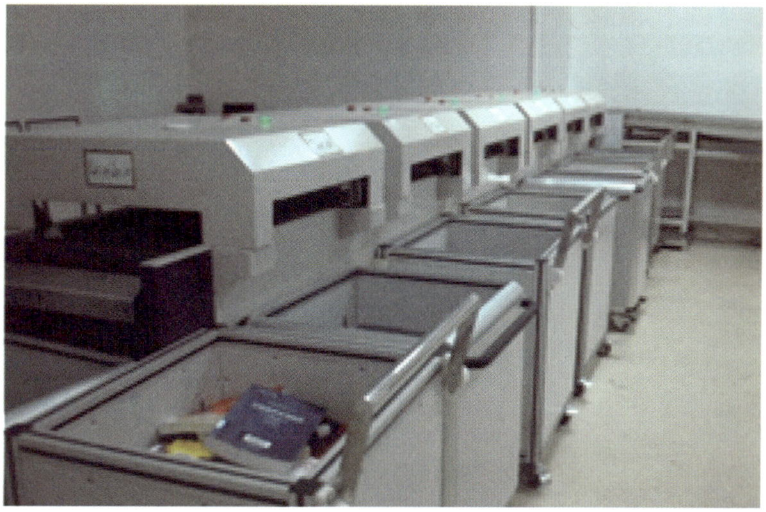

智能分拣系统

讲座电子签到

周末的免费讲座是厦门市图书馆开展多年的一项服务，为了更好地进行讲座和听众分析，将更优秀的讲座推送给读者，每次讲座开始前，工作人员会在门口摆张桌子，让听众签到，填写姓名、年龄、职业等基本信息，为讲座分析提供相关数据支持。随着听众越来越多，这种方式遇到了新的问题。

首先，签到高峰期容易堵塞，大部分听众的签到时间相对集中，一般在讲座开始前十几分钟，门口很快被堵住，而填写资料又需要花费一定的时间；第二，事后统计不便，需要投入大量人力成本，工作耗时，效率低下；第三，给听众造成麻烦，每次听讲座都要签到，重新填写资料。

经过前期调研，归纳需求点后，厦门市图书馆决定自主开发一套电子签到系统，同时实现听众签到和数据分析。系统要满足以下设计目标。一是解决并发性不足的流程瓶颈问题，快速便捷地实现签到。我们用社会保障卡作为信息交换介质，实现签到系统与统一认证平台对接，读者来听讲座，只要轻松刷一下卡，系统自动从读者数据库调取个人信息。经测试，电子签到系统完成一次签到不超过3秒钟，比手工填表效率提高不少。

二是听众分析统计。系统会自动分析每一场讲座听众的年龄、行业、讲座信息获取来源等，了解读者的兴趣爱好，用于指导日后讲座的选题，并为听众推送他们感兴趣的讲座信息。

讲座电子签到平台

同时，工作人员还可以通过后台管理讲座和听众信息。策划一场讲座，需要在讲座管理模块中新增讲座，填入讲座的基本信息，比如讲座主题、主讲人、时间、内容和场所。由于讲座一般在厦门市图书馆二楼报告厅举行，故场所默认值设置为“厦门市图书馆（体育路 95 号）二楼报告厅”，讲座时间也默认设置为 9 点 30 分。

听众管理模块以列表形式展示读者主要信息，点击读者姓名可以查看更详细的内容。系统不支持直接添加读者，这是为了与图书管理系统的读者数据库保持一致，防止生成“脏数据”。所有初始读者数据都是从图书管理系统复制而来的，图书管理系统是新增读者的唯一入口。只要读者签到过一次，读者信息将从图书管理系统复制到签到系统中，此时这套数据与源系统是完全独立的，彼此对数据的修改都不会影响到相互的业务。

系统可将每场讲座听众的签到信息打印出来，用于留档。目前电子签到已经常态化，为馆员和广大读者接受。

周末讲座摄制

“周末知识讲座”是厦门市图书馆在周末举办的常规性公益讲座，通过调动厦门及周边优秀的讲师资源，为市民提供文教史地、医疗保健、科普知识等内容丰富的知识盛宴。这些讲座是地方文化的一面镜子，往往反映了市民心之所系的民生主题，具有留存、传播的价值。

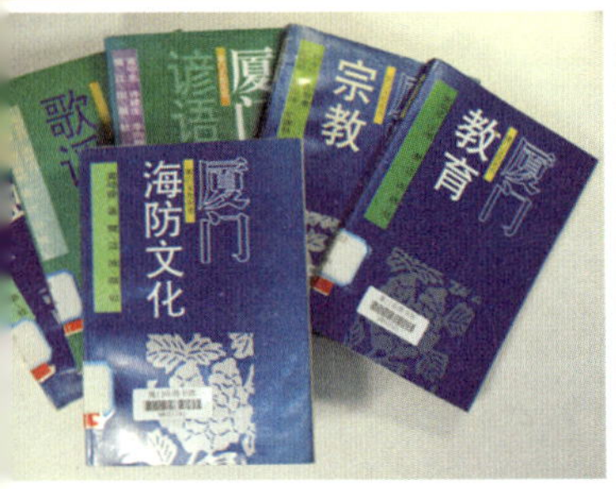
厦门
海防文化
教育
宗教
谚语

半月刊
Dan Kau Half Monthly Magazine

新嘉坡画報
SINGAPORE

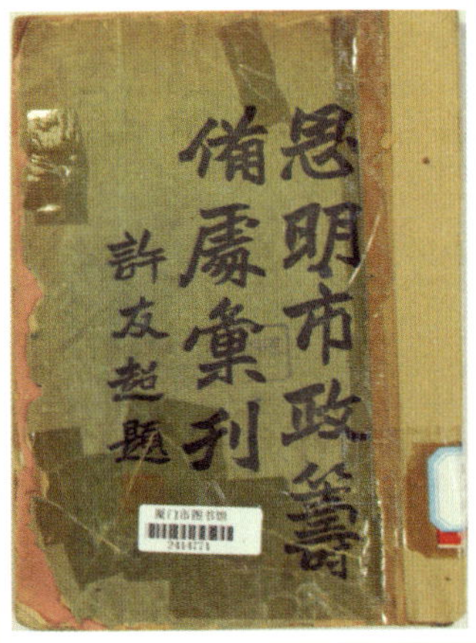
思明市政籌備處彙刊
許友超題
厦门市图书馆

03

第三章

承载城市记忆的馆藏文献

文献是图书馆的立馆之本，它记录着先人的智慧和经验，更承载着一座城市的历史记忆，因而，典藏文献成为图书馆重要的职能。截至2014年12月31日，厦门市图书馆馆藏文献达234.8万册（件），其中古籍2720种27135册，民国线装书4463种29170册，民国时期文献（平装书）15608种30011册，闽南地方文献22378种39183册，华人华侨专题文献2562种3553册，闽台关系专题文献12926种17568册。这些文献的积累以及和厦门城市文化相映衬的特色文献的形成，是几代厦门市图书馆人努力的成果。

第一节

典藏文献留住城市记忆

对一个图书馆来说，九十多年的时间可以有太多太多的故事，欣喜的、遗憾的，渐行渐远的、不能相忘的。就像一排排书架，当你从它身边走过时，那些静默无声的书籍铺展着图书馆的历史，那些微微泛黄的书页记录着图书馆的变迁。

1919 年，刚创办时的厦门图书馆位于文渊井的馆舍里，共有 2 万余册藏书，这就是厦门公共图书馆最初的文献，主要来自厦门当时的几个书院及一些私人捐赠，同时也新添置新译新著图书 3000 余册、报纸杂志数十种。

1917 年，博闻书院董事林古徒先生将余存的 6000 余册图书捐赠给创办中的厦门图书馆。作为外国人创办的阅报所，博闻书院的藏书中有一些翻译比较浅显的科普书籍以及《古今图书集成》《十三经》及《二十四史》等藏书，另外还有《上海申报》《香港循环日报》及厦门的地方报纸等。值得一提的是，博闻书院捐赠的《古今图书集成》有残缺，林古徒先生将自己收藏的一套也有残缺的《古今图书集成》与博闻书院的那套凑成完整的一套送给了图书馆。

厦门图书馆创建时还接收了玉屏书院的藏书万余册，其中有前兴泉永道尹奎俊所置经、史、子、集及九通等。

20 世纪 30 年代，厦门社会兴学和捐资教育之风盛行。1933 年，王玉深先生的子嗣王华忠等根据王玉深遗愿向商务印书馆购置《四库全书》影印本一部 2000 册，捐赠给厦门图书馆，同时还捐赠了《吴英将军事略平耿精忠数则》等珍本与秘藏抄本。除了社会的广泛捐赠外，图书馆也积极进行图书采购。1935 年是添置图书最多的年份，购进图书万余册，数量较大的有《万有文库》2000 册、《丛书集成》4000 册。到 1937 年，馆藏的中外图书近5万册、报纸40余份、杂志200余种。

1938年厦门沦陷。9月17日夜，图书馆突然起火，5万多册馆藏和馆舍基本烧成灰烬。其中《四库全书珍本初集》《敦煌写经》《春江载酒图》真迹、写本《经史正音切韵指南》及《富阳周芸皋先生遗墨厦门玉屏书院碑记》等珍善本也在大火中烧毁殆尽。

1939年，日伪厦门教育局“恢复”厦门市图书馆，向社会征求图书，同时也接收虎头山中华中学图书馆残存图书，加上从烧毁馆舍中抢救出来的少部分图书，藏书有万余册。

1945年8月15日抗战胜利。10月15日（或为25日），原日伪厦门市图书馆接到命令，在一周内将所有图书重新整理并造具清册办理移交。当时共接收图书报刊2.7万余册，其中图书2.6万余册，杂志和报纸各有1211册和24册。移交图书虽有清册，但从当时的情形来看，书的遗失和损坏都比较严重。新任馆长李禧将寄存在（厦门）中国银行和伪厦门女子中学、旭瀛书院的图书进行整理分编，这些书残缺不全，有些珍贵名著不是上下不接便是少掉三五本，原先保管良好的《万有文库》和《丛书集成》也都有残缺，有些书还被虫蛀得厉害。为了充实馆藏，图书馆还向国内的文化同人请求援助，同时倡议热衷于文化事业的社会人士捐赠或向图书馆低价出卖其收藏的有价值的书报。

1946年后，虽然厦门政府每年拨给市图书馆一笔购书经费，但因当时通货膨胀愈演愈烈，政府下拨的款项到图书馆时，有时甚至不足购买两本书或三本杂志。同时图书流失严重，政府人员常有借书不还，部分读者借书后一段时间，存在图书馆的押金已经不值几文，干脆放弃押金把图书占为己有。

1949年中华人民共和国成立后，人民政府每月拨人民币60～100万元（当时币值）给图书馆购买新书报，使馆藏图书增加到3.6万余册。图书馆也通过各种渠道收集藏书，一是致函各机关团体、报社和个人，倡议捐赠图书；二是加强与厦门各家书店的联系，及时购置新书或直接汇款向外地书店订购。

1953年1月，厦门市图书馆接收鼓浪屿中山图书馆藏书3万余册。此时，馆藏图书达到8.2万余册。

1956年至1966年，图书馆藏书建设经费有了保障。1956年每月图书采购数量约为500册，从1957年起，每月图书采购数量增加了一倍，达每月1000册以上。在此期间，社会捐赠也达到一个高峰，单位或私人藏书家捐赠的图书达1.6万余册，大多为线装旧籍，包括一批珍贵的典籍图书。如吴在桥捐赠图书4486册，其中有线装古籍485册；林叔臧夫人高瑞珠捐赠林叔臧藏书7820册，多为线装古籍。厦门市人民银行捐赠图书2162册，其中《丛书集成》与《四部丛刊》各一部。

到1966年“文革”之前，厦门市图书馆馆藏文献达33万余册，其中中文图书25.5万余册、线装书5万余册，外文图书近万册，报纸合订本1．5万余册。

“文革”期间全国出版业萧条，图书馆入藏图书受到较大影响，较为重大的来源是一些被撤销单位的藏书，或是“破四旧”浪潮中的社会散佚图书，总计有3万余册。由于馆舍反复搬迁，库房有限，书刊无处存放，为此被迫剔除了大部分图书复本和“旧书”。

1972年8月，厦门市图书馆接收了集美图书馆20.4万余册藏书，馆藏图书增至48.5万余册。至1980年，厦门市图书馆藏书总量达到65.1万余册。

1988年，图书馆迁入公园南路2号原市府大楼，馆藏文献达到80余万册。1989年，集美图书馆归还集美学校委员会，集美图书馆及其27.8万余册藏书也一并归还。此时厦门市图书馆藏书减少到52万余册。

20世纪90年代，伴随着改革开放，厦门经济特区的经济、文化事业快速发展，厦门市图书馆每年图书采购量保持在1～2万册的水平，藏书总量逐年增加，到1998年底，总藏量达到74.9万余册。除了传统的印刷型文本图书外，还购进一些非书资料，如录像带、录影带、光盘及缩微制品等。馆藏文献类型开始多样化。

这一时期，社会对图书馆的认知度逐步恢复，海内外知名人士及企业家向图书馆捐图书、捐款重新成为一种风尚。1993年，原国务院副总理方毅向厦门市图书馆捐赠3000册图书；1994—1995年，香港石景宜先生捐赠13766册图书；香港韩振东先生捐赠20万元购书款；新加坡孙炳炎先生捐赠5万元购书款；厦门市路桥建设投资总公司捐赠30万元购书款，等等。

2007年厦门市图书馆迁入厦门文化艺术中心新址后，图书购置经费也从维持多年的100万元/年，上升到600万元/年，文献采购量迅速提高。至2014年底，厦门市图书馆文献总量已达234.8万册（件）。

在市民的眼里图书馆逐渐成为文化生活不可或缺的一个场所，越来越多的读者将自己拥有的图书奉献出来与更多的人分享。2005—2014年，厦门市图书馆接到社会机构及各界爱心人士捐赠的文献8160种93034册。其中大宗入藏简记如下。

2005年，厦门电影公司将其积累的20世纪70至90年代的3000多种电影海报、剧照、台本等电影资料，无偿赠送给厦门市图书馆，为厦门留下了一份珍贵的电影文化收藏。

2007 年，王碧蓉、王碧霞、王苾等兄妹将其父，厦门已故知名画家王云峰先生收藏的线装旧籍和民国以来的重要图书 88 种 353 册捐赠给厦门市图书馆收藏，其中部分古籍和民国时期的图书具有较高的版本和史料价值。

2008 年，曾为陈寅恪先生助手的黄萱，其子女周任、周萼、周菡将母亲收藏的各种古籍、民国以来的图书计 416 种 1515 册捐赠给厦门市图书馆收藏，其中有《吴地记》《通俗编》《苏文忠公诗集》《稼轩长短句》等，这些图书均为清代乾隆之前的善本古籍。

2013 年，曾在厦门大学任教、开创可进化硬件和量子计算研究领域的世界顶尖级科学家、“人工大脑之父”“进化硬件和进化工程学之父”雨果・德・加里斯（Hugo de Garis），将其毕生收藏的近万册图书捐赠给厦门市图书馆。加里斯 2006 年来到中国，为将一集装箱的书从美国运到中国，曾花费了 15 万元人民币的运费，这些书随他在中国辗转了多个城市，最终赠给了厦门市图书馆。

厦门市图书馆历年馆藏总量变化表

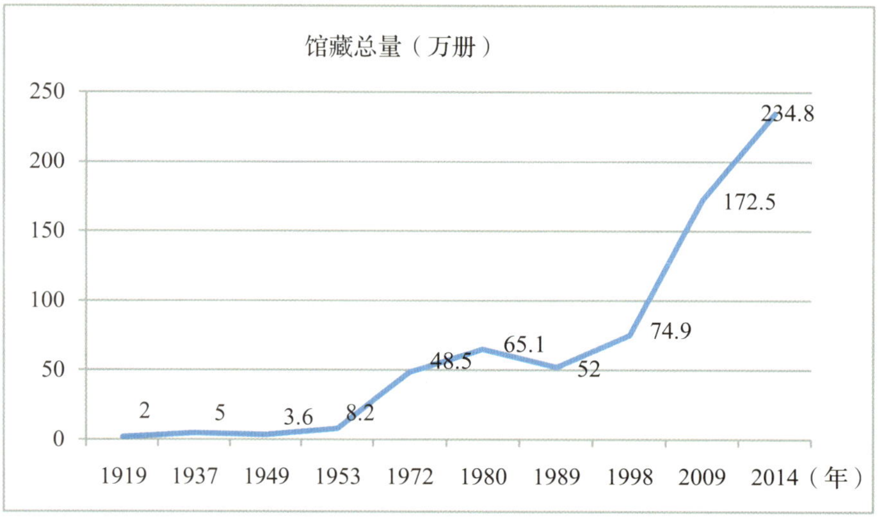

随着数字信息技术的发展和公众数字化阅读需求的出现，图书馆在音像制品、电子出版物等非书资料外，开始购买数据库和电子图书。

2005 年，厦门市图书馆与清华同方知网（北京）技术有限公司合作举办“公共图书馆区域共享体系建设研讨会”，会议达成的共识是构架电子数据服务平台，让读者在家就可享受图书馆电子资源服务。同年国庆节期间，厦门市图书馆在电子阅览室举办“文化黄金周”活动，读者从此开始可以浏览“龙源期刊网”等近千种电子期刊文献。2010 年，厦门市图书馆与国家图书馆合作，成立“中国国家数字图书馆厦门分馆”，实现了国家数字图书馆资源在厦门地区的共建共享与全覆盖服务，读者只需在厦门市图书馆网站登录，就可使用国家数字图书馆的各种数字化文献资源。

至2014年底，厦门市图书馆已拥有“中国知网”“维普科技期刊”“万方数据资源”“龙源期刊网”等大中型数据库29个。其中电子期刊近万种，会议论文270多万篇，电子图书88万种，外文电子图书8万种，年鉴3000种，工具书6900种，国际及行业标准8万余条，另外还自建地方文献特色资源库“厦门记忆”，电子资源数据库总容量已达53.53 TB。

专题文献收藏

肩负着传承地方文化职责的厦门市图书馆，经过九十余年的努力，使闽南地方文献、涉台涉侨文献成为厦门市图书馆的重要收藏特色。

闽南，我的爱——地方专题文献建设

在源远流长、博大精深的中华文化当中，闽南文化是其中绚丽的一个分支。它是由生活在福建地区的闽南人创造并传承、发展与创新的地区性文化。一代代闽南人在社会实践中，不断挖掘、弘扬、创造并吸收采纳外来文化特质，发展出具有鲜明地方特色、独特性格和丰富内涵的闽南文化。而厦门，作为闽南地区重要的组成部分，在闽南文化的形成和发展中发挥了不可替代的作用。

自1919年建馆后，厦门市图书馆就开始关注地方文献的收藏。第二任馆长余超早在20世纪30年代就开展对福建地方文献的搜集工作，他在中华图书馆协会年会上提出“图书馆应重视地方志搜集”的观点；第三任馆长李禧则非常重视地方文化研究，撰写了《紫燕金鱼室笔记》《思明县乡土教科书》等地方书稿，20世纪40年代还曾负责编纂《厦门市志》，是一位厦门地方文化研究大家。

据早期的《厦门图书馆声》记载：1933年8月，中国图书馆协会第二次年会在北平召开。厦门市图书馆提出建议书六件，均经大会通过照办。其中第六件为“请国民政府饬教育部，通令全国公私立图书馆，注重搜罗方志保存文献案”，并提出相应的办法：其一，“凡各官书局，现存书版本，应划归图书馆保存，以免版本散失”；其二，“由教育部通令

教育厅，嗣后凡新修方志，着令监修刊印若干部，由厅分赠各图书馆珍藏众览”。

对于征集地方文献的结果，在1935年的《报告本馆二十四年度重要工作概况》中也有总结。“关于搜罗地方志乘、乡贤遗著，以保存文献概况：查本馆对于地方志乘，以及乡贤遗著，无不勤于搜访，以保存文献，除先后呈请当局，通令征集外，并力为搜访，得陆续惠赠，各省及本省方志，以及乡贤遗著等，数十部”。厦门市图书馆在20世纪30年代就提出了地方志的搜集要求，可见地方文献的征集保存意识由来已久。此后，尽管馆舍几经变迁，馆长多次更换，但图书馆对地方文献收集和收藏的工作一直没有中断。

80年代，厦门市图书馆设立特藏库，将福建地方资料纳入特藏管理，在随后馆舍迁至公园南路后，随着条件的改善，图书馆将图书、期刊中的福建地方文献集中设置专架，形成地方文献库，便于读者更好地检索和利用。

进入21世纪，厦门市图书馆借助地方史专家学者等社会资源，增强自身在地方文献研究方面的实力，并积极争取厦门地方史专家的藏书，提升图书馆地方文献的藏书质量。八十多岁的洪卜仁老先生，五十多年来对厦门地方文史的热爱和钻研使他成为人们眼中“厦门的活字典”。2004年，厦门市图书馆携手洪老先生成立“洪卜仁工作室”。工作室每周固定时间对社会开放，市民可以在工作室面对面向洪老咨询有关地方史的问题。图书馆则配备工作人员和设备，与洪老先生共同组织文献开发、课题研究、展览策划和培训讲座等。2006年10月，洪老将自己收藏的近万册书刊和剪报赠送厦门市图书馆，作为图书馆特色馆藏的新构成。

2007年，厦门市图书馆新馆建成，极大地保障了地方文献收集工作的可持续发展。图书馆设立地方文献采访专职岗位，聘用专业人员征集地方文献。同时，重新明确了地方文献资源建设政策，将收藏范围从福建省缩小为厦门、漳州、泉州等闽南区域，集中全力保证闽南地区，尤其是厦门地方文献的收集。

新馆开馆后不久，厦门现存第一部诗文集《晃岩集》，经过长达半个世纪的苦苦寻觅，终于完整地在它的故乡重新现身。《晃岩集》为明末厦门人池显方所著。池工诗文，好游历，留下关于厦门的大量诗文久为人称道。厦门市图书馆原先收藏的《晃岩集》仅存4册，且破损缺页严重。找到完整的《晃岩集》是厦门市图书馆人心中的一份萦念。洪卜仁先生偶然从朋友处得知《晃岩集》的收藏信息，即刻将此事转告了厦门市图书馆。2007年5月，林丽萍馆长和付虹副馆长亲赴收藏《晃岩集》的天津图书馆。在卢行素馆长和李国庆主任的安排下，从善本库中找出《晃岩集》，与厦门市图书馆《晃岩集》残卷复印件认真比对，确认是明崇祯同一刻本。天津图书馆欣然影印复制后赠予厦门市图书馆，《晃岩集》全集终于回归故里。

2008 年厦门市政府公布了《厦门市地方文献征集管理办法》，规定本地出版机构、团体及个人必须将自己的出版物向厦门市图书馆呈交两册。这一规定为厦门市图书馆的地方文献征集提供了政策助力。同年 5 月，在“厦门市地方文献征集宣传展”开幕式上，林映雪老人向图书馆赠送了一本用牛皮纸包着的旧书。这本边角有些发毛、纸质发黄的老书，全文用工整有力的小楷书写，是林映雪老人的祖父陈玉琮先生的遗物。虽然没有书名，但却收录了李禧等厦门文化名人及陈玉琮本人创作的、反映厦门历史文化的诗词 2000 多首。捐赠人林映雪说，陈玉琮曾经是一个有着 50 多年教龄的老师，没给后代留下什么财产，只有这本凝聚了一辈子心血的手抄本。林映雪老人视若珍宝，珍藏了 36 年。她将这本记录厦门历史文化的家传宝卷赠送给图书馆，让先辈的文化遗产惠及后代。

2012 年，出身于鼓浪屿医生世家，厦门巨商、归侨名医陈天恩的侄女，95 岁高龄的陈锦彩女士将其珍藏的 1119 张廖氏家族照片无偿捐赠给厦门市图书馆，这些照片反映了廖氏家族近一个世纪以来的生活历程，对研究鼓浪屿人文历史具有重要的参考价值。

市民的一次次义举，激发了厦门市图书馆人对地方文献特色收藏工作的热情，从馆长到普通员工，无论是工作日还是休息日，不管是书店还是旧货市场，经常可以看到图书馆人的身影。截至 2014 年底，厦门市图书馆馆藏闽南地方文献已达 2.2 万种 3.9 万册（件）。

为更好地保护和利用馆藏地方文献，厦门市图书馆陆续将厦门地方文献进行数字化处理，形成“厦门记忆”地方资源数据库。

厦门有文字记载的历史始自唐朝中期，距今有 1140 多年。“厦门记忆”将馆藏各类地方文献分期分批进行数字化加工，历时三年，将清道光年间周凯等修纂的《厦门志》、清乾隆年间吴镛修的《同安县志》、清乾隆三十二年（1767）黄日纪编辑的《嘉禾名胜记》以及民国时期的《江声报》《星光日报》《厦门指南》《厦门名胜摄影大观》等珍贵文献，纳入“厦门记忆”数据库中可检索的“厦门文献”子库，同时把原有的“厦门地方资料篇名索引”“馆藏地方文献书目索引”“厦门历史上的今天”等数据库也整合其中，按内容分为小城春秋、图说厦门、厦门人物、厦门文献、厦门地方文献索引、闽南戏曲、其他专题等 7 个库，总容量达到了 12.39 TB。“厦门记忆”是网络数字时代图书馆人奉献给公众的一份数字化精神营养。

纸上的游子吟——华人华侨专题文献建设

厦门是著名的“侨乡”，近代华侨对厦门乃至全国的贡献巨大。早期的陈宝琛、黄奕住，积极在福建、厦门投资办实业，发展民族资本企业。被毛泽东主席誉为“华侨旗帜，民族光辉”的陈嘉庚，办校兴学，为中华民族的复兴做出了重要贡献。步入21世纪后，厦门各界活跃着无数华侨的身影，厦门市图书馆敏感地捕捉到这一信息，将海外华人华侨文献作为特色馆藏之一，着力构建华人华侨文献专藏。

厦门市图书馆首先从各种书目文献入手，图书馆员走遍厦门、泉州、漳州等地的图书馆、文化馆，翻阅目录卡片，深入书库查找，逐条记录下各藏书机构关于华人华侨专题的书目，汇总后形成了《闽籍海外华人华侨文献书目索引》，并制作了数字化的书目数据库。目前数据库内有厦门市图书馆、漳州市图书馆、泉州市图书馆、南安市图书馆、南安李成智公众图书馆、晋江市图书馆、石狮市文林图书馆、安溪县图书馆、永春县图书馆、南靖县图书馆、上杭县外事侨务办等多家藏书单位的华人华侨专题书目近1600条。

2007年，厦门市图书馆新馆二楼的“华人华侨专题文献库”对读者开放，作为图书馆的重点特色收藏，为社会各界的华人华侨研究提供了资源基础。

2012年，厦门市图书馆携手福建省社科院原副院长黄猷等华人华侨研究专家，成立了“华人研究工作室”。图书馆为此提供了场所和经费等基础保障。黄猷先生在此开设了“华人华侨沙龙”，用他的声誉集聚了一批华人华侨研究专家学者，广泛收集海内外华人华侨文献资料，在图书馆信息技术的支持下，对这一主题文献资料进行系统的开发研究，逐步建立起了厦门市图书馆“华人华侨文献专题资源库”。工作室每月组织一次专题座谈会，研究厦门早期南洋华侨的活动，普及华侨史知识与研究。参与者除了研究专家外，也有许多普通读者。

相望的守候——闽台关系专题文献建设

厦门市图书馆的台湾文献收藏始于20世纪90年代初，图书馆每年都采购部分港台版图书，由于当时的文献采访经费有限，馆藏增长相对缓慢。1994—1995年间，香港汉荣书局董事长石景宜先生向厦门市图书馆捐赠图书13766册，其中有不少是台湾地区出版的图书。图书馆开始设专架陈列港台图书。

2007 年初，在对新馆进行整体服务功能调整时，台湾专题文献成为重点工作对象之一，同时在每年的文献购置经费中明确了台湾文献购置比例，此类文献由此成为收藏重点，目前已经发展成厦门市图书馆的三大特色文献之一。

2014 年厦门市图书馆特色专题文献馆藏统计

特色收藏	品种（万种）	数量（万册（件））
闽南地方文献	2.2	3.9
华人华侨文献	0.26	0.36
闽台关系文献	1.3	1.8

文献的采访、交换、揭示和开发

城市图书馆是市民的第二书房，市民读者共同参与文献资源建设，才能让图书馆成为真正意义上的公共图书馆。

采书之趣 —— 图书馆文献采访

厦门市图书馆的服务目标之一是尽可能地满足读者对文献信息的需求。为此，图书采访员必须清楚馆藏资源结构，关注图书出版动态，了解读者利用情况，随时做出馆藏情况、文献流通等统计分析，定期研究和完善馆藏文献结构，服务不同学科读者对各类图书的需求，适时调整馆藏。

在期刊资源建设中，厦门市图书馆确定了“为用而订”的采选方针。2007 年迁入新馆后，厦门市图书馆以读者需求为导向，每年对期刊的流通利用情况和读者荐购信息进行统计分析，并在下一年度的期刊订购中做出相应的调整。为了满足读者对期刊的多元化需求，图书馆确保了 CNKI、维普等期刊全文数据库订购的连续性，同时与厦门大学图书馆等单位签订馆际互借协议，尽可能满足读者查阅期刊资料的需求，减少纸质期刊的品种和数量，将有限的购书经费最大限度地购买读者需要较为突出的文献，满足更多读者的需求。

若读者对馆藏图书有特殊需求，可以到咨询台登记，或是进入图书馆网站推荐，或拨打图书馆服务电话推荐新书。只要这些新书信息符合收藏标准，都会迅速转化为厦门市图书馆入藏新书。2011 年厦门市图书馆开始尝试图书网上订购，从读者荐购的图书开始探索，一周之内就能上架提供借阅，大大缩短了图书订购、加工和上架周期。之后，热门图书、少儿图书也探索实践网上采购。2014 年的中文图书采购经费中网购费用 34 万元，占比 9.12% 。

换书之乐 —— 图书馆文献交换

由于在获得的社会各界捐赠图书中存在较多复本，为此，厦门市图书馆倡导并组织实施了闽南地区图书馆馆际文献交换活动。

2011 年末，厦门、漳州、泉州地区的 30 家公共图书馆齐聚厦门，签订了《闽南地区图书馆地方文献交换协议》。各协议馆间建立起文献交换机制，将本馆多余的文献公开，供其他图书馆挑选，然后相互交换。此举盘活了众多闲置的文献资源，更丰富了相关各图书馆馆藏。

2012 年底，厦门市图书馆开发了“闽南地区图书馆文献交换平台”，签订协议的图书馆将可供交换的图书目录放到网络平台上，各协议馆可以进行交换文献、书目上载、信息发布、查询和统计，有效推动了地方文献工作建设的整体发展。

此后，文献交换项目继续发展到高校图书馆领域，厦门大学、厦门大学南洋研究院、闽南师范大学等高校图书馆及厦门集美区地方志办公室、泉州风雅颂文化传播有限公司先后加入。2014 年，协议馆成员达到 39 家，厦门市图书馆通过这一渠道，获得文献 323 种 606 册，提供文献 704 种 970 册。

展书之美 —— 图书馆文献宣传

面对图书馆的茫茫书海，优秀图书很可能被读者忽略。“为读者找书、为书找读者”显得尤为重要。厦门市图书馆通过专题展览等形式揭示馆藏，将好书推送给读者。

1999 年的“厦门市图书馆馆藏地方资料展”是厦门市图书馆第一次全面展示馆藏地方文献的活动。图书馆第一次将馆藏地方资料集中呈现在观众和读者面前，这种直观的形式为市民了解地方文献、树立文献捐献意识起到了很好的宣传作用。

2006 年，厦门市图书馆新馆试开馆期间，与《厦门文学》杂志合作在新馆一楼大厅推出“厦门百名本土作家著作展”。除了利用展板对近百位厦门本土作家及其代表作进行宣传外，还用书柜集中展示这些作家的 300 余种作品。展出的著作，大多由作者直接捐赠给图书馆，现场作家签名售书所得款项也全部捐赠给图书馆用于图书采购。

2007 年 3 月，厦门市图书馆策划组织了“馆藏文献精品展”。展品分古籍善本、地方文献、报刊、特色文献四个部分，通过 30 个展柜，让 300 多册馆藏精品首次走出“深闺”，与广大市民见面，让市民在认识馆藏精品的同时也获得了图书馆体验。

2008 年 5 月，厦门市图书馆推出“厦门地方文献征集宣传展”，从厦门书业，厦门报业，厦门文献，地方文献征集、保护和利用，社会捐赠等多个角度，介绍了厦门地方文献出版发行历史，并从馆藏文献中按方志、人物等几个专题精选出 300 余件文献进行展示。展览期间，图书馆收到了图书、音像资源捐赠计 2283 册（件）。

2009 年 5 月，厦门市图书馆推出“黄萱先生赠书展”。任职国学大师陈寅恪助教 14 年的黄萱先生，其家学渊源、治学态度为人称道，其子女将其生前所珍藏的 1515 册图书捐赠给厦门市图书馆，图书馆以这批文献为主题组织展览纪念前辈。

2010 年，厦门市图书馆推出“社会捐赠文献宣传展”，展示社会各界多年来对图书馆事业的关心和支持。展览以 300 多张图片资料以及相关的数据、实物，回顾和展示了建馆以来社会各界向图书馆捐赠文献的成果。

2014 年，厦门市图书馆借鉴“T 台”概念进行图书宣传。利用图书馆阅览区长廊的墙面，设置“书 T 台”，选择不同的专题图书，在 T 台上每周分批展示，向读者推送他们喜爱的图书，给读者快速、直观的阅读感受，收到良好效果，上了“T 台”的书，40% 以上随即被借出。

研书之喜 —— 图书馆文献开发

厦门市图书馆在服务大众的同时，陆续开发并出版了一批特色文献。1999 年编辑的《厦门图书馆馆史：1919 年—1998 年》，虽然只有薄薄的 152 页，却记载了厦门市图书馆从 1919 年建馆之日到 1998 年八十年的发展历程；2009 年，又出版了厦门市图书馆九十华诞纪念书系，《厦门市图书馆九十华诞纪念画册》《厦门市图书馆人回忆录》《厦门市图书馆文丛撷萃》等从多个角度展示了厦门市图书馆九十年的发展历程。

2000 年，图书馆开始了地方古籍文献的整理开发，先后编纂出版了《嘉禾名胜记鹭江名胜诗钞校注》《厦门轶事》及“厦门文献丛刊”（内含《厦门古籍序跋汇编》《晃岩集》《爱吾庐汇刻》《夕阳寮诗稿》《清白堂稿》《啸云诗文抄》等）。同时，还陆续编辑出版了《厦门市馆藏福建地方文献目录汇编》《厦门人物辞典》等实用型参考资料。

第二节

特色馆藏传承历史文脉

古籍文献珍品

古籍文献珍品主要介绍厦门市图书馆收藏的民国以前的名人书画作品、名人手迹和入选《国家珍贵古籍名录》的文献等，这是几代厦门市图书馆人用心收集的珍贵馆藏。

《陈忠愍公遗像诗卷》。“君不见，陈老佛，手执红旗呼战士，以一当十皆奋起，炮声人声震百里。夷人当之皆披靡，火轮辟易不敢驶”（同里陈庆镛谨题）。“洞胸贯胁不自知，壁立身膺百弹死……君不闻不怕江南百万兵，只怕江南陈化成”（福州郭彬图敬题），“鹭门曾握手，展卷尚如生。岭海英雄气，山川鼙鼓声。忘情到妻子，矢志在坚贞。天下皆公辈，西夷敢弄兵?”（福州杨庆琛敬题）……尺幅长瞻生气在，满纸烟云恸孤忠，厦门市图书馆馆藏书画合成品《陈忠愍公遗像诗卷》彩绘民族英雄陈化成遗像，各方人士书写缅怀英雄之情，“已非一般人物题咏之类的文物所能相比”。

长卷总宽幅 17.30 米，原件长 15.6 米，高 0.33 米。诗卷前绘一帧绢本画像，系工笔重彩的陈化成的戎装半身遗像，以传统的浅赭墨层层渲染而成，人物“面部表情沉毅果敢”，“凛凛须眉传生气”，浩然爱国之情“跃然纸上”。

陈化成（1776—1842 年），字业章，号莲峰，清道光帝赐谥“忠愍”，为厦门同安丙洲人。清道光二十二年（1842 年）六月十六日，江南提督陈化成率官兵抗击鸦片战争中的侵华英军，战死吴淞口西炮台，尸体被部将藏于芦苇中，后被嘉定县令练廷璜找到。他邀请当时著名画家程庭鹭为陈化成绘像。共绘制了两幅，一幅留在当地，另一幅于 1843 年随陈化成灵柩返厦。目前仅存此幅。“此卷为陈汉承君持赠，（厦门鹭江剧场副经理归侨）陈适洲君召匠装裱。崇拜伟人，保存文献，殊堪钦佩也。”时任厦门市图书馆馆长的李禧先生于 1955 年 4 月在长卷中墨笔题字，记录了此事，并将长卷收为馆藏。

自清道光壬寅年（1842 年）至清同治癸亥年（1863 年），前后二十多年间，长卷征集到了 44 篇诗文手迹，作者（含题观款者）达 49 人，其中著名人物有近代史上提出“师夷长技以制夷”的启蒙思想家邵阳魏源、一代文宗扬州阮元（阮伯元）、福建建宁的爱国诗人张际亮、福建长乐梁章钜、清廷御史晋江陈庆镛、林则徐的同学至友杨庆琛、同里苏廷玉，还有林鸿年、林寿图、林绂、廖鸿藻、郭彬图等“八闽名宦诗人”等。

《陈忠愍公遗像诗卷》具有较高的史料价值，里面题记者或是当朝人，或是陈化成的故交，或是知名人士，他们的题记歌颂了陈化成的爱国主义精神，也记载了当时的史实，对研究当时的社会现状及历史事件，具第一手史料价值。手卷也是一件艺术品，有工笔人物绘像及 40 余人的书法作品，字体有小篆、隶书、行书、楷书、行草等多种形式，不乏阮元、张际亮等名家手迹。手卷具很高的文物价值，收集了众多知名人士歌颂、缅怀陈化成的作品，具有一定的文学性，承载了深厚的爱国热情，是进行爱国主义教育的很好的实物。

2012 年中央电视台四套《国宝档案》摄制组专门摄制了《陈忠愍公遗像诗卷》节目一期，在 5 月 24 日《国宝档案》节目中向海内外观众播放，产生了重大影响。

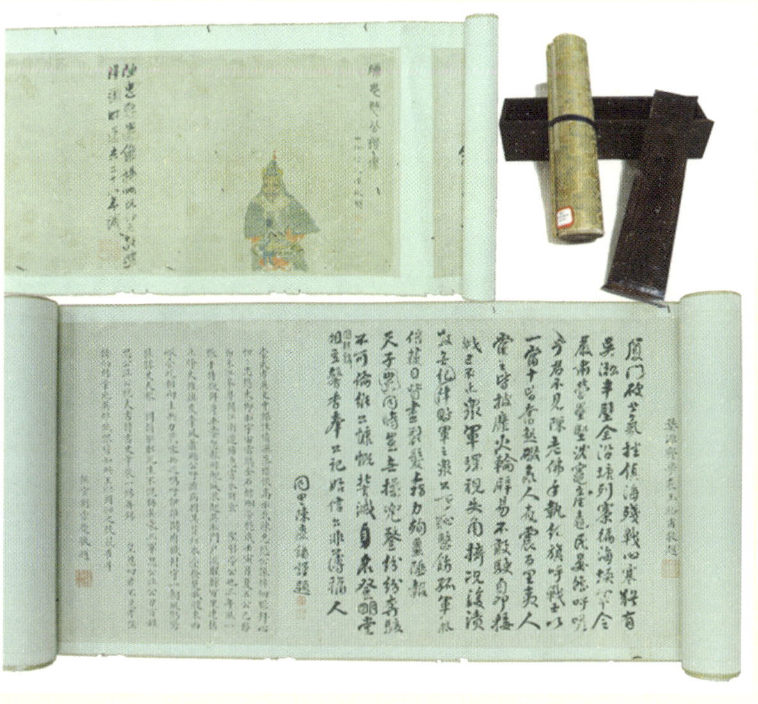

《陈忠愍公遗像诗卷》

民国开国元勋诸伟人之墨迹。民国 26 年（1937 年）六月置。收有信札六通，纸张长宽不一，分别是孙中山、胡汉民、居正、冯自由等致同安华侨庄银安的信件。

庄银安（1855—1938 年），字吉甫，号希复，福建同安县祥露（今属厦门市海沧区）人。青年时去往仰光经商。1908 年参加同盟会，发起组织中国同盟会缅甸分会，被选为会长。他积极筹饷捐资支持革命。8 月，与徐赞周等人创办《光华报》，任经理，后与陈新政在槟榔屿创办《光华日报》。武昌起义后，他被推举为南洋各埠中国同盟会总代表，回厦门参与策应起义。福建光复后，任都督府顾问、厦门参事会议长。二次革命失败后，因不满时政辞职，重返仰光，被选为福建华侨公会会长。晚年，回国休养。1927 年，任福建侨务委员会委员，后代理主任委员。

孙中山信函写于清宣统元年（1909 年）四月二十日，主要内容是请庄银安“即行收集”“捐拨”交胡汉民“速带来星（新加坡）”，以此为经费“欲往运动于欧美之大资本家”，以“图远举”。居正信件感慨宋教仁被刺，选举腐败，请“爱党与爱国心同一辙”的庄银安“认捐之款尽可缓图”。胡汉民信件商讨办报等事宜。有些信件背景还待详查，总之，都是反映庄银安积极筹款、办报，支持革命和国民政府建设等行为的，十分珍贵。

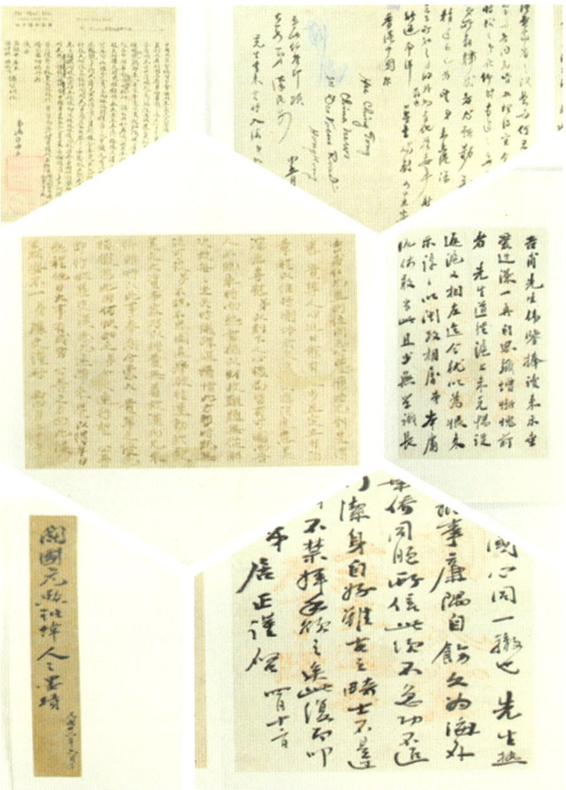

民国开国元勋诸伟人之墨迹

入选《国家珍贵古籍名录》的古籍。我国古代文献典籍是人类文明的瑰宝。《国家珍贵古籍名录》主要收录1912年以前书写或印刷的，以中国古典装帧形式存在，具有重要历史、思想和文化价值的珍贵古籍。《国家珍贵古籍名录》由国务院公布，是2007年开始在全国范围内组织开展的古籍普查登记工作的一项重要成果。

自2008年以来，厦门市图书馆积极参加全国古籍普查工作，努力申报《国家珍贵古籍名录》。在第二批至第四批《国家珍贵古籍名录》申报工作中，已有11部馆藏古籍入选。它们是馆藏珍贵古籍的代表，能保存至今，确非易事，背后隐藏着许多感人故事。

《通鉴纪事本末》四十二卷　（宋）袁枢撰　宋宝祐五年（1257年）赵与［筹］刻元明递修本（存40卷：1～14，16～41）

版框：24厘米×19.5厘米；半叶11行，行19字；白口，左右双边。此书讲述周威烈王二十三年（公元前403年）至后周世宗显德六年（959年）共1363年的历史事件，史料翔实，叙事生动，是我国第一部纪事本末体史书，开创历史著作的新体例。

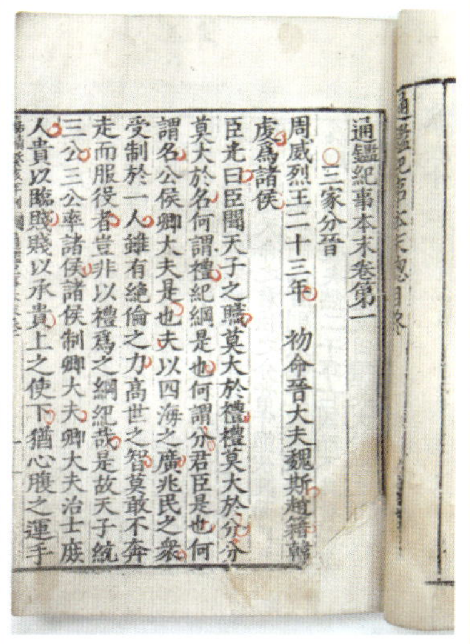
通鑑紀事本末卷第一
三家分晉
周威烈王二十三年　初命晉大夫魏斯趙籍韓虔爲諸侯
臣光曰臣聞天子之職莫大於禮禮莫大於分分莫大於名何謂禮紀綱是也何謂分君臣是也何謂名公侯卿大夫是也夫以四海之廣兆民之衆受制於一人雖有絶倫之力高世之智莫敢不奔走而服役者豈非以禮爲之綱紀哉是故天子統三公三公率諸侯諸侯制卿大夫卿大夫治士庶人貴以臨賤賤以承貴上之使下猶心腹之運手

《通鉴纪事本末》

《注陆宣公奏议》十五卷　（唐）陆贽撰（宋）郎晔注　元至正十四年（1354年）刘氏翠岩精舍刻本

版框：19厘米×12.3厘米；半叶12行，行23字，小字双行同；四周双边。有余超跋、龚植题签。收录古代十大贤相之一唐代宰相陆贽关于时政的奏章，深受苏轼及曾国藩推崇。建阳麻沙本在北宋中期已然名传天下，此书是研究麻沙本的珍贵实物资料。

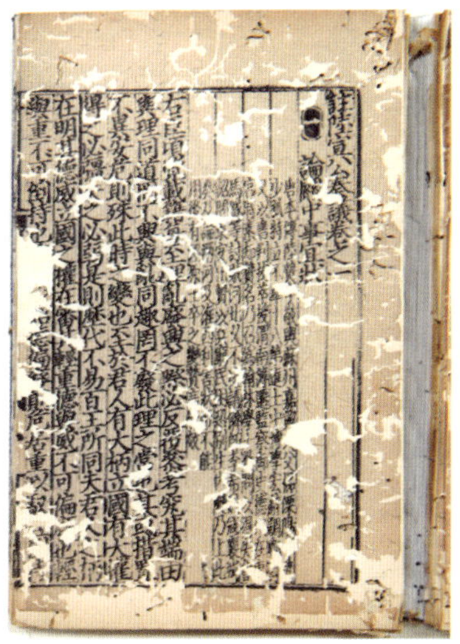

《注陆宣公奏议》

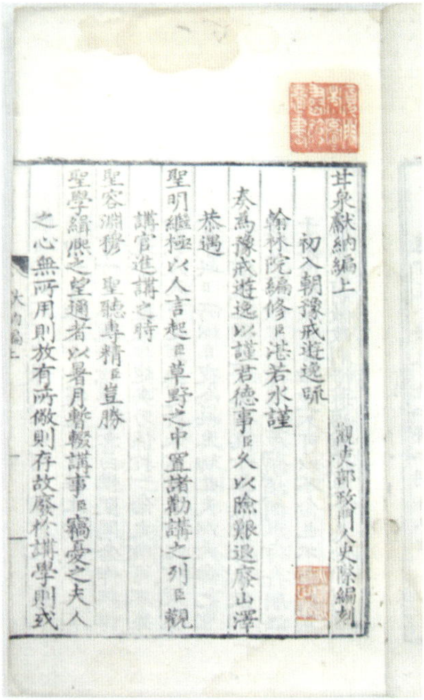
甘泉獻納編上　觀吏部致門人史際編刻

初入朝豫戒遊逸疏

翰林院編修臣湛若水謹

奏為豫戒遊逸以謹君德事臣久以臉艱退廢山澤

恭遇

聖明繼極以人言起臣草野之中置諸勸講之列臣竊觀

講官進講之時

聖容淵穆聖聽專精臣豈勝

聖學緝熙之望適者以暑月暫輟講事臣竊憂之夫人

之心無所用則放有所儆則存故廢於講學則或

《甘泉献纳编》

《甘泉献纳编》三卷　（明）湛若水撰　明嘉靖十三年（1534 年）史际刻本

版框：19.8 厘米 ×14.9 厘米；半叶 10 行，行 21 字；白口，左右双边。有“龚植之藏书印”“亦楼所藏金石书画碑迹□印”“亦楼藏书之章”。为明代哲学家湛若水明嘉靖元年至十二年的 18 篇奏疏汇编，内容“戒游逸、明学规”，论“圣学圣治王道”，进“讲章小学”等，内容较为丰富。湛若水（1466—1560 年），号甘泉，广东增城人，明代哲学家、教育家、书法家。

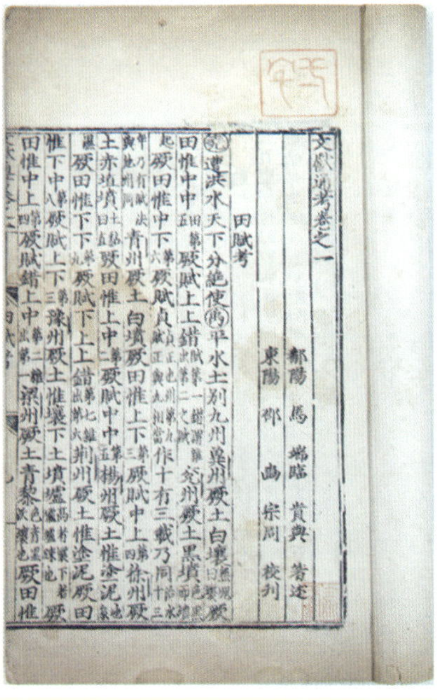
文獻通考卷之一

鄱陽馬端臨貴與著述

東陽鄭曲宗周校刊

田賦考

《文献通考》

《文献通考》三百四十八卷　（元）马端临纂　明正德十一至十四年（1516—1519 年）刘洪慎独斋刻十六年重修本

版框：19.2 厘米 ×13 厘米；半叶 12 行，行 25 字，小字双行同；黑口，四周双边。是宋元时代著名学者马端临的重要著作，内容上起上古，终于南宋宁宗嘉定年间，取材广博，网罗宏富。后人将《通典》《通志》《文献通考》合称“三通”，在中国古代史籍中占有非常重要的地位。

《圣学格物通》一百卷　（明）湛若水撰　明嘉靖十二年（1533 年）陈陞刻本

版框：25. 3 厘米 ×20 厘米；半叶 11 行，行 19 字；白口，左右双边。有“菽庄赠书”印。是湛若水阐发儒家思想、治国理论之作，可谓他的代表作品之一。

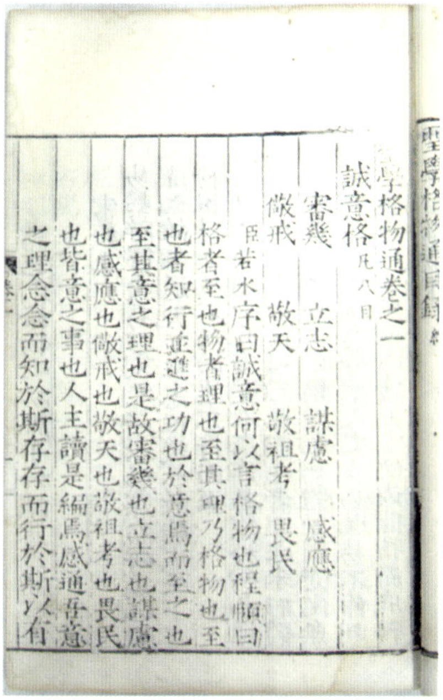
聖學格物通卷之一
誠意格 凡八目
審幾　立志　謀慮　感應
儆戒　敬天　敬祖考　畏民
臣若水序曰誠意何以言格物也程頤曰
格者至也物者理也至其理乃格物也至
也者知行並進之功也於意焉而至之也
至其意之理也是故審幾也立志也謀慮
也感應也儆戒也敬天也敬祖考也畏民
也皆意之事也人主讀是編焉感通吾意
之理念念而知於斯存存而行於斯以有

《圣学格物通》

《大隐集》十卷　（宋）李正民撰　清乾隆翰林院抄本　存八卷（3～10）

版框：22. 3 厘米 ×15 厘米；半叶 8 行，行 21 字；白口，四周双边；红格。有“翰林院印”。为南宋李正民的诗文集，制、疏、表、状、启等“温润流丽，颇近浮溪”，诗作“妍秀可诵”，反映其在宋廷为官时的生活，具有史料价值。

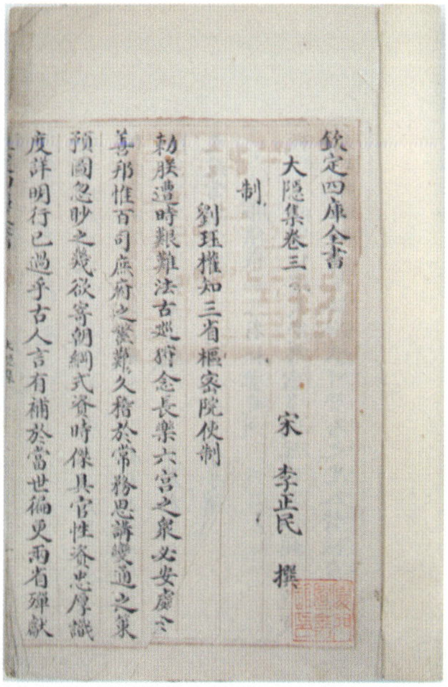
欽定四庫全書
大隱集卷三　宋 李正民 撰
制
劉珏權知三省樞密院使制
勑朕遭時艱難法古巡狩念長樂六宮之衆必安處之
善邦惟百司庶府之繁欺久稽於常務思講變通之策
預圖忽眇之幾欲寄倚綱式資時傑具官性資忠厚識
度詳明行已過乎古人言有補於當世稱更雨者殫獻

《大隐集》

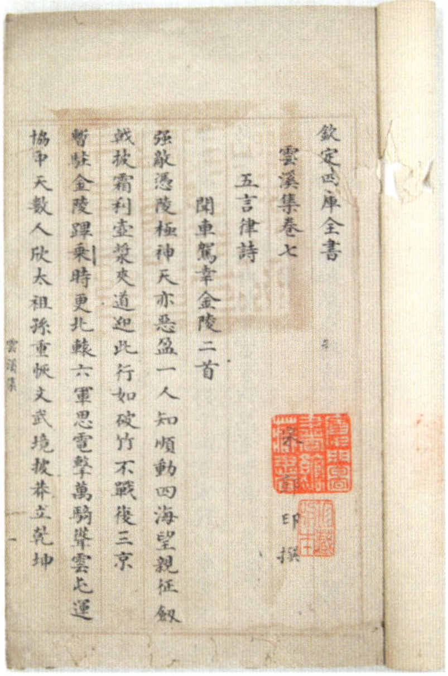

欽定四庫全書
雲溪集卷七
五言律詩　　郭印　撰
聞車駕幸金陵二首
强敵憑陵極神天亦惡盈一人知順動四海望親征叙
戰被霸利壺漿夾道迎此行如破竹不戰復三京
暫駐金陵蹕乘時更北轅六軍思電擊萬騎聳雲屯運
協中天數人欣太祖孫重恢文武境拔恭立乾坤
雲溪集

《云溪集》

《云溪集》十二卷　（宋）郭印撰　清乾隆翰林院抄本

版框：22.2 厘米×15.2 厘米；半叶 8 行，行 21 字；白口，四周双边；红格。有“翰林院印”。为宋人郭印的诗集。郭印是成都人，政和进士，与曾慥、计有功等交游甚密。其诗有清词隽语，实承眉山，对研究宋代诗歌和宋代历史具有一定参考价值。

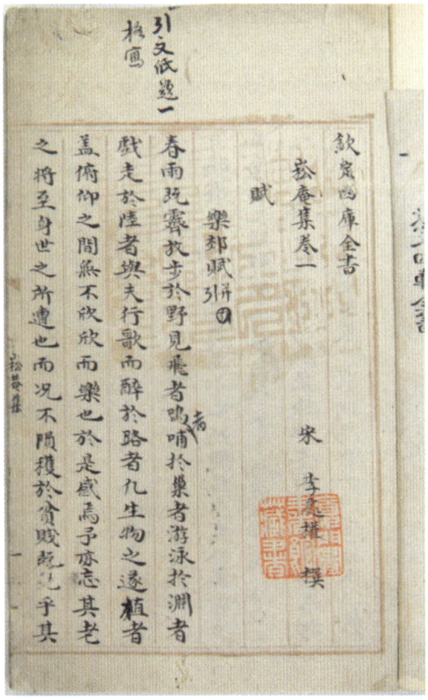

欽定四庫全書
崧庵集卷一　　宋　李處權　撰
賦
樂郊賦　并序
春雨既霽我步於野見飛者鳴[illegible]於巢者游泳於淵者
戲走於陸者與夫行歌而醉於路者凡生物之遂植者
蓋俯仰之間無不欣欣而樂也於是感焉予亦忘其老
之將至身世之所遭也而况不隕穫於貧賤[illegible]乎其
崧庵集

《崧庵集》

《崧庵集》六卷　（宋）李处权撰　清乾隆翰林院抄本　存四卷

版框：22 厘米×15.3 厘米；半叶 8 行，行 21 字；白口，四周双边；红格。有“翰林院印”。为北宋李处权的诗赋集，是咏物赋景寄友悼亡之作，部分诗篇抒发了国家兴亡之感。李处权为诗“清脱爽健”，宋宣和年间，与陈叔易、朱希真以诗名。

《说文解字句读》十五卷　（清）王筠撰　清道光稿本　存十四卷

版框：19.5 厘米 ×15 厘米；半叶 9 行，行 20 字，小字双行同；白口，左右双边。此书对我国第一部按部首编排的字典《说文解字》进行注释研究，为清代“说文四大家”之一王筠的重要著作。

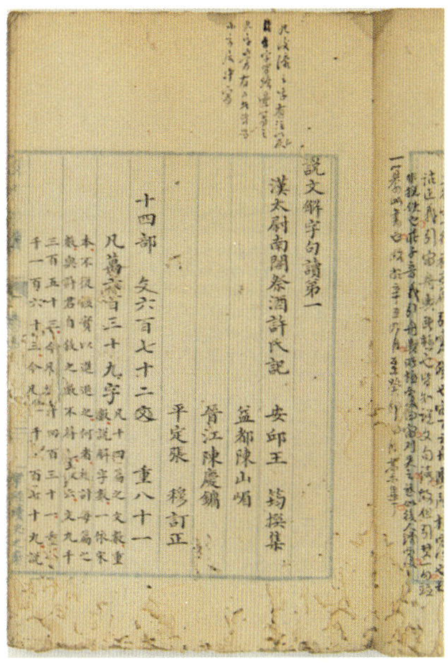
說文解字句讀第一
漢太尉南閣祭酒許氏記
安邱王　筠撰集
益都陳山嵋
晉江陳慶鏞
平定張　穆訂正
十四部　文六百七十二　重八十一

《说文解字句读》

《经略疏稿》二卷　（明）杨博撰　明嘉靖三十二年（1553 年）刻本

版框：17.7 厘米 ×13.9 厘米；半叶 10 行，行 18 字；白口，四周单边。有“臣印显曾”“薇花馆图书”“砚田留与子孙耕”“薇花馆主”印。共收录明代杨博奏稿 26 篇，包括整饬边关、整顿军务、保障畿辅、遏制边虏等内容。杨博官至兵部尚书，为明代政治人物。

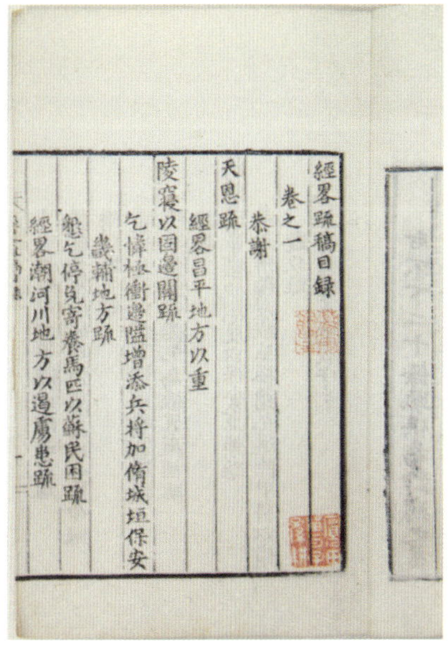
經畧疏稿目録
卷之一
恭謝
天恩疏
經畧昌平地方以重
陵寢以固邊關疏
乞增椿衛邊隘增添兵將加脩城垣保安
畿輔地方疏
懇乞停免寄養馬匹以蘇民困疏
經畧潮河川地方以遏虜患疏

《经略疏稿》

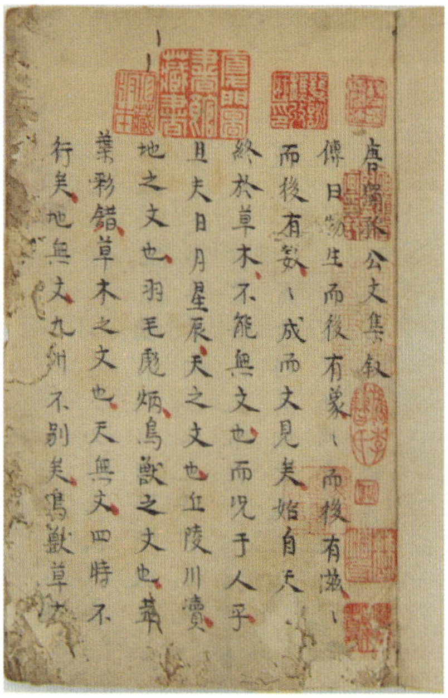

唐　公文集叙
傳曰物生而後有象〻而後有滋〻
而後有數〻成而文見矣始自天
終於草木不能無文也而况于人乎
且夫日月星辰天之文也丘陵川瀆
地之文也羽毛彪炳鳥獸之文也華
葉彩錯草木之文也天無文四時不
行矣地無文九州不別矣鳥獸草木

《毗陵集》

《毗陵集》二十卷　（唐）独孤及撰　明抄本　存十二卷

开本：25.7 厘米 ×17.1 厘米；半叶 9 行，行 17 字；有“清俸买来手自校”“曹溶印”“ 詠樵”“ 槜李曹氏”“安乐堂藏书记”“明善堂览书画印记”“杨氏海源阁藏”“龚詠樵考藏印”“樵生所藏”“曹溶之印”“鉴躬”“东郡杨绍和字彦合藏书之印”“铭心绝品神物护持詠樵珍玩得者珍之”“薇花馆主”印。含表章奏议，对研究中唐政治、经济及唐代文学具有重要的参考价值。独孤及字至之，官至司封郎中，常州刺史，以古文知名，是中唐极负盛名的文学家。

民国期刊创刊号

厦门市图书馆收藏了民国时期创刊号百余种，选取有地域代表性的予以介绍。

《闽南乡土》　闽南地学社编辑　季刊　1935 年 2 月 15 日出版第一卷第一期

以阐扬地方文化、促进地方建设为主旨。内容包括闽南地理、历史、社会、政治、经济等研究调查及乡土掌故、民间传说等。创刊号为南安县专号，内有萨镇冰、林国赓等名人题字和南安地图、名胜照片。属史地刊物。

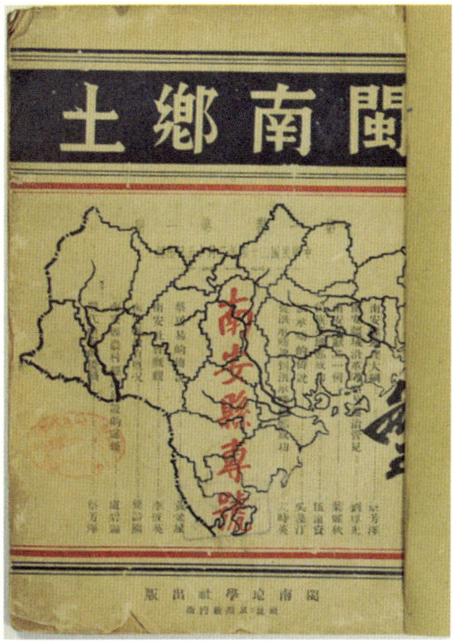

《闽南乡土》

《厦门大学气象台月刊》　第十一卷第一期民国 25 年（1936 年）一月

厦门大学气象台于 1926 年元旦开始观测，十年观测成绩，各界来函索要颇多。气象台有月刊，自该期起，实为创刊号，记录一月的气压、气温、绝对湿度、相对湿度、风、能见度、地温等，是民国厦门气象记录的原始资料。

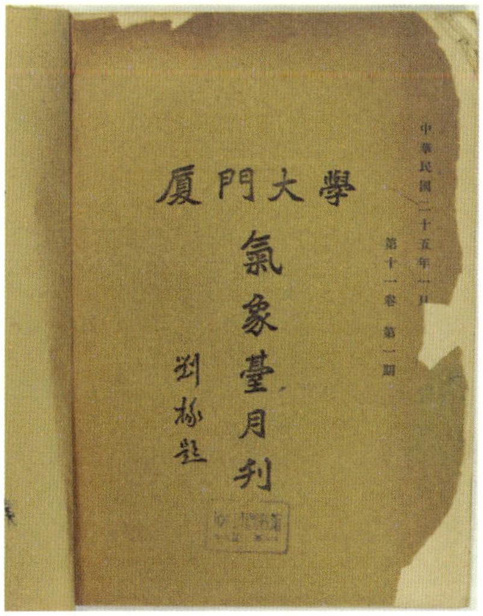

《厦门大学气象台月刊》

《东南海》　本刊编辑部编　月刊　1944 年 5 月创刊

以讨论福建、台湾、南洋问题为中心，就地理环境而言，福建、台湾、南洋适在东南海圈内。本刊以地理来规定刊名，又以刊名标示了所关注的范围，同时暗喻本刊为沧海一粟。本刊编者深富远见，评点时局，畅谈金融，针对二战结束后的东南海防的重要性及策略侃侃而谈。属综合性刊物。

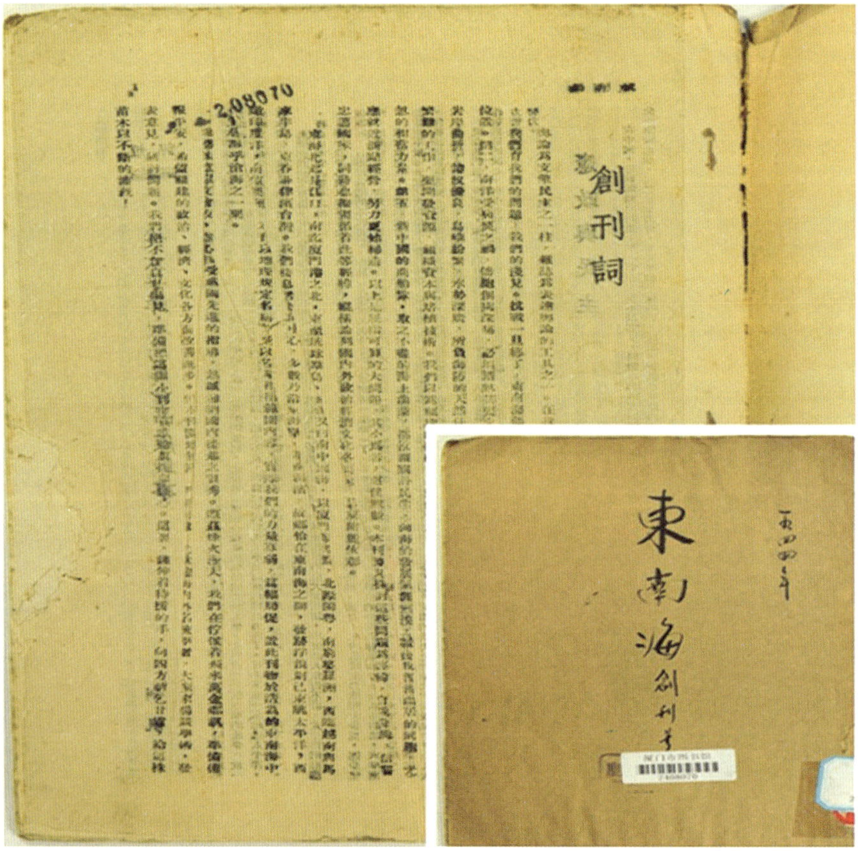

《东南海》

涉台文献

闽台一衣带水，相互关注。2009 年，台湾大学图书馆在整理藏书的过程中，发现盖有“厦门市图书馆藏书”章的 26 册图书，遂与厦门市图书馆联系，使这 26 册图书跨越海峡，返回了家乡厦门市图书馆，成为两岸图书馆的一段佳话。相邻的地缘特征，促使厦门市图书馆收藏有不少涉台文献，为了解台湾架起了一座桥梁。这里介绍几部较有特色的文献。

《南部台湾绅士录》　台南新报社发行　1907 年 2 月印刷发行

收录台南、盐水港、嘉义、斗六、彰化、台中、南投、蕃薯寮、凤山、阿缑、恒春十一厅下居住的官吏、公职者中素封家、名望家、事业家、笃志家、资产家、农业者、工商业者及水产业者一万余人，列有职名、职业、位勋等，银行、会社、公司、大工场等资料，列有位置、资本金、创立年月日等，并有某些人物影像，记载颇为翔实，对研究日据时期的南部台湾颇具价值。

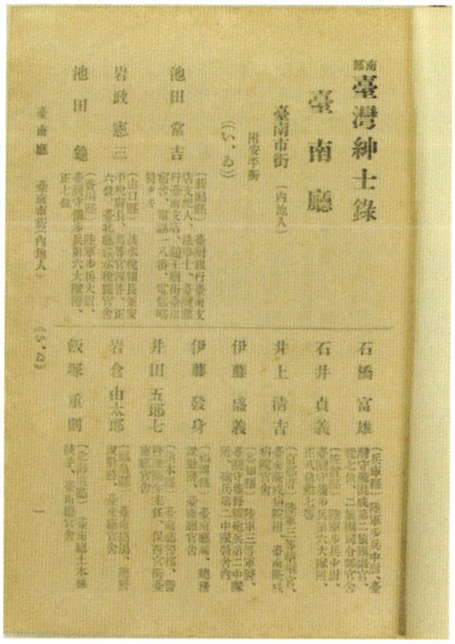
南部臺灣紳士錄
臺南廳
臺南市街（內地人）
（い、ろ）
池田常吉
岩政憲三
池田龜
石橋富雄
石井貞義
井上清吉
伊藤盛義
伊藤發身
井田五郎七
岩倉由太郎
飯塚重剛

《南部台湾绅士录》

《台湾通史》　连横著　1921 年 4 月出版

本书为精装本，是连横积数十年之力，搜集有关台湾的中外文献、档案和传闻，仿照司马迁《史记》的体例写成的台湾第一部按照通史体例撰修的史书。全书起于隋大业元年，终于清光绪二十一年（1895 年），有纪四、志二十四、传六十。从最早经营台湾的开拓者到清中后期抵抗日本侵略的仁人志士，凡台湾的政治、军事、经济、财产、风俗、人物等，均有论列。曾由作者于 1920—1921 年在台湾分三册出版，内地流传极少。

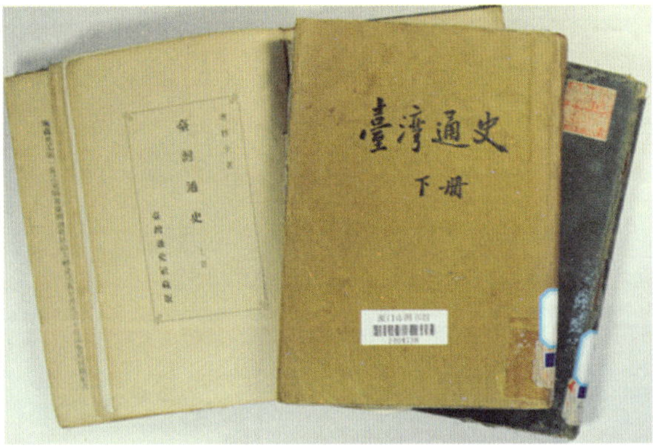

《台湾通史》

《台湾真面目》　蔡人权编著　激流出版社 1945 年 9 月 1 日出版

台湾光复后，“兼职新闻界”的作者有幸跨入宝岛，环行全岛 4 个月，搜集到了宝贵的资料。这本小册子虽仅有 56 页，但从行政长官公署组织及透视、地方行政机构、教育、文化、风景、台湾人民生活、内地公仆在台湾等方面反映了一个可感可信的真实台湾。

《台湾真面目》

《台湾研究季刊》　中国国民党直属台湾党部编印　民国 34 年（1945 年）6 月 17 日出版

该刊研究台湾的各种问题，以“加强国人对台湾之认识，并供政府接收建设之参考”为宗旨。内容有领袖人物的言论特载；关于台湾历史、地理及日寇占领台湾后之施政并现状报导、译述；关于台湾收复之文化、教育、军事、政治、经济等建设之专门论著；与台湾有关的激励国民精神及民族文化等的小说、戏剧、诗歌、传记、史略、小品文、散文等作品。

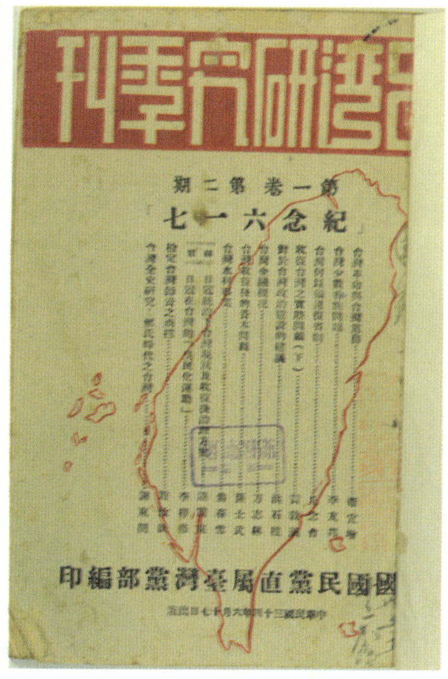

《台湾研究季刊》

《浯江月刊》　（第一卷第一期）　吴绒三主编，李茹真、康寿民编辑　民国 36 年（1947 年）6 月 15 日浯江月刊社发行

抗战胜利，浯江光复，浯江月刊应势而生，该刊借助短论、特稿与通讯、杂俎、今代文选等栏目报道了翔实之乡情，希借重文字鼓吹邑人及海外乡侨投资参与桑梓建设，有许多有关金门的资料。

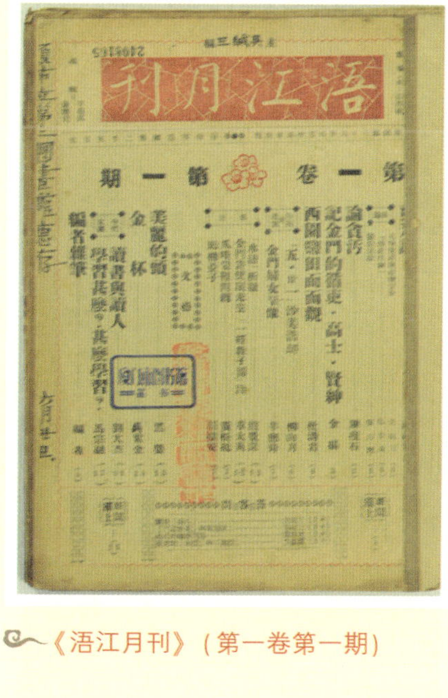

《浯江月刊》（第一卷第一期）

《台湾文献汇刊》

《台湾文献汇刊》　陈支平主编　九州出版社2004年出版

《台湾文献汇刊》是我国出版的首部大型台湾文献，全书共7辑100册，收入珍贵文献资料近200种，内容包括“郑氏家族与清初南明相关史料专集”“康熙统一台湾史料专辑”“闽台民间关系族谱专辑”“台湾相关诗文集”“台湾舆地资料专辑”“台湾事件史料专辑”等七个部分。收入的文献资料绝大多数是分藏于祖国各地的图书馆、档案馆以及散落于民间的孤本、珍本、抄本，也有一部分是近年在我国台湾、日本等地新发现的珍贵文件，具有很高的史料价值和研究价值。这些文献资料为揭示台湾历史发展变迁，揭示两岸不可分割的文化渊源关系，提供了最原始、最有力的证据，不但可以在学术上迅速超越台湾在这一领域的研究成果，弥补台湾在文献史料方面的不足，而且在一定程度上消除了台湾的诸多不良影响。

闽南地方文献

厦门市图书馆入藏的闽南地方文献重点为厦门、漳州、泉州地域图书和闽南籍作者的著述，是研究闽南社会文化的基础文献。

《剑影庐遗稿》　潘节文著　（1917 年）

潘节文（1891—1916 年），字奕敬，号离恨，永春县人。辛亥革命时，任新军营长，参加光复福建的革命活动，获四等勋章。1916 年，潘节文从保定军官学校回闽参加讨袁斗争，就任驻同安的闽南护国军第二支队教练官。6 月 1 日进攻同安县城时，壮烈殉国。友人集资为其刊行《剑影庐遗稿》一书，蔡元培题签并作序。潘节文工诗词，遗稿一书收录了潘节文诗词一百余篇，并附遗像一帧，反映革命者“挥毫纸上皆珠玉，伏策胸中有甲兵”的壮志才情。

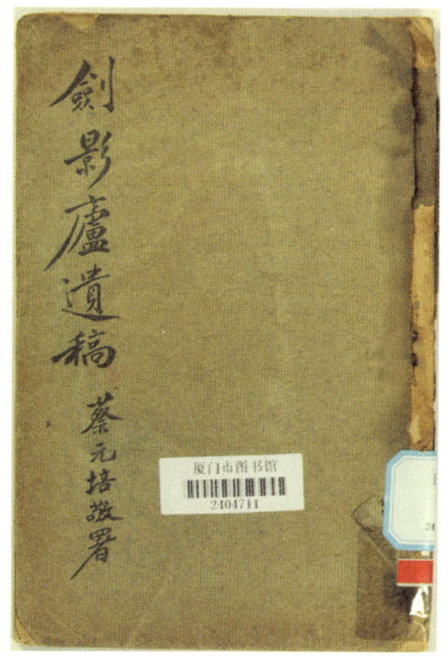

《剑影庐遗稿》

《漳厦铁路旅行指南》　民国 10 年（1921 年）4 月

概说漳厦铁路建设之缘起，介绍其路线之情形，对厦门、漳州及沿途各站的名胜古迹、衙署局所、会馆、学校、旅馆、茶楼等详加说明，并登载中华国有铁路客车、货车运输通则摘要及客、货运价目表，附录漳厦铁路前后计划详情及相关呈文等，有厦门鼓浪屿全景图、漳州城市略图、列车运行时刻表等，是全面了解当年漳厦铁路建设、运行情况的手册，也是当年漳厦铁路上的旅行、办事指南图。

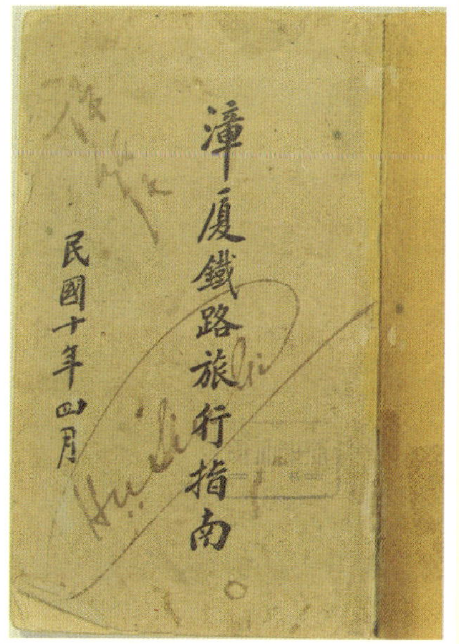

《漳厦铁路旅行指南》

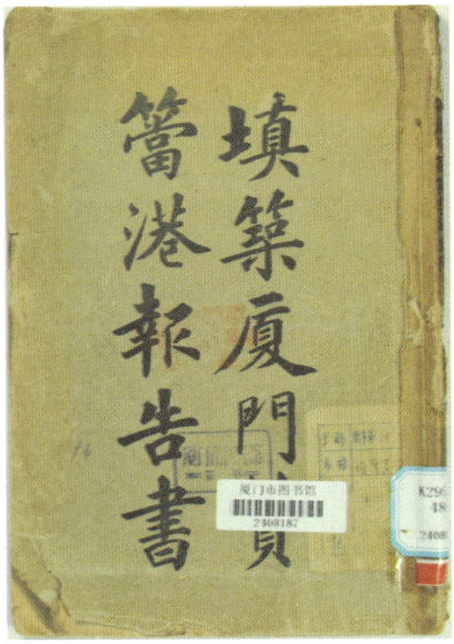

《填筑厦门筼筜港报告书》

《填筑厦门筼筜港报告书》（1923年）

厦门孤屿，沿山列肆，地狭人稠，当年唯有填海拓展新市区一途，周醒南建议“非有全市区之计画（划），不足以舍旧而图新”，于是有“填筑筼筜港之议”。报告书分计画（划）、预算、征信录、继续填港之意见四编，前附厦门全市图、筼筜港新市区图。填筑筼筜港是个大工程，在当时的历史时代，对厦门的发展起了促进作用。

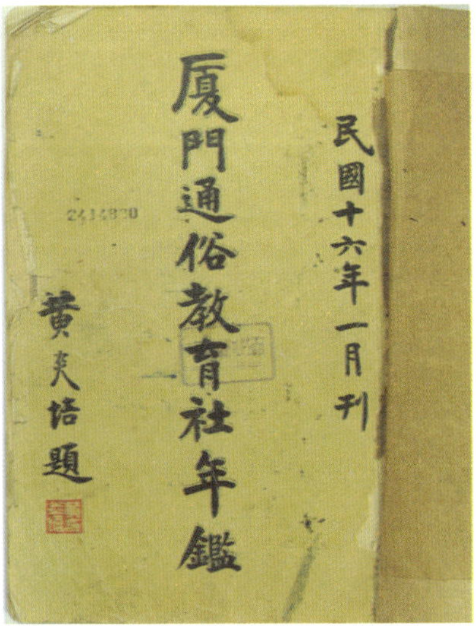

《厦门通俗教育社年鉴》

《厦门通俗教育社年鉴》民国16年（1927年）

厦门通俗教育社成立于1921年，但凡与国计民生有关者，靡不殚精竭虑，积极开展进行，涉及教育、医院、卫生、演讲、新剧、游艺、社刊，旁及政治外交等。年鉴收录反映社史及开展各项活动经过情形的文章，并列有大事记、社员姓名一览表等。

《厦门中山公园计画（划）书》　漳厦海军警备司令部印行　民国 18 年（1929 年）

从园址的选择、公园的定名到布置，从经费预算到工程步骤，从筹款到公园建筑物图说等，较为详细地反映了中山公园建设的情况，其 11 幅图片较为珍贵，真实记录了中山公园建设这一重大惠民事件。

《厦门中山公园计画（划）书》

《血海浪花录》　闽漳海澄许翘南编著发行　民国 19 年（1930 年）12 月初版

本书介绍孙中山事略和列黄花岗七十二烈士人名录，收录的其他 61 名人物，大多是为辛亥革命或在反袁斗争中牺牲的烈士，“因颜之曰血海浪花，取流血主义也”，“其间有不尽关于革命流血事，但其义烈气节□□□□有可纪者，亦予附入”，他们志切救国之精神，寒鞑虏之胆，鼓荡革命风潮之能力，足为历史所记录，流芳后世。

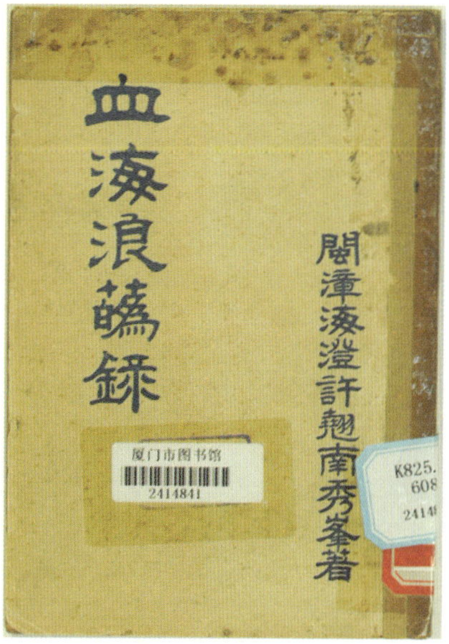

《血海浪花录》

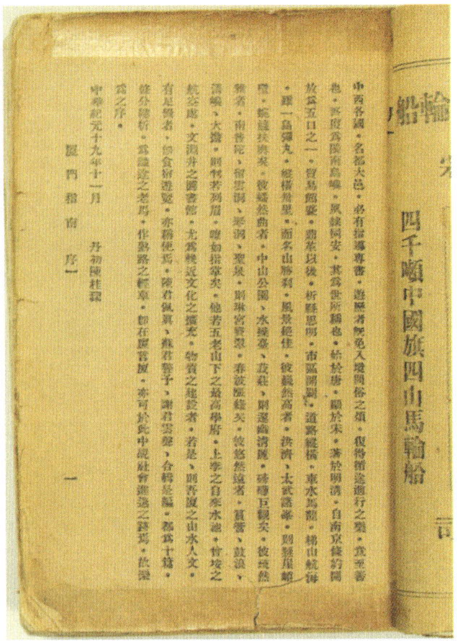

《厦门指南》

《厦门指南》　陈佩真、苏警予、谢云声编辑　民国20年（1931年）5月初版

“志书所载，悉为往昔陈迹，若当世情状，则付之缺如”，于是编辑者有“指南之辑”，以补志书之不足。该书材料采自厦志、报章等，分为图画、地理、行政、法规、礼俗、公共事业、交通、食宿、游览、实业、专门技术、附录12篇，各篇下附细目，资料颇详，是了解民国厦门的指导用书，也是当时厦门的旅行指南。

《小报大观》

《小报大观》　陈菊农编　民国20年（1931年）

民国厦门小报盛于1929年，增至六七种，“流品既杂，衅隙斯兴，攻讦不已，外侮乘之，未几，当局遂予以一律禁止”。本书选取1929年小报精华，“集昌言诸小报文字佳者”，按评论、杂俎、逸闻、名胜、骚坛、谐薮、小说、花讯、碎玉、补遗十门汇编成帙。

《厦门工商业大观》　民国 21 年（1932 年）

全书分地理、名胜古迹、市政、交通、工商百业、工商法规、地方行政、工商团体八章，较为全面地介绍了 20 世纪 30 年代厦门工商百业发展概况和城市建设情形，附厦门城市全图多张，是了解民国厦门的重要参考资料。

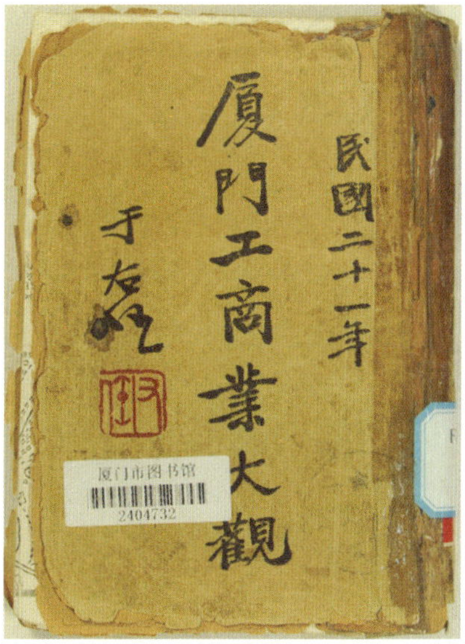

《厦门工商业大观》

《思明市政筹备处汇刊》　福建省思明市政筹备处秘书处出版发行　民国 22 年（1933 年）11 月出版

1933 年，发生“闽变”，厦门由县改市，许友超任市长，成立思明市政筹备处，开展工作。为本市更好地遵循施政方针，他令“记室就过去工作资料，汇集成编，公之于世”。该刊按照片、论著、组织、法规、工作概况、公牍选录、统计图表、附载、编后语等栏目汇集资料，可窥见筹备处数月来施政大概。

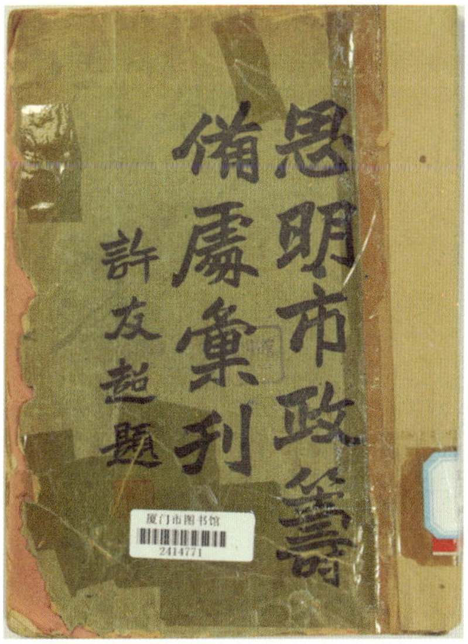

《思明市政筹备处汇刊》

《鹭华》

《鹭华》　1934 年 2 月 1 日鹭华文艺社出版　一卷二期　鼓浪屿育源印刷铸字公司印刷

文艺刊物，设语丝、创作小说、剧、翻译与诗歌等栏目，本期发表了一篇耶鲁（黄望青）的译作《苏联生活之一断片》。

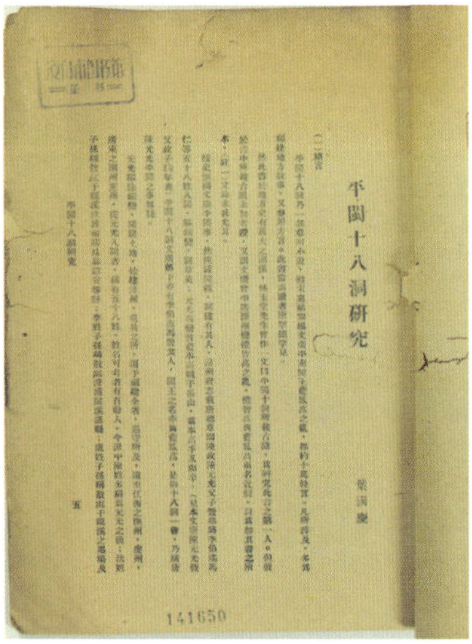
平閩十八洞研究

141650

《平闽十八洞研究》

《平闽十八洞研究》　叶国庆著　（1935 年）

《平闽十八洞》是一部章回小说，叙宋嘉祐年间杨文广平南闽王蓝凤高之乱，约十万余言，其中多福建地方故事，又参用方言。实际历史并无杨文广平闽事，然开辟闽疆，有陈政、陈元光等 58 姓入闽等。本书从版本、著作之时代及作者、十八洞暨诸地名考、根据之史实、人物之出处、剽窃之痕迹、附会文广平闽之原因、体裁、小说演变之趋向等方面开展深入研究，帮助人们进一步了解该小说及闽疆开辟的真实历史。

《厦门名胜摄影大观》　1935 年

该书汇集新旧影片近 300 张，有厦门大小八景、厦门景外景、厦门中山公园、厦门商业机构留影、厦门市街百景、其他风景介绍等内容，为 20 世纪 30 年代厦门的风景名胜、街市景象、商业机构等留下珍贵影像，是后人了解民国厦门的珍贵资料。

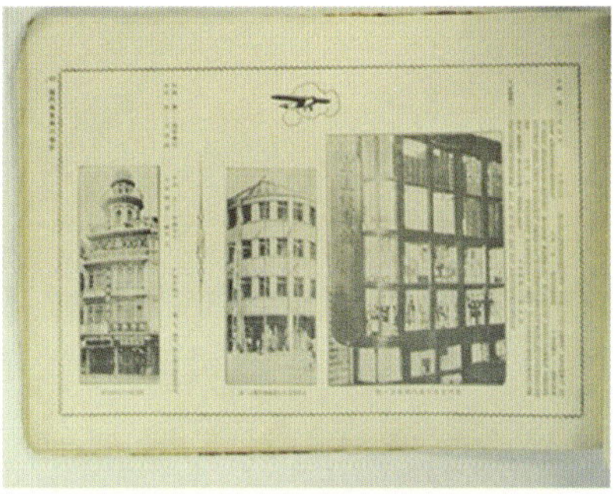

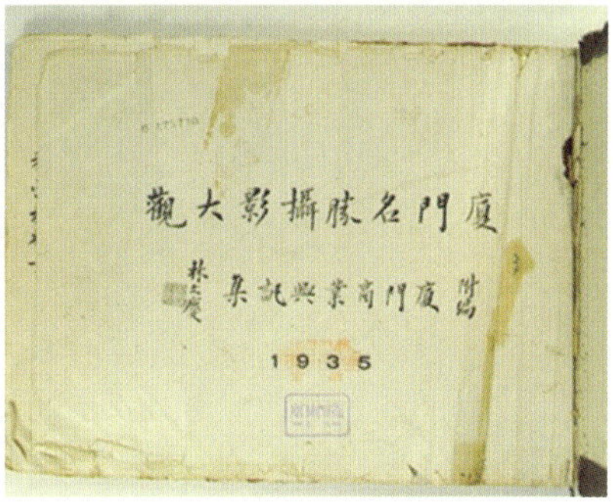

《厦门名胜摄影大观》

《1935 年鼓浪屿工部局报告书译本》

《1937 年鼓浪屿工部局报告书译本》

1935 年鼓浪屿工部局局务报告书，附“1903—1935 卅二年来进展比较表”，详列警政报告、财政股报告，末附 1936 年预算表，反映了鼓浪屿工部局 1935 年的运作情形。1937 年报告书，回顾了一年的租税、保甲、公共业务等工作，附“1903—1937 年卅四年来进展比较表”，详列婢女收容院、医官报告、警政报告、财政股报告及 1938 年预算费用等。“刊发本书，俾供众览”，可窥见当年鼓浪屿工部局局务的管理模式。

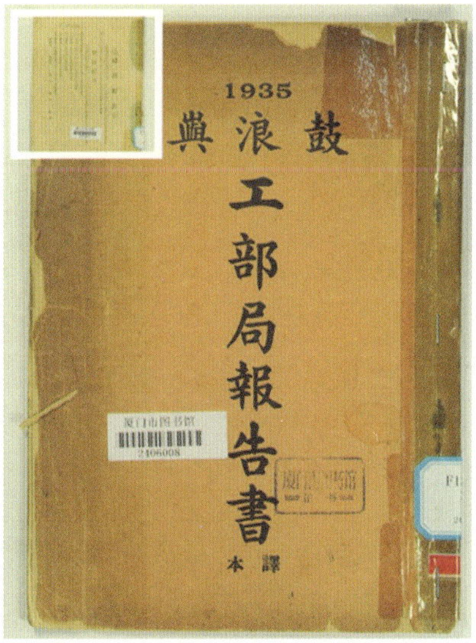

《1935 年鼓浪屿工部局报告书译本》

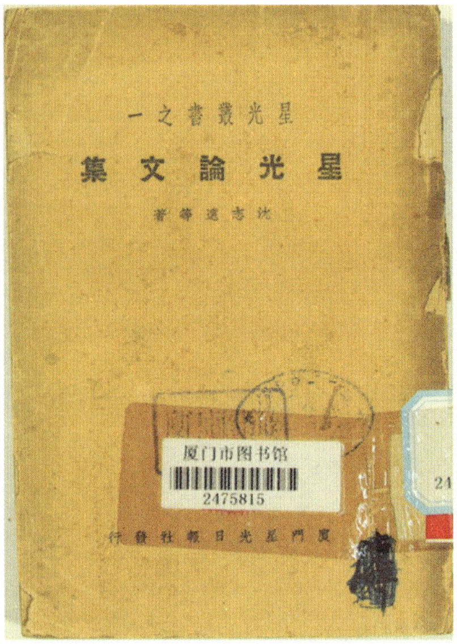

《星光论文集》

《星光论文集》　沈志远等著　厦门《星光日报》社编辑发行　民国25年（1936年）3月10日初版

《星光日报》特约国内专家撰述各种论著，以单行本出版，名曰《星光论文集》，列为“星光丛书之一”。本书内容分国际、经济、政治、哲学、教育、新闻事业六大类，其中约十分之六采自“学钟”，十分之一采自创刊号，十分之三采自新年特刊，具有系统性和关联性。

《厦禾鼓厦门中医名录》（上集）

《厦禾鼓厦门中医名录》（上集）　陈世尊编辑　民国25年（1936年）12月22日福建医业促进社出版

本名录“选其有资格而饶经验者，分科别门汇集成册”，目的是联络医药界感情，发扬医药学术，便利病人求医。上集共收录内科、内外科、外科跌打、外科、小儿科、眼科、麻疯（风）科、妇幼科的88位医士，详列略历、玉照、诊所、地址与电话，是研究厦门中医发展状况的重要参考资料。

《天仙旅社特刊》天宝编辑　民国 26 年（1937 年）1 月 1 日出版

本刊栏目有插图、名著与嘉言、厦门指南、调查与统计资料、道德选辑、卫生选辑、经济选辑、附录、特载等。厦门指南部分，对厦门沿革、形势、山丘、港澳、名胜古迹、市政、交通等有最经济叙述，而能概括无遗；名著与嘉言部分，均是至理名言，是人们立身处世、救亡图存的金玉良言；调查与统计资料部分，篇篇均是研究实业、经济、华侨问题的好资料……是本百宝书。该刊还记录了天仙旅社的开张、陈设、所接待客人的情况，其中有郁达夫当年来厦下榻旅社的合影等有关记录。

《天仙旅社特刊》

《柔仲文存》　潘明诚著（1937 年）

潘明诚，字柔仲，“尤精音均语言文字、经史诸学”，幼年即从事新闻事业，1934 年至《泉州日报》执笔，由于积劳成疾，于 1937 年 5 月身故。生平著作甚富，泉州日报社同人辑其为该报所写作的一部分，有副刊“世说新语”学术文章、时事论文，音均方言考证等，也有厦门《民钟日报》上发表的文章，前附潘明诚先生遗像一帧，是研究潘明诚及民国泉厦新闻事业的参考资料。

《柔仲文存》

《九龙江》

《九龙江》（合订本第 1 集） 民国 35 年（1946 年）8 月

《九龙江》为石码 1942 年 4 月 9 日始发行的一份刊物，初为旬刊，后改为五日刊。后因战时物资紧张等原因而停刊。抗战胜利后，该刊于 1946 年 5 月 24 日复刊，改为三日刊，“当即发行合订本，回顾过去，感谢各界扶植”。该合订本收录 1946 年 5 月至 7 月的第 77 ~90 期内容，反映抗战胜利后，闽南漳州石码的一些社会生活情况。

《中兴轮船惨案纪念刊》

《中兴轮船惨案纪念刊》 陈山明、陈侯南、黄云鹏编辑 中兴轮船惨案善后委员会编印 民国 37 年（1948 年）8 月

1948 年 2 月 28 日，航行泉（州）厦（门）的中兴轮至金门大嶝洋塘海面时，奉令至长泰剿匪的保安与匪徒发生枪战，混乱中船体倾斜，致使倾覆，加上延迟救护，惨死二百余人。本刊分惨案发生经过、中兴轮之构造及其登记状况、善委会工作概况、劫匪缉办情形、舆论一班、点泪写惨剧、中兴轮惨案启建法会记、附录部分，真实记录了中兴轮船惨案事件，为日后研究者提供了较为详细的资料。

《中兴轮船惨案照片》　厦门良友照相馆摄（1948 年）

这是厦门良友照相馆拍摄的 10 张中兴轮船惨案照，其中 1 张为浸水的中兴轮照，9 张为死难者照片，照片介于 8 寸与 10 寸之间，是珍贵的影像资料。

《中兴轮船惨案照片》

《英人侵占厦门海后滩官地》　黄鸿翔编

该资料为稿抄本之类，共 9 页，分“海后滩位置”“租地之历史”“英人违约”三部分，附录清光绪三年（1877 年）英领事阿（编者按：即时任英国驻厦领事 C. Alabaster）所拟草约九条、光绪四年厦门道司徒与英领事阿会订约章六条，记录清咸丰至光绪初年发生的英人违约侵占厦门海后滩的危机事件，并在文中提出应对之策。

《英人侵占厦门海后滩官地》

《厦门小报精华》（第五集）

《厦门小报精华》（第五集）　吴定之编辑　厦门出版社 1936 年 8 月初版

本集专门搜罗“所有民间人情风土、趣闻传说”，分大众论坛、时人吟草、滑稽漫谈、恋爱故事、短篇小说、民间风光、街谈巷议、零碎珍闻栏目，妙趣横生，颇具可读性。封面为李波赠画，罗丹题字。

《厦门文史资料》　中国人民政治协商会议厦门市委员会文史资料委员会编

1963 年出版第 1 期，2002 年出版至第 23 期，以“亲历、亲见、亲闻”的原则记录厦门大量史实，为后代留下许多珍贵史料。

《厦门文史资料》

“厦门文化丛书”　厦门文化丛书编委会编　鹭江出版社出版

这是反映厦门文化发展的一套丛书，20 世纪 90 年代初开始出版，内容涉及厦门侨乡、景观、饮食、教育、方言、人物、地志、海防文化、宗教等，共 2 辑 23 册，多次再版，是深受读者欢迎的了解厦门文化发展的有益读物。

“厦门文化丛书”

《近代厦门社会经济概况》　厦门市志编纂委员会、《厦门海关志》编委会编　鹭江出版社 1990 年出版

本书收入 1865—1881 年的《海关年度贸易报告》和《海关十年报告》，根据中国海关总署出版的《中国通商口岸贸易报告》和《海关十年报告》英文本译出，有的译自厦门海关档案室所藏的打字本原稿。报告涉及内容十分广泛，除了同海关业务有关的贸易和关税外，对工业、农业、商业、交通运输、政治、军事、财政金融、货币等均有记述和统计，汇集了大量数据资料，对研究厦门地区近代社会经济发展情况，具有较大的参考价值。

《新中国五十年的厦门》　中共厦门市委宣传部编　鹭江出版社 1999 年出版

这是“新中国五十年系列丛书”中的一部，分上、下篇和附录，以翔实的资料全面记录和反映了中华人民共和国成立 50 年来，特别是改革开放 20 年来厦门经济和社会发生的巨大变化，是一部集宣传教育性、资料性和实用性为一体的重要历史文献。

《近代厦门社会经济概况》与《新中国五十年的厦门》

《厦门市志（民国）》

《厦门市志（民国）》　厦门市地方志编纂委员会办公室整理　方志出版社1999年出版

《厦门市志（民国）》曾是一部未出版的志书，厦门市地方志编纂委员会办公室以所藏手抄稿本为主，参校福建省图书馆、厦门大学历史系和李禧先生家藏抄本，不改动原志体例和文句，只作分段、断句、标点和校注后，整理出版。全书分“疆域志、气象志、山海志、建置志、交通志、名胜志、户口志、赋税志、物产志、职官志”等35卷，是了解民国厦门的重要参考资料。

《厦门市志》（2004年版）

《厦门市志》　厦门市地方志编纂委员会编 方志出版社2004年出版

全书共5册，体裁采用述、记、志、传、图、表、录7种形式，以志体为主，全书首设总述、大事记，其次为各分志，按综合、政治、经济、文化、社会的顺序分为49卷，最后为人物、附录及编纂始末。本志资料均采自历代正史、方志和各类档案、图书、报刊，上限追溯至事物发端，下限一般断至1995年12月31日，“立足市区，兼及辖县”，融思想性、科学性、资料性于一体，富有时代特色、地方特色和专题特色，是1949年以后第一部全面反映厦门历史与现状的大型资料性工具书。

"厦门文史丛书"　洪卜仁等主编　厦门大学出版社出版

这是由厦门市政协与厦门市文史工作者精诚合作推出的一套丛书，从 2007 年开始出版。尽量选取第一手的原生态史料，从本市及其邻近相关区域中所传承积淀下来的文化历史切入，以厦门市为重心，适当延伸至闽南地区，以近现代为主、当代为辅，采取可读性强的写法，辅之历史画面，内容有名人故居、音乐名家、货币图录、史地丛谈、电影百年等，现已出版 24 册。这套丛书揭示大量史实，内容真实而有新意。

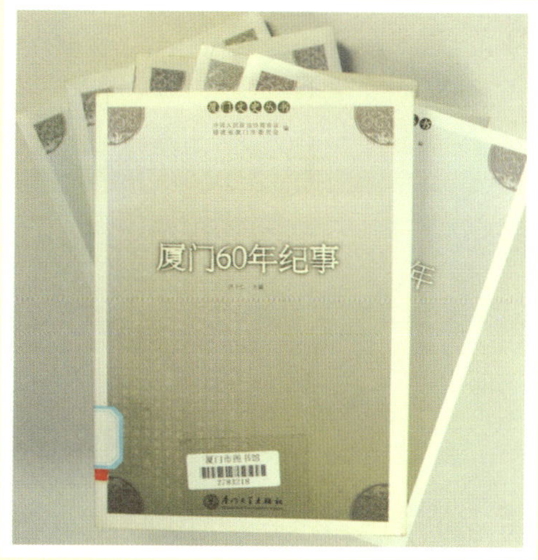

"厦门文史丛书"

《厦门市地名志》（2010）上、下册　厦门市民政局编　福建省地图出版社 2013 年 6 月出版

全书分区划地名行政管理、政区居民点、自然实体、水利水电设施、交通设施、机关企事业、建筑物、名胜古迹共八篇，约 150 万字。市、区、镇、街道地图插图 44 幅，重要大型或知名地名照片插图 110 幅。收入现今词条、历史词条上万条；每个词条详列基本概况、明清至 2010 年历史沿革等，图文并茂、内容翔实丰富，既是地名工具书、地名故事书和地名民俗典籍，也是收藏、馈赠、寻根问祖、文化交流等的重要文献。

《厦门市地名志》

华人华侨文献

以华人华侨研究为主题的中文图书，是厦门市图书馆的收藏重点。馆藏民国时期华人华侨文献反映了中华民族移民南洋的历史，侧重展现了菲律宾、新加坡、缅甸等地华侨的活动概貌。

《民国必要孔教大纲》　林文庆著、发行　中华书局印刷　民国 3 年（1914 年）3 月初版

推翻清朝，民国初立，外强环伺，有西学经历的新加坡华侨名人林文庆对孔教推崇备至，呼吁儒教治国，写下此篇。本书无章节之分，是林文庆以自己对儒学的理解，并参考诸儒学说，对经学、儒学、天命、孝、悌、仁、义等儒家义理进行阐释。他融汇了西学知识，介绍了“欧洲政治大概”“议院”等，并在一些事理说明中，对中西方的理解进行了观照，反映出他“中学为本、西学为用”的理念。最后一篇《中华民国必不能离乎儒》的文章，阐明了他提倡行儒道之教，开吾民智，使人人肯行大义，以振兴可爱祖国的基本观点。

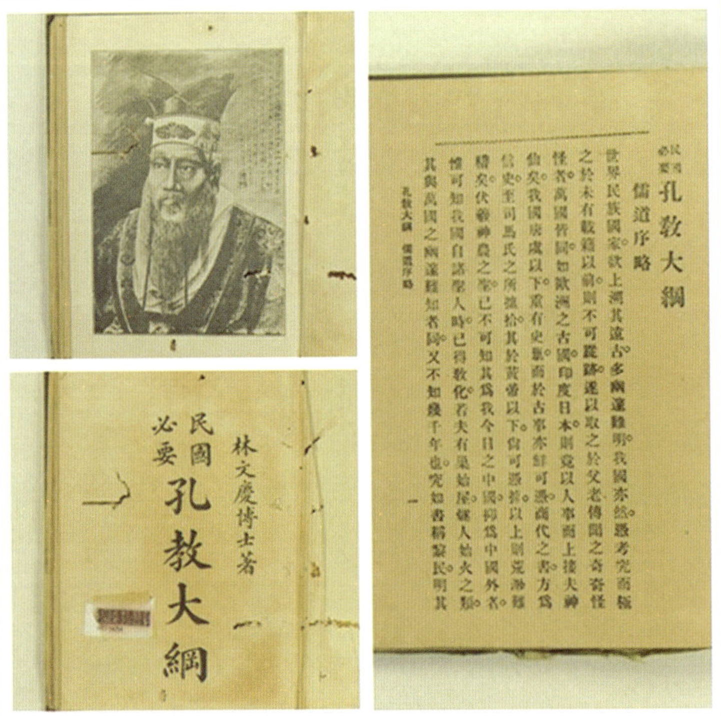

《民国必要孔教大纲》

《槟城阅书报社十三周年纪念》（1921 年）

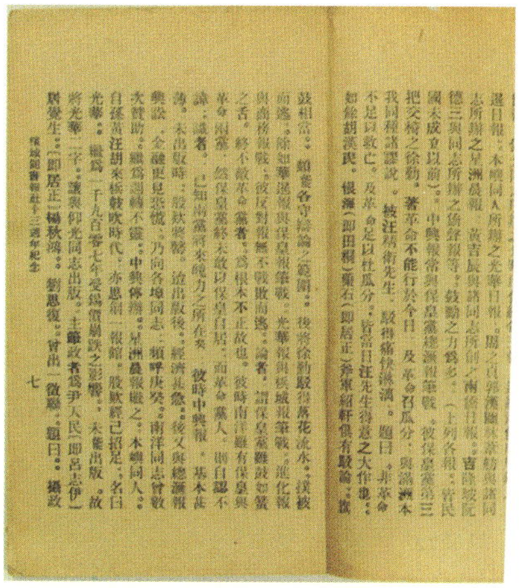

《槟城阅书报社十三周年纪念》

阅书报社是辛亥革命时期南洋华侨宣传革命思想的阵地，往往也是当地同盟会的外围组织。据该书记载，槟城阅书报社开办于 1908 年 11 月 13 日，发起人为吴世荣、黄金庆、陈新政、丘明昶等 35 人，初设址于槟城柑仔园 94 号。“诸党人到屿，无不请其发挥伟论”，每月开办演说会数次，每晚到社讨论革命、救国的同志月无虚夕。阅书报社入社需举行盟誓仪式，设有口号，行握手礼，并购革命书籍赠阅侨人。该书缺失封面、目录，正文从第五页开始。书名依据书口题名，书无章节之分，似为纪念槟城阅书报社成立十三周年所出版的资料集，主要责任者为陈新政，回忆了槟城阅书报社创办之经过，收有孙文、居正、陈其美与黄兴等革命者、党务部的往来信函，中华革命党总章，杨汉翔的《读新政演说辞书后》等，反映以槟城阅书报社为据点，汪精卫、孙中山等革命者来该社筹款、传播革命思想等所进行的革命活动，可窥见孙中山等革命者早期革命活动的踪迹。

《菲律宾群岛华侨各团体联合大会报告书》（1926 年）

该书报告了菲律宾群岛华侨各团体联合大会的缘起和会议经过、通过议案等，收录了重要演说词及“西文簿记案抗争始末”的重要报告，附录联合会章程、入会各团体名录、各团体欢迎各埠代表概况，是一次会议较为完整的记录，对研究菲律宾华侨团体及菲华社会重大事件具有史料价值。

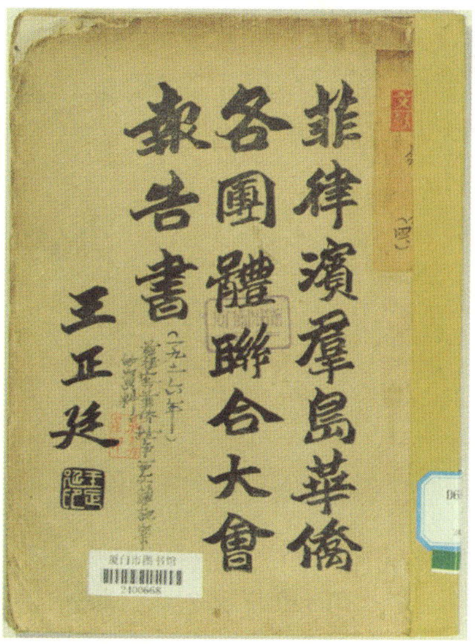

《菲律宾群岛华侨各团体联合大会报告书》

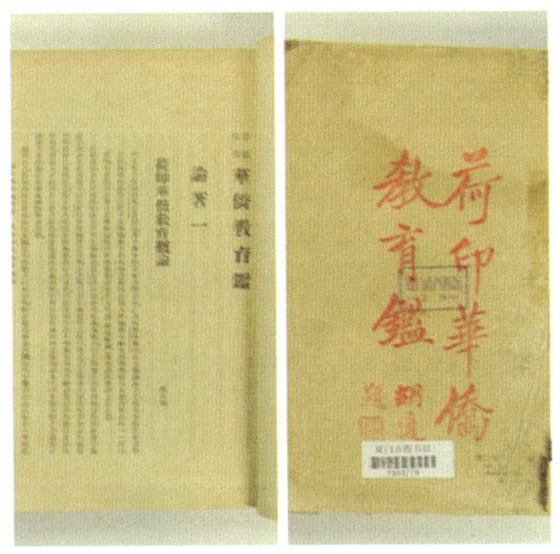

《荷领印度华侨教育鉴》

《荷领印度华侨教育鉴》　荷属华侨学务总会编辑委员会编纂　民国17年（1928年）5月出版

该书收录有33篇当时海内外热心教育家关于荷印华侨教育的著述，从荷印华侨教育概论、变迁大势、教材及课程编制诸多方面探讨荷印华侨教育，其中不乏梁启超、张九如等名家论述，并列15个年度荷印各府华侨学校概况表、华侨教育机关统计表等13表，为荷印华侨教育留存了珍贵的文献和史料。

《南洋荷属东印度之经济》

《南洋荷属东印度之经济》　国立暨南大学南洋文化事业部印行　刘士木译　　民国18年（1929年）8月初版

本书是南洋丛书第八种，原系德国经济学家E. Hefferich在德国汉堡地学协会演讲之稿，刊行后为日本人田原天南所得，转由日本南洋协会爪哇支部东乡干事、特浼（浼）会员后藤南溟译为日文，再由刘士木译为中文。该稿分析了世界战争之原因，讲述了南洋荷属东印度（印度尼西亚）当时的经济状况。

《新嘉（加）坡画报》（第 70 期）1929 年 11 月 20 日

刊载有反映当时中国社会的多幅照片，如有北平艺社第一次公演演员的照片，有反映当时中国国内“讨冯消息、东北屯垦、防俄情形”等的照片，有反映美洲三藩市协和幼园学生的照片及星洲的罂花节妇女卖花情形的照片，还有反映美洲华侨、南洋之事的照片……早期新加坡华文画报的视野较多地关注国内，反映了华侨与祖国的紧密联系。

《新嘉（加）坡画报》

《南洋华侨通史》　温雄飞撰　民国 18 年（1929 年）11 月初版　上海东方印书馆出版发行

采用纪事本末体体例，上、中卷详述华侨南迁历史及货殖史，对华侨如何获得经济上特殊地位开展研究。下卷为杂传、年表，遴选 32 位有名望的华侨代表人物，如陈嘉庚、林推迁等，另立小传以存之，并编制“中国南洋交通年表”。书后附录霹雳政府有关劳工契约的规定和种植等通告 7 篇。

《南洋华侨通史》

《小吕宋华侨中西学校三十周年纪念刊》颜文初编

民国 18 年（1929 年）

1929 年，为纪念菲律宾小吕宋华侨中西学校成立三十周年，其校长颜文初编辑了本书，收录了 40 篇文章，内容涉及多方面：有三十年来的世界和平运动与发展新趋势，中国三十年来政体变化、中国国民党奋斗史、工农商业教育发展情况，日本南进实况，南洋地区的英属海峡殖民地、荷属东印度、缅甸、暹罗、安南等国华侨教育发展概况，最后谈至菲律宾华侨各方面发展情形，详细回顾了小吕宋华侨中西学校三十年来的发展历程。该书关于东南亚各国华侨教育发展状况的翔实资料，为开展东南亚华侨教育史及其相关研究提供了重要参考。

《小吕宋华侨中西学校三十周年纪念刊》

《庄银安先生七十晋三寿言》（1929 年）

1929 年 4 月，原中国同盟会缅甸分会会长、缅甸福建华侨公会会长庄银安 73 寿辰，亲朋好友为其贺寿，为表谢忱，庄银安“爰刊斯册”，收录了家族人士和乡里及胡汉民、张贞等要人的贺词题字，并有庄银安自述参加革命原委、简述革命历程的《寿言集自序》和不同时期的个人肖像，有一定资料价值。

《庄银安先生七十晋三寿言》

《南洋英属海峡殖民地志略》　宋蕴璞著　民国 19 年（1930 年）1 月出版

本书分新加坡、槟榔屿、马六甲三编，各编内分概要、物产、调查、名人、参观、娱乐、游记、杂记八章，详述三地历史沿革、文化现状，华侨人物以及人生、日用、琐事无不毕载，可作地志观，也是当时的游历指南。本书使用的参考资料，计有南洋出版报纸 13 种，南洋著作 51 种，而英、荷、日、美、法、暹罗、安南各国之出版书籍，翻译尤多，可谓资料翔实，内容丰富。

《南洋英属海峡殖民地志略》

《缅甸中国同盟会开国革命史》（上编）　徐市隐著　缅甸中国同盟会革命史编纂处增编　思明日新书局印行　1931 年

“本书起于 1908 年 11 月 2 日（中国缅甸）同盟会成立，止于民国元年（1912 年）8 月改组国民党，其在同盟会成立前之革命运动，尽量采入。”本书分上下二编，上编为本书编纂处所采访辑成，下编为民国 18 年（1929 年）徐市隐之遗著《缅甸华侨革命史》，现馆藏仅存上编。上编分为缅甸中国同盟会各埠分会史略、缅甸中国同盟会会员史略、缅甸中国同盟会会员一览表、革命鳞爪四章，前有一些重要人物和革命报纸的照片，该书真实记录了南洋华侨支持和参加辛亥革命运动的一些经过情形，保存了许多珍贵史料。据查，徐市隐当为徐赞周，曾任缅甸中国同盟会分会第二届会长。

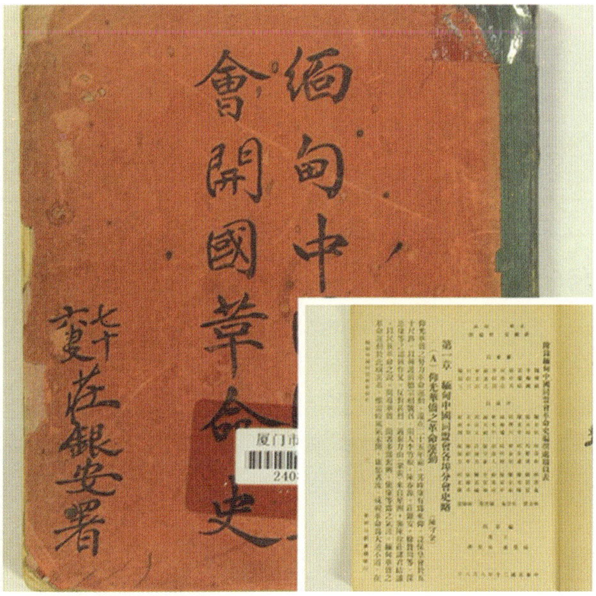

《缅甸中国同盟会开国革命史》（上编）

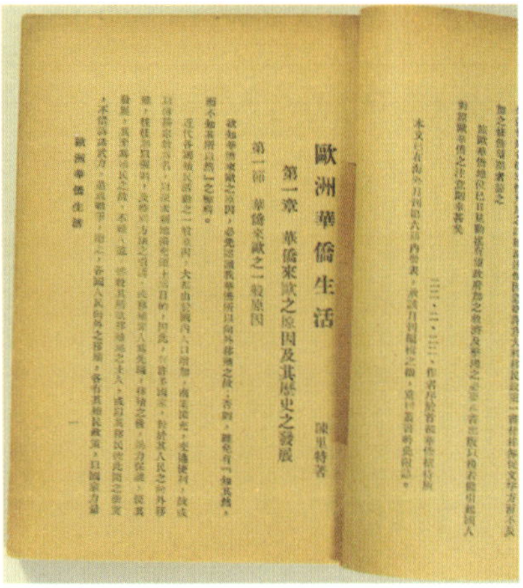

《欧洲华侨生活》

《欧洲华侨生活》　陈里特著　1933 年

该书分析华侨来欧之原因，追述其发展历史，从居住、饮食等方面反映了欧洲华侨的生活状况，对旅欧华侨这个特殊群体的政治生活及各业操作情形给予特别关注，进行了调查，是国内最早系统论述欧洲华侨状况的著作。

《南洋与创立民国》　张永福编辑　上海中华书局印刷　民国 22 年（1933 年）10 月 10 日出版

张永福长期追随孙中山，为中国同盟会新加坡分会创建人之一，对新马地区革命运动的发轫与发展贡献甚大。在众多研究辛亥革命的早期文献中，以华侨兼革命者身份的张永福所撰《南洋与创立民国》一书具有较大价值。该书是张永福依托自己参加辛亥革命过程中收集的大量资料，立足南洋的位置，以本土的视角书写南洋华侨和中国革命的故事，既有对一些重大事件和革命志士的回忆，也有关于孙中山的“细言细行之记载”、“剪掉辫子”的故事、原始国旗图案等辛亥革命前后的一些珍贵史实，可信度高；而刊载的陈楚楠与孙中山等人的合影、《图南日报》的照片等，非常珍贵。

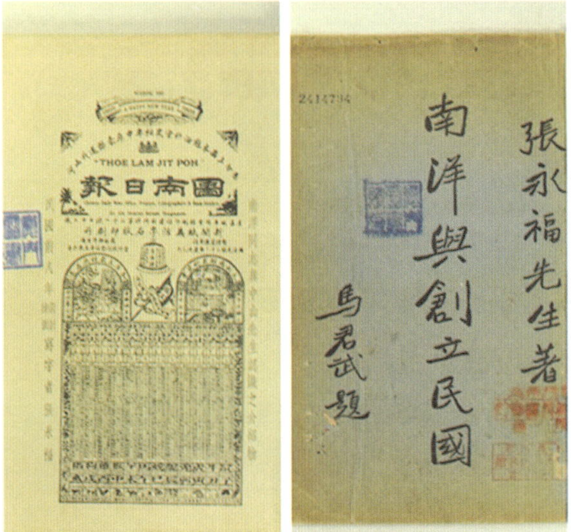

《南洋与创立民国》

厦门鼓浪屿有一座中山图书馆，是为纪念孙中山而改名的，1928 年对外开放，曾以收集与孙中山有关的文献为着眼点。《南洋与创立民国》就是曾长期追随孙中山的革命者张永福亲笔题字惠赠该馆的。

《广东救济失业回国华侨纪实》　广东民政厅编印　民国23年（1934年）1月

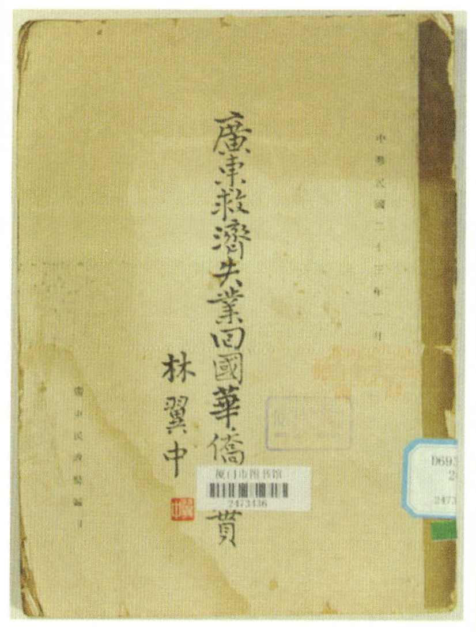

《广东救济失业回国华侨纪实》

受1929—1933年世界经济大危机影响，在华侨人数最多的东南亚地区，经济衰败，市场凋敝。基础脆弱的华侨经济在危机冲击下，在劫难逃，不少华商破产、大量华工失业；按书中所述，尤以树胶、锡矿业遭受重创。失去生计依托的华侨被迫回国。“为追怀赞翊革命之勋，轸念失业归来之痛”，当时的广东省政府暨省市党部诸委员首倡救济，人民团体自行组织华侨救济会，救济归侨。本书真实记录了广州、汕头、海口等地救济事业办理之经过，具有很高的史料价值。

《中华民族拓殖南洋史》　刘继宣、束世澂合著　国立编译馆出版　商务印书馆印行　中华民国24年（1935年）3月再版

《中华民族拓殖南洋史》

该书旁征博引，对汉代以来中国人移民南洋的历史进行了总梳理，在“导言”中，作者明确表示，此编意在“唤起民族之自觉心，恢复民族之自信力”。此书最大的特点是史料丰富，共引用中外文书目160余种，其中既有《外交公报》《海关贸易统计月报》等中国官方资料，也有菲律宾的海关报道、荷属印度的移民报告等华侨居留国的官方资料；既有侨委会《华侨快览》等国家的侨务报道，又有地方志；既有古代文献，也有当代研究华侨问题的名家著述。此外作者还参考了英文和日文文献。“即使用现在的标准看，这一著作也是极具学术功力的。”

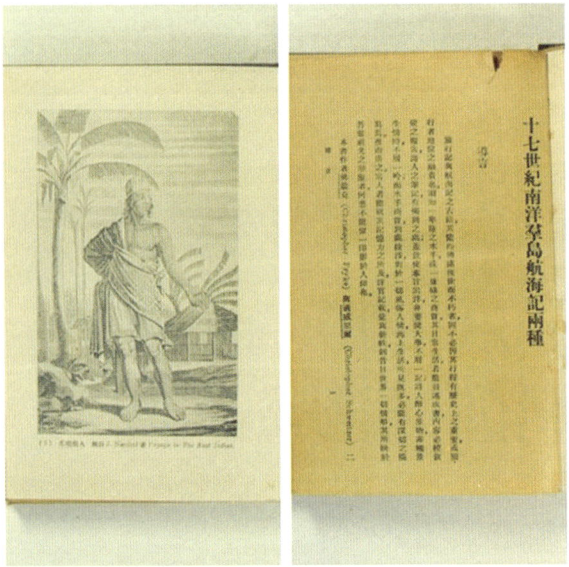

《十七世纪南洋群岛航海记两种》

《十七世纪南洋群岛航海记两种》Fryke 和 Schweitzer 原著 黄素封、姚枬译述 上海商务印书馆民国 24 年（1935 年）9 月初版

本书收有 17 世纪欧洲人航海南洋群岛之记事两篇，一为佛兰克氏“东印度之航海及军事纪实”，1692 年出版于德国乌尔穆城；二为适威思尔氏“航行东印度六年间日记”，1688 年出版于德国杜平根，此为“南洋群岛史地记载最古老之西文二书，脍炙人口”，“至华侨在南洋之活动，亦以此书为素封所知之最古西洋文献”，“英人视此书之价值，几与马可孛（波）罗游记相等”。译者对文中古字、误字及动植物名称，均详加考证，列译注百余条，导言为“英国法义耳氏之考证”一文。王云五将此书列入商务印书馆的“汉译世界名著”。

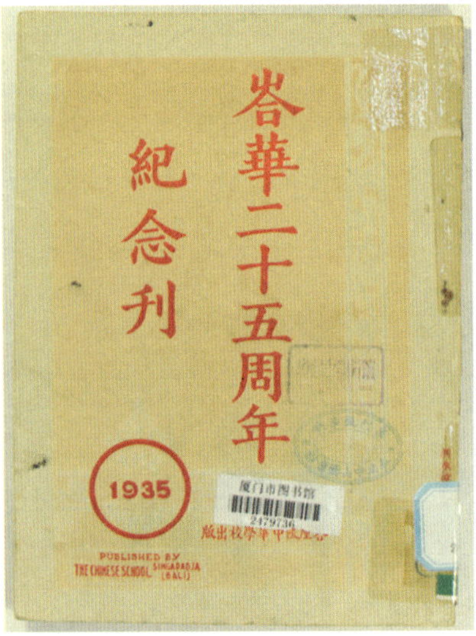

《峇华二十五周年纪念刊》

《峇华二十五周年纪念刊》峇厘陵中华学校 1935 年出版

峇厘（巴厘）为荷属东印度（即印尼）一小岛，然“生息于兹之侨胞，为数不乏”。1935 年，峇厘陵中华学校创办 25 周年之际，出版此书，明示校训，记述该校行政组织、教务规程、校务、董事小传、论著及该校大事记等。此书虽为中华学校纪念刊，“实即侨务之总鉴”，可补峇厘华侨载道纪事文章之缺。

《菲律滨（宾）华侨回国考察团特刊》　励强社编著　民国25年（1936年）4月

20世纪30年代，旅居菲律宾的华侨达十几万人，他们虽远离祖国，但关怀祖国之情深切，在挽救国难和救侨运动的背景下，组织团体考察祖国各种新建设及工商实业之状况，并承担向祖国当局及同胞介绍菲岛侨胞情形之职责。该刊收录了团员们考察后各种积极建言和感想，并附多人玉照，反映出海外侨胞对祖国建设之热诚。

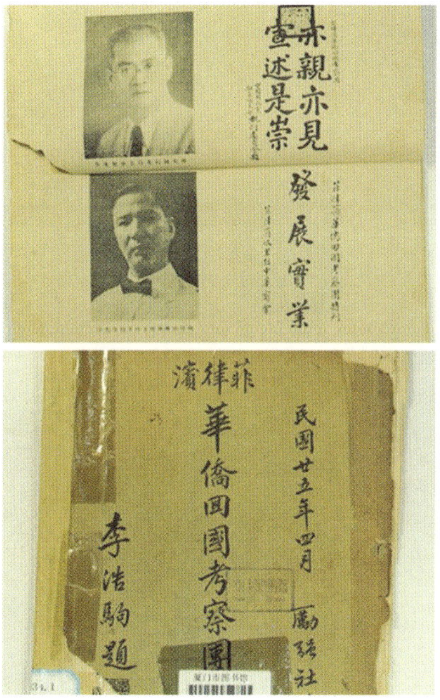

《菲律滨（宾）华侨回国考察团特刊》

《菲律滨（宾）岷里拉中华商会三十周年纪念刊》黄晓沧编著　菲律宾岷里拉中华商会出版委员会主编　中华民国25年（1936年）5月20日出版

全书含编前、中编、编后三部分，编前属于题词及图像，中编是文字，编后是英文题词及论文。中编收录历史、商况、律例、统计、名胜、论著六大单元。编纂目的：欲使华侨明了本身在菲岛所处的地位及了解在地切身的商律，另希唤起国人对菲岛华侨、商业、经济、土俗的注意，以利将来中菲贸易的发展。该书以所创所经所事为纲领，旁及律例、风俗及名胜艺林，资料翔实，条目明晰，允称宏富，不仅可为“商业递嬗之考鉴”，而且“直开海外之史乘”，堪为史料。

《菲律滨（宾）岷里拉中华商会三十周年纪念刊》

《中国殖民史》

《中国殖民史》　李长傅著　民国25年（1937年）1月初版

“中国文化史丛书”的第一辑，全书分五章。作者较重视历史研究中的方法论。这部著作是中国海外移民史的奠基性著作。

《华侨妇女救亡特刊》

《华侨妇女救亡特刊》　黄联兴公司编辑出版（1938年1月）

该刊物记录了华侨妇女支持抗战的事迹及妇女儿童英勇抗战的故事；连载的漫画则揭露了日寇的恶行，是一份进步刊物。

《马来西亚华侨史纲要》　姚枬著　南洋研究所编纂　商务印书馆印行　中华民国32年（1943年）4月初版

马来西亚是华侨重要的聚居地之一，本书概述中、马古代交通，研究华侨在马来西亚不同时代的地位及华侨经济发展状况。通过三十年来马来西亚华侨人口比较表、三十年来马来西亚华侨大树胶园园数及亩数比较表等五个附表，为马来西亚华侨史研究留存了许多数据资料，也论述了华侨对马来西亚经济发展所做的贡献。

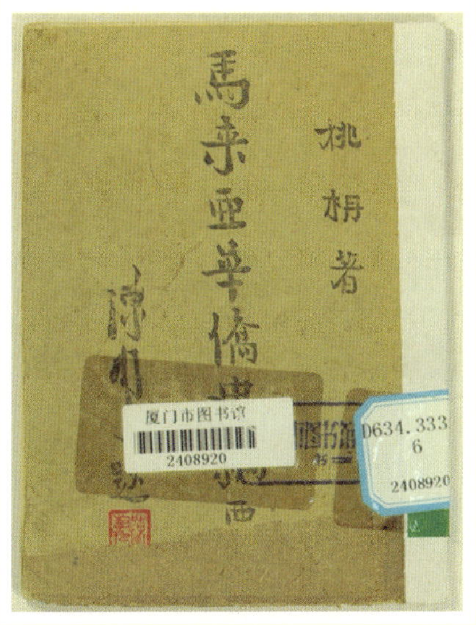

《马来西亚华侨史纲要》

《菲律滨（宾）黑白男女篮球队厦沪远征队纪念特刊》民国35年（1946年）10月出版

菲律宾黑白篮球队诞生于1934年4月，由侨胞组队，曾战绩彪炳，声名远扬。此次归国参赛，一是切磋球艺，提倡体育，检验篮球运动的成就；二是回国观光，联络情感。本刊是菲律宾黑白男女篮球队厦沪远征之前所编的一个刊物，介绍了球队史略和出征动机、前后赛事情形，附许多球员和工作人员照片，颇为珍贵。

《菲律滨（宾）黑白男女篮球队厦沪远征队纪念特刊》

《南侨回忆录》　陈嘉庚著　民国35年（1946年）再版

陈嘉庚（1874—1961年），厦门集美人，著名爱国华侨领袖，是20世纪中华民族卓越的教育家和社会活动家。毛泽东主席赞誉他是“华侨旗帜、民族光辉”。本书是陈嘉庚先生于1943年至1945年在印尼避难时所写的自传式回忆录，计三十万言。日寇侵华，海外华侨同仇敌忾，抗日救亡运动风起云涌，募捐巨款，抵制日货，回国服务，数年如一日。本书详细记录了南洋华侨支援祖国抗战实况，陈嘉庚倾资办学、服务社会之经过以及陈嘉庚经营企业兴衰状况。陈嘉庚曾担任南洋华侨筹赈祖国难民总会主席，直接领导了海外华侨抗日救亡运动，所述多为亲历亲见，是研究东南亚华侨史、南洋华侨与祖国抗战的珍贵史料，同时也是研究陈嘉庚传奇人生的第一手资料。

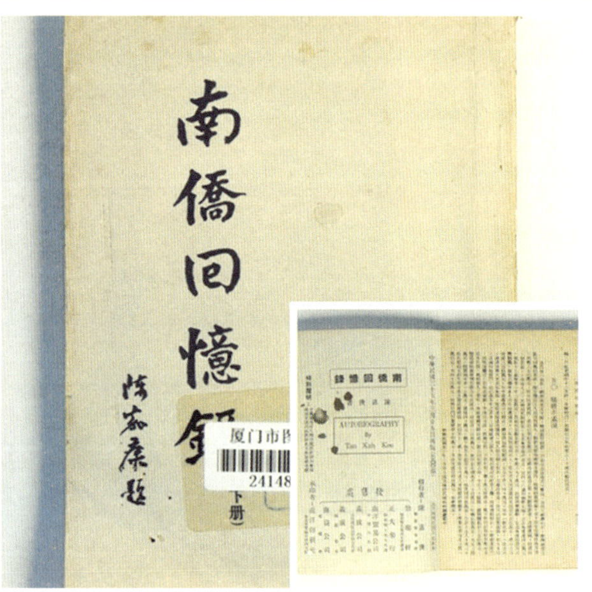

《南侨回忆录》

《新嘉（加）坡厦门公会拾周年纪念特刊》　钟青海主编　民国36年（1947年）12月31日初版

全刊二十余万言，有题词、图表、十年概况、大会纪实、会务报告、回顾与前瞻、家乡报导、论著、艺苑、杂俎、特载、附录等栏目，主要追溯新加坡厦门公会成立以来的沿革简史，记述会务复兴之经过，各股各部事项之梗概及今后发展愿望，同时收录了厦门工商业发展、书画艺术、城市风貌等资料，留存了许多历史旧照，可窥见当年厦门城市发展概貌。

《新嘉（加）坡厦门公会拾周年纪念特刊》

《菲律滨（宾）研究》（ 第一期 ）　暨南菲律宾华侨学生会编印　民国 17 年（1928 年）5 月 20 日出版　不定期刊物

就菲律宾历史、政治、华侨教育、华侨地位等方面展开研究，侧重探讨南洋华侨问题，以消除华侨与祖国的隔膜，加深了解，有菲律宾专题、小说、诗、随笔、小品等，不乏刘士木、颜文初等大家的作品。

《菲律滨（宾）研究》（ 第一期 ）

《侨务汇刊》（第三期）　国民政府侨务委员会编　民国 18 年（1929 年）1 月25 日出版

《侨务汇刊》是国民政府侨务委员会创办的刊物，有该会标语、论著、会令、文电、纪事、法规、国内要闻、国际要闻、华侨消息等栏目。及时传播当时国内外新闻，刊载华侨动向，探讨有关华侨问题，是比较重要的华侨刊物。

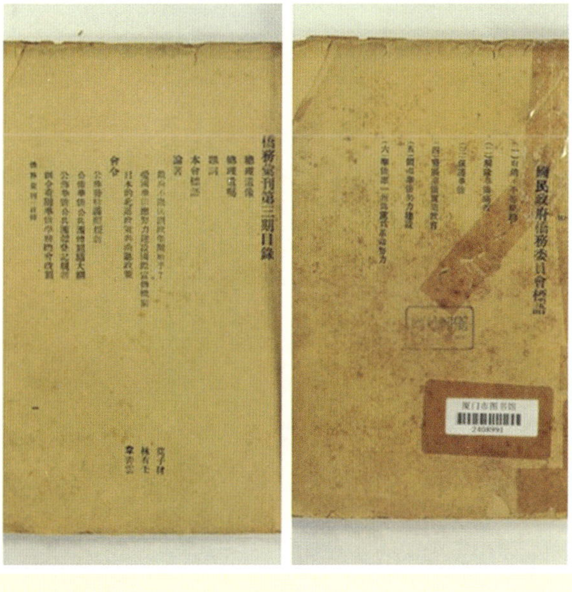

《侨务汇刊》（第三期）

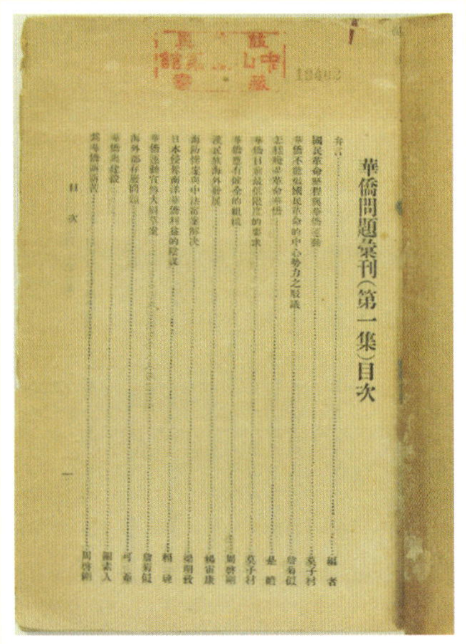

《华侨问题汇刊》（第一集）

《华侨问题汇刊》（第一集） 招待海外同志第二事务所编 1929 年 8 月

《华侨问题汇刊》（第一集）收录了 24 篇文章，针对华侨与国民革命的关系、华侨组织、华侨海外发展、日本如何侵夺华侨利益、与华侨有关的重大事件等问题展开研究，是研究华侨问题的重要刊物。

《闽侨》（第一期）

《闽侨》（第一期）民国 18 年（1929 年） 半月刊

本刊为新加坡永春、晋江、南安、惠安、安溪五邑闽侨会馆所创办，栏目有时事短评、专论、祖国与南洋、国内通讯、华侨短讯、文艺、特载等，内容涉及内地新闻、各县调查、兵匪灾况及建设之照片、内地建设及振兴实业之讨论、各埠侨况、关于改善侨胞生活之研究、关于增进侨胞地位之研究、对于祖国政府之意见或陈情等。有许多反映当时闽南社会情况的资料，保存了不少华侨人物的珍贵影像。第一期有陈嘉庚的文章。

《中华电影》（第二年第二期）　林振声创办　刘英任社长　新加坡中华电影出版社（1946 年）出版

制作大片《华侨血泪》在新加坡试映，该刊给予着重报道，介绍了影片本事、制片缘起和拍摄花絮、剧照等，同时刊登了一些影事消息和电影知识。《华侨血泪》是 1946 年由中华电影制片厂拍摄的一部反映日寇暴行、华侨抗日的黑白有声电影，导演谢问津，演员陈枫饰林振新，黄宛乔饰俞羡华，苏丹饰黄奎章等，是较早时期的关于华侨题材的电影。

《中华电影》

《东南亚之华侨》（上、下册）　英国学者维克多·巴素（Victor Purchell，1896—1965 年）博士原著 *The Chinese in Southeast Asia* 的中译本　郭湘章译　台北编译馆出版　正中书局印行　1974 年第 4 版

上、下册共计 1100 余页。上册内容：序言，绪论，第一篇“东南亚华侨概观”，第二篇至第五篇依次分述缅甸、泰国、越南、柬埔寨、老挝、马来西亚和新加坡的华侨。下册内容：第六篇至第八篇依次分述英属婆罗洲、印度尼西亚、菲律宾的华侨，初版结论，修订版结论，后记。该书原著者巴素旅居东南亚多年，曾担任马来西亚英国殖民政府华民护卫司官员 20 余年，十分熟悉东南亚各国华侨状况，又通晓中文、粤语和多国语言，因此该书对东南亚华侨的人口、历史、经济、社会、文化、政治都有广泛、详细而深入的研究，在当时被认为是研究东南亚华侨问题最具价值的著述，至今仍为学术界公认的东南亚华侨研究的权威著作之一。译者郭湘章先生，参照原书新旧版本，精心译校，信达兼备，相得益彰。

《东南亚之华侨》

《华工出国史料汇编》（1～10 辑）　陈翰笙主编　中华书局 20 世纪 80 年代出版

全书共分 10 辑，分别为《中国官文书选辑》《英国议会文件选译》《美国外交和国会文件选译》《关于华工出国的中外综合性著作》《关于东南亚华工的私人著述》《拉丁美洲华工》《美国与加拿大华工》《大洋洲华工》《非洲华工》《第一次大战时期赴欧华工》，每辑后面附有索引。19 世纪开始的华工出国历史，是中国史乃至世界移民史上的重大问题，是华侨史的重要篇章，长期以来海内外学者都十分重视研究这段历史。该汇编首次收集、整理了大量有关华工出国的中外文第一手资料和文献，应是近代华工出国史研究的最高水准的成果。《华工出国史料汇编》的出版问世，为研究者提供了丰富、翔实的资料，有力促进了华侨史、中外关系史等相关领域的研究。

《华工出国史料汇编》

《近代华侨投资国内企业史资料选辑》（福建卷、广东卷、上海卷）　林金枝、庄为玑合著（分别由福建人民出版社 1985 年、福建人民出版社 1989 年、厦门大学出版社 1994 年出版）

《近代华侨投资国内企业史资料选辑》

华侨素有爱国爱乡的传统，近代以来，海外华侨在国内大量投资兴办实业，为中国的经济发展做出了可贵贡献。作者为厦门大学教授，1958—1960 年期间带队到广东、福建两省的四十八个市县和上海市调查华侨投资状况，将所得的原始资料，结合历史文献和有关档案，于 1960—1961 年整理成《近代华侨投资国内企业史资料选辑》初稿，全书约一百万字，分福建、广东和上海三卷，时间跨度为 1840—1949 年。每卷以企业种类分成若干编，每编按各地资料的具体情况分成若干章，每章按各行业编排为若干节。20 世纪 80 年代开始，作者将初稿重新整理并陆续付梓。该书是研究海外华侨与中国经济关系的重要成果，是研究华侨经济的权威性著作之一，也"总结了历史经验，以供今天引进侨资工作借鉴"，深受国内外学术界的重视与好评。

《福建华侨档案史料》上、下共 4 册　福建省档案馆编　档案出版社 1990 年第 1 版

福建省是重点侨乡，侨务在政府工作中一直占有重要的地位，数十年来，形成了大量的档案史料。通过系统整理和研究，本书选辑 1912—1949 年的档案史料，共辑录华侨史料千余件，内容分组织机构及工作计划、报告，华侨出入国，侨汇机构及侨汇，华侨投资省内企业，侨生回国就学及侨办教育，华侨捐赠与抗战，救侨，护侨，其他，补遗十部分，供华侨史、福建地方史和有关部门研究参考，以充分发挥侨务档案的作用。

《福建华侨档案史料》

《福建省志·华侨志》　福建省地方志编纂委员会编　福建人民出版社 1992 年出版

福建人移居海外历史悠久，祖籍福建的华侨、外籍华人分布在全世界五大洲 100 多个国家和地区，东南亚地区最多。本书是《福建省志》中专业分志中的一种，按时间顺序追述了福建省华侨出国的历史，按国家地区分述了华侨在居住国家和地区的发展与贡献，用较大篇幅反映了不同历史时期华侨对祖国的贡献、不同时期的侨务工作及相关机构团体概况。本书搜集的大量资料，得到众多国内专家指导，是研究华人华侨问题的重要参考资料。

《福建省志·华侨志》

《新加坡华人百年史》

《新加坡华人百年史》　宋旺相著　叶书德译　新加坡中华总商会1993年出版

本书是一部体制完备的编年通史，时间自1819年新加坡开埠始，至1919年止，溯探了华人社会的生活、事迹、娱乐消遣和建功立业等情况，从经济、社会、教育、宗教与政治等不同角度，综述19世纪华人参与当地社会的各项活动，是“一本关于对新加坡产生影响的华人事务的有用的手头参考资料，同时也是一本关于华人的档案录”，对华人杰出人物的生平言行和公共服务有较为详细的记载。

《厦门侨乡》

《厦门侨乡》　郭瑞明编著　鹭江出版社1998年第1版　2002年第2次印刷

“厦门文化丛书”第二辑之一。郭瑞明长期从事侨务工作，任过厦门市同安区侨联副主席、《同声报》主编、厦门华侨历史学会常务理事等。厦门是著名的侨乡之一，本书以贸易、移民与文化传播为主线，阐述了厦门籍华侨、华人移民国外的辛酸历史与创业经历，反映了华侨、华人在厦门经济建设和文化教育等方面所做的贡献，对厦门的侨务工作做了一番探讨。

《华侨华人百科全书》　该书编辑委员会编　中国华侨出版社 1998—2002 年第 1 版

本书共 12 卷，分为总论卷、人物卷、社团政党卷、经济卷、教育科技卷、新闻出版卷、法律条例政策卷、历史卷、著作学术卷、社区民俗卷、文学艺术卷、侨乡卷，全面、系统、深入地论述和反映了全世界华侨华人的历史和现状，是首部有关华侨华人知识的总汇性大型工具书。该书力求资料翔实，准确可靠，重视科学性、学术性、知识性的结合，是京、闽、粤、沪、琼、桂等地诸多华人问题研究专家、学者的集体智慧结晶，也是中外学者和海外华人、热心人士友好协作的产物。

《华侨华人百科全书》

《南洋史地与华侨华人研究——李长傅先生论文选集》　李长傅等著　暨南大学出版社 2001 年第 1 版

《南洋史地与华侨华人研究——李长傅先生论文选集》

李长傅（1899—1966 年），中国著名的历史地理、南洋华侨史地学家，学术造诣深厚。本书收集了他的 40 篇论文，主要是在《南洋研究》及其他有关刊物的著作选辑，收选范围以南洋史地研究为重心。李先生实是我国早期探研辩证唯物主义地理学观点的先驱者之一，对南洋史地方面的研究范围广泛，常多新见。书中收录著作虽多为 20 世纪三四十年代的著述，某些“史料引文有误，个别观点欠妥”，但总结了南洋各国在过去殖民地时期以及早期的历史地理概况，至今仍很有参考价值。由于二战后，过去资料颇多散失，此书出版对今后南洋的研究起着重要作用，意义颇为重大。

《泰国华人社会：历史的分析》

《泰国华人社会：历史的分析》　（美）施坚雅著　许华等译　厦门大学出版社 2010 年第 1 版

施坚雅（G. William Skinner，1925—2008）是美国著名人类学家和汉学家，于 1956 年完成此一巨著。本书从 17 世纪以前的古代暹罗华人写到 20 世纪 50 年代的泰国华人，引入采用人类学田野调查方法收集的资料，不单纯依靠文献记录的材料，虽为历史书籍，却更倾向于分析而不是叙述。通过以泰国华人为例，他提出著名的民族（族群）“同化”模式，曾风行一时。迄今，本书仍被奉为东南亚研究和华人研究的经典著作。

厦门大学南洋研究院（原南洋研究所）是中国国内最早关注此部巨著学术价值的研究机构，于 1962 年至 1964 年完成此书的翻译工作。2009 年，在原译本的基础上，按现时学术规范重新校译出版，并将其列为厦门大学苏氏东南亚研究中心的“东南亚与华侨华人研究系列丛书”之二。

《南洋华侨与闽粤社会》　陈达著　商务印书馆 2011 年出版（据 1939 年版排印本）

“中华现代学术名著丛书”之一，为社会学家陈达于 1934 年进行闽粤社区的社会和经济考察后形成的一份研究报告。全书共分为两编：第一编讲传统的生活方式及其变迁，分环境及社会变迁两章；第二编讲移民的影响，分为生计、衣、食、住、家庭与婚姻、社会觉悟、教育等七章。本书关注生活方式的形成与变迁，关于社会元素及社会力，有相当多的分析与描写，以便探讨生活方式的组织、过程、演化与变迁，但对于生活方式的内容，未作分类或测量的尝试。全书讲求调查的细致与全面以及解读的深入与系统，为民国社会学、人类学田野调查的一个典型范本。

《南洋华侨与闽粤社会》

《民国华侨史料汇编》全 15 册　耿素丽、张军选编　国家图书馆出版社 2011 年第 1 版

该书为大型丛书“民国文献资料汇编”中的一种，收入 1913—1948 年间出版的有关华侨问题的文献 49 种，包括书籍 44 种、期刊 5 种，以出版时间先后为序编排。其中不乏在华侨研究史上产生过或至今仍具有深远影响的作品。

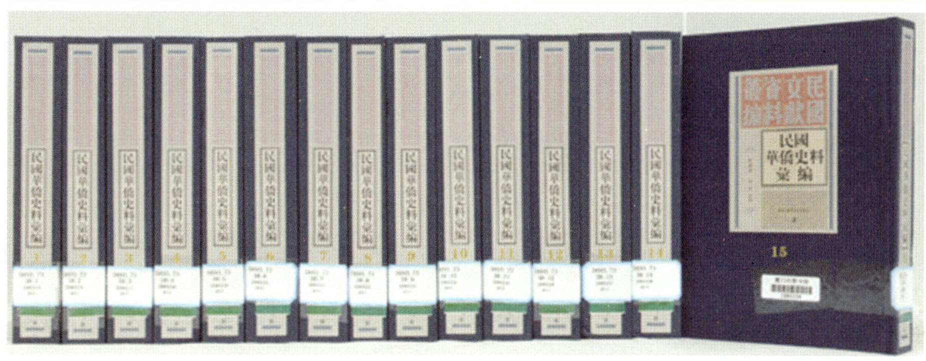

《民国华侨史料汇编》

后　记

《厦门市图书馆》是“21世纪中国城市图书馆丛书”中的一册，从厦门城的建立及厦门城市文化对图书馆的创建、发展的影响等视角，介绍了自1919年建馆到2014年厦门市图书馆的藏书建设及业务发展历程。

2014年3月，厦门市图书馆成立编委会，从各部门选派业务骨干参与本书的编写，并根据其熟悉的业务工作进行分工，其中林少杰撰写第一章和第二章第五节，李颖撰写第二章第一节、第四节，薛寒秋撰写第二章第二节、第三章第一节，苏华撰写第二章第三节，陈红秋撰写第三章第二节。蓝玫珲、陈晓秦参与了编撰前期相关专题资料的收集和整理工作。经过半年多的通力合作，初稿于2014年9月17日完成。根据本套丛书特邀审稿专家上海图书馆研究馆员王宗义老师提出的修改意见，由付虹组织删减、补充、调整并完成最后的统稿，2015年3月由林丽萍馆长终审定稿交付天津大学出版社出版。

本书力求突出厦门侨乡文化背景下的城市图书馆发展轨迹，并以厦门市图书馆馆史为脉络，在展示传统藏书文化和当今阅读文化的同时，也从一个侧面反映了厦门公共文化服务体系建设成果和城市图书馆的新形象。

为紧扣“21世纪中国城市图书馆丛书”这一主题，增加可读性和一些史料的完整性，本书编撰人员付出了极大努力，组织了多次讨论会，就文字上避免平铺直叙，结构上以近一二十年图书馆活动的记述为重心，突出图书馆服务及文献特色与城市文化的结合等问题达成共识。书中的相关内容我们还呈请厦门文史专家、厦门方志办原副主任洪卜仁老师，华侨华人史研究专家、厦门大学南洋研究院教授李国梁，厦门华侨博物院原展览部主任颜如璇老师审阅。在本书的编撰过程中，南开大学教授徐建华老师及天津大学出版社的领导、编辑给予了多方面的指导，在此特表敬谢。

本书编撰工作业已告竣，但由于才识较为有限，且编撰时间颇为紧促，书中难免会有疏漏、舛误之处，请读者批评指正。

编　者

2015年3月10日

01

Chapter 1

Xiamen and Its Libraries

Xiamen, located at the junction of the land and the sea, has witnessed the rise and decline of the port and carried the ups and downs of culture and civilization. The city has a combination of pioneering spirit from marine culture and traditional culture from continental civilization. A variety of foreign cultures were implanted in the city in modern times, and the tide of the Reform and Opening-up in the 1980s shaped an open and romantic character of the city. Xiamen Municipal Library, rooted in the land, has recorded the peace of the city and experienced the war. As time goes by, countless people have devoted themselves to making the library a better one, building a solid cultural foundation for the city. In a new era of the Reform and Opening-up, Xiamen has undergone enormous changes. The rise of the Cultural and Art Center promotes the development of Xiamen cultural undertakings largely, and the open and service-oriented city library plays an increasingly significant role in multicultural prosperity of Xiamen City.

Section 1

A City with Coast Defense

Zhongzuosuo Site, the ancient city in Xiamen, is located at the eastern side of No. 43 Xinhua Road, Siming District, Xiamen. In the past 600 years, the ancient city has experienced a lot and it remains with only 120 meters of broken walls, which connect the end of the ancient city and the start of the new one.

In the Song dynasty, troops were stationed in Xiamen (it was called Jiahe Island in ancient times); in the Yuan dynasty, the Jiahe Battalion (Qianhusuo) was set up; in the Ming dynasty, Zhongzuo Defence Battalion was set up and Xiamen City was officially built.

During the late Yuan and early Ming dynasties, a bunch of Japanese warriors, who had been defeated in Japanese domestic war, fled to the sea and formed a pirate army. The army was also called Japanese pirate (Wokou). The pirates invaded and harassed the surrounding areas and Xiamen, the important port at the southeast coastline of China, became the victim.

Zhu Yuanzhang, the first emperor of the Ming dynasty, had an ambition to protect his people from Japanese pirates. As a result, he sent General Zhou Dexing to build a military coastal defense project in Xiamen.

Zhou Dexing, a famous general in the early Ming dynasty, was from Fengyang, Anhui, where the Emperor Zhu Yuanzhang was born. In 1370, Zhou Dexing became the Marquis of Jiangxia. In March 1387, he was sent to Xiamen to build city walls against Japanese pirates. In the same year, Zhongzuo Defense Battalion, which was also called Zhongzuosuo City or Xiamen City, was set up with 1, 204 soldiers and 20 warships. The coastal defense project in Xiamen was finished after seven years.

The city wall of Xiamen was 1, 360 meters long and 6 meters high, which had 22 holes and 4 doors (the eastern door "Qiming", the western door "Huaiyin", the southern door "Qiade" and the northern door "Huangshu"). The doors were strengthened by iron plates and the gate towers were protected by soldiers. However, its builder Zhou Dexing didn't have the chance to witness the completion of Xiamen City. He was killed by the emperor Zhu Yuanzhang because of the crime Zhou's son had committed. The city wall built by Zhou stood at the southeast coast for more than six hundred years and played a significant role in defending the attack from Japanese pirates.

The Netherlands and the United Kindom replaced Spain and Portugal and became the new generation of maritime supremacy in the 17th century. In 1624, Taiwan became a colony of the Netherlands, and the Dutch army (Chinese called it "Hongyi") became a new enemy for Xiamen.

In the middle and late Ming dynasty, the rulers imposed a ban on maritime trade with foreign countries. Such severe policies like "even a piece of wood is not allowed into the sea" expressed the rulers' strong objection to the sea. At the end of the Ming dynasty, the ban was not carried out strictly. The smuggling of goods in the coastal cities gradually rose. The maritime trade army led by Zheng Zhilong, began to control the maritime trade within Fujian and Guangdong, and they even developed a formidable private army. Zheng Zhilong played an essential role in the anti-Holland battle and Xiamen became the military base to beat back the Dutch invaders.

After the fall of the Ming dynasty, the Qing army went into Fujian and Zheng Zhilong surrendered to the Qing rulers. Zheng Chenggong, Zheng Zhilong's son, refused to obey the rule from the Manchu people, favored the Southern Ming regime (the Southern Ming was established by the descendents of the emperor of the Ming dynasty after the fall of Ming dynasty), and his army became one of the main forces to fight against the Manchu people.

After capturing Xiamen City, Zheng Chenggong took a series of measures to develop economy and military forces such as training the army, reorganizing the warships and making weapons. The amount of troops once reached 200, 000 and the number of ships reached more than 2, 300 in Xiamen. Based in Xiamen, Zheng Chenggong built vessels and developed foreign trade with Japan, Luzon and Southeast Asia. Zheng Chenggong established political organization according to the model of the Ming dynasty and Xiamen was renamed Siming State (Siming means missing the Ming dynasty in Chinese) to express his loyalty to the Ming royal family.

After the failure in the Northern Expedition, Zheng Chenggong changed his idea and determined to take Jinmen, Xiamen and Taiwan. To reach the end, he first decided to regain Taiwan occupied by the Netherlands. In 1661, he set sail from Jinmen to Taiwan. On April 30th, he reached Luer Gate and landed at Heliao Port. After a cruel battle, Taiwan was finally regained in 1662. However, a year later, Zheng Chenggong passed away due to illness at the age of 39. Zheng's descendents were weak and his troops were not united. In 1680, the Qing army captured Xiamen. In 1683, Taiwan surrendered, and the Qing government unified the southeast territory.

In 1685, the navy admiral of Fujian Shi Lang rebuilt Xiamen City and established Fujian Department of Navy Admiral. In the same year, the general Wu Ying built Yuping School in the northeast of Xiamen, which was the earliest, largest and the most influential school in Xiamen. In 1751, the navy admiral Ni Hongfan and the officer of Xingquanyong Bai Ying expanded the school. In 1788, Hu Shiquan, the new officer of Xingquanyong, purchased thousands of Confucian classics, historical records, philosophical writings and miscellaneous works and "Nine Books" (Jiutong) and put them in the school for students.

After the Netherlands, as the new maritime overlord, the British fleets came to China and forced China to "free trade". At that time, the Qing government continued to implement the

ban on maritime trade of the Ming dynasty and rejected the rude requirements of Britain. In 1840, the British launched the First Opium War. Xiamen became one of the main fields of battle but it was captured because of the scattering defending troops and the backward weapons. Eventually, the Qing government was forced to sign the *Sino-British Treaty of Nanking* (or *Treaty of Nanjing*), and five cities including Xiamen, Shanghai, Guangzhou, Ningbo and Fuzhou became commercial ports. After resisting Japanese pirates, Dutch fleets, Qing army and British fleets, Xiamen, bearing the scars of war, entered the 20th century.

In the early 20th century, the population explosion in Xiamen led to the shortage of land resource. Residents expanded their houses by occupying roads randomly, and caused many urban problems. In the spring of 1920, the local people established Xiamen Municipal Agency with Lin Erjia as the president and 20 celebrities such as Hong Xiaochun, Zhou Dianxun and Li Xi from business and educational circles served as the board of directors. They proposed to build roads to solve the traffic problem and other urban problems.

In 1925, Xiamen started a massive demolition campaign, and the wasted rock and soil were used to fill the beach within the Wengcai River and the Xiahe Road. After five years of effort, the city wall was demolished and the area outside the wall was connected with the inside city. Zhongzuosuo City, with an almost 600-year history, finished its mission and a modern city was born.

Section 2

The Opening Ports and Overseas Chinese Culture

Xiamen consists of Xiamen Island, a part of coastal areas and dozens of surrounding islands. The north and northeast parts of Xiamen are rolling hills and mountains; the west is close to the estuary of Jiulong River; the east is connected to the Pacific Ocean via the Taiwan Strait. The natural intimacy with the sea in the geographic position makes the development of maritime culture possible.

The ancestors in Xiamen were ancient Minyue people, who were born with the maritime culture and the courage to take adventures and pioneer. The ancient Minyue people made a living on the sea and they had unparalleled boat skills. In Chinese history, many famous voyage activities were related to Xiamen. According to the records, in the Yongle period of the Ming dynasty, Zheng He's fleets mostly went to the south via Xiamen port. Xiamen, or Zhongzuo-suo, appeared in ancient Chinese maps for many times. In ancient time, monsoon was the main power for navigation and Xiamen was an important port for navigators to wait for the monsoon and avoid storms.

In the late Ming dynasty, Xiamen became one of the ports for Chinese business ships and Chinese people to go to foreign countries. A lot of silk, porcelain and tea were shipped in Xiamen and many voyages started from Xiamen. The rich rewards from maritime trade encouraged the courageous to set sail and start their journals of maritime trade.

Xiamen is located in the south of Fujian. Southern Fujian dialect gradually evolved into one of China's eight major dialects. In 1977, as a particularly ancient language in the world, Southern Fujian dialect was engraved in the copper discs and sent to the outer space by the US spacecraft "Traveler" and became one kind of cultural form from the earth.

Xiamen, which consists of the maritime culture and the culture of Southern Fujian, shows its duality. For example, there are two thoughts including respecting Confucianism and rejecting Confucianism in Xiamen. Xiamen was once considered as uncivilized region but it was also the origin of Neo-Confucianism of Zhu Xi in the Southern Song dynasty.

On the one hand, the farming culture is the basic feature of traditional Chinese culture and the relation between people and land is close. People rely on the land to survive and to establish the social order. Subinfeudation, as one of the most important means of ruling, was based on the allocation of land and control, and therefore it developed a value that people loved their own land and hometown. On the other hand, the maritime life of people in Xiamen weakened the tie between people and land. The culture of land cultivated the thought of keeping waiting and guarding while the maritime culture promoted the enterprising spirit. The traditional culture of being attached to people's native land conflicted with the maritime culture of doing business, and many Chinese who had done business abroad chose to return to their hometown and made contribution to their native land. Therefore, the two factors explain the internal logic of the Southern Fujian culture.

After 1840, the invasion of the Western culture provided more elements for the development of Xiamen culture. The mix of multiple cultures promotes Xiamen to develop inclusive and open culture with its distinctive local features.

The Formation and Evolution of Port Culture

Since the beginning of the Tang and Song dynasties, Xiamen has become the important port for fisherboats and merchant ships. The port culture was born with free and open characteristics, and maritime trade could not be banned even in the middle of the Ming dynasty. At that time, Chinese businessmen built giant ships and traded with other countries secretly, and Portuguese also secretly went to Wu Island in the southwest of Xiamen, by ships to make pepper and raw silk trade.

In 1567, the Japanese pirates disappeared and the Emperor Longqing of the Ming dynasty, announced that some ports were not banned. The business ships from the Moon port of Zhangzhou must be checked in Xiamen, and then ships could move to Zengjia'ao (now it is called Zengcuo'an) to wait for the wind to set off. In the late Ming dynasty, Xiamen replaced the Moon port and became the shipping trade center. The business, shipbuilding and handicraft industry were booming in Xiamen at that time.

Among the goods which were exported from Xiamen, tea and porcelain were very popular in foreign markets in addition to silk, cloth and stone.

Anxi County, Fujian, is abundant with tea. After the Ming government stopped the ban on maritime trade, the Dutch firstly brought tea from Xiamen to sell in Europe. Xiamen was the first port to export tea in China. The porcelain exported from Xiamen was mostly from Dehua, Pinghe and Tong'an in the middle and southern parts of Fujian. In the eyes of the Western people, the high-quality and inexpensive porcelain dishes and bottles showed the mysterious characteristics of the Oriental civilization and made them curious about China.

During the reign of Chongzhen in the Ming dynasty, Xiamen was a thriving port town. The streets intersected each other, shops were everywhere, and lights were shining in the night, and therefore, "fishing boats and lights in Yundang" became famous.

In the late Ming and early Qing dynasties, Xiamen was ruled by Zheng Chenggong, when the maritime trade covered the coastal areas of East Asia and the Pacific. Dozens of merchant ships went through the international waterways which were connected to Xiamen, and the huge profits gained from the overseas trade supported Zheng Chenggong to combat with the Qing government and ensured the prosperity of Xiamen port.

In 1683, the Qing government unified Taiwan and established the Taixia Military Defence Circuit to manage affairs in Fujian and Taiwan. In the next year, customs was set up in Xiamen and officials of the Ministry of Revenue were sent to stay in Xiamen to deal with taxes. Xiamen officially became a foreign trade port and the exclusive port for Taiwan shipping, and its status as the foreign trade port was solid.

From 1736 to 1796, Xiamen port entered its golden age. The maritime trade among over 30 countries and areas was transited in Xiamen port. Xiamen port became the port where the imported Thailand rice trade was the largest. The taxes in Xiamen customs accounted for more than half of the tax income of the whole province.

After the First Opium War of 1840, Xiamen became one of the treaty ports. In November 1843, Xiamen port was officially opened, and it was gradually used to dump the foreign goods and opium. The situation therefore changed from the excess of export over import to the excess of import over export. The businessmen from the UK, Germany and the United States set up firms, selling everything "from sugar to tea" in Xiamen, and they encroached on all walks of life.

Before the First Sino-Japanese War, there were 12 consulates in Gulangyu (or Kulangsu). Foreign businessmen dominated the commerce, transport and financial industry of Xiamen, and when administrative power of the customs was also controlled by other countries, Xiamen became a semi-colony. In 1903, Gulangyu was designated a "public concession" and it was not ruled by the Chinese government. Xiamen then accepted the European and American culture passively, and many foreigners went to Xiamen to establish churches, hospitals and schools. Their lifestyles made an unconsciously great impact on the traditional social value of the locals.

During this period, the social and cultural activities in Xiamen were flourishing, especially for the newspaper industry. Many newspapers established by foreigners in Hongkong, Guangzhou and Shanghai were available for Xiamen citizens, and they therefore were able to know the foreign trends and things early.

The newspaper published in Xiamen originated from Western missionaries. In 1872, they published the first newspaper in Xiamen, *Xiamen Shipping Report*, which was renamed *Xiamen Bulletin and Shipping Report* in 1878. Later they established *The Amoy Gazette*. After the 1911 Revolution, Xiamen's newspapers entered a new era. From 1911 to 1920, *Shengying Daily*, *Southern Fujian Newspaper*, *Minzhong Daily*, *Jiangsheng Daily*, *Xiamen Daily*, *Siming Daily* and *Hong Kong Economic Journal* were born.

Then, many public places for citizens to read newspapers— Newspaper Reading Houses appeared in Xiamen. It is recorded that Bowen Academy was the first place for public reading in Xiamen. In 1893, a man who had a Chinese name Jia Yage in Xiamen customs collected over 1, 000 yuan from the donation of the government and local merchant residents. He purchased a two-storey house in the south of the Wanggao Stone (on today's Shuixian Road) and set up reading rooms and the stacks for people to read. In 1899, Kulangsu Newspaper Reading House was set up in Hezaiqian Street (today's Quanzhou Road), Gulangyu. Southern Fujian Newspaper Reading House was set up in 1900. In 1931, there were 14 newspaper reading houses in Xiamen. Though these newspaper reading houses had a short history and not many books, they had the nature and function of the public library and laid the foundation for librarianship. Some of these houses evolved into the later public libraries, for example, Kulangsu Zhongshan Library established in 1924 was a newspaper reading house.

Taiwan Compatriots and Overseas Chinese in Xiamen

Shuzhuang Garden in Gulangyu, Xiamen, was originally a private garden. The building style was exquisite and unique, and each scene in the garden was full of meanings.

In 1895, because of the defeat in the First Sino-Japanese War, the Qing government was forced to sign the *Treaty of Shimonoseki* and ceded Taiwan. Li Hongzhang, the representative of the Qing government, signed the treaty and felt disgraceful and he swore not to enter Japan anymore. The shame in Taiwan was strong and some people in Taiwan who did not want to be ruled by Japan moved to Gulangyu of Xiamen. The richest man in Taiwan, Lin Weiyuan and his 21-year-old son, Lin Erjia, natives of Jishangshe (today's Longhai City), Baishipu, Longxi County, Fujian Province, were among them.

Lin Erjia, whose courtesy name (zi) was Shuzhuang, moved to Gulangyu with his family and could not stop missing his hometown. Therefore, he built Shuzhuang Garden in 1913 with Banqiao Garden in Taiwan as its model to express his homesickness.

In the late Qing dynasty, Lin Erjia served as the top advisor of the Branch of Agriculture, Industry and Commerce, the official of the Currency Office in the Department of Treasury, the director of the Xiamen Business-Protecting Bureau and Business Council. In the early years of the Republic of China, he became an alternate member of the Senate of Nanjing Provisional Government, the president of Fujian Administration Discussion, the Chinese director of the Industry Ministry of Kulangsu Public Concession and the president of Xiamen Municipal Council.

Lin Erjia, concerned about national rejuvenation, proposed to reform the economy and develop the industry and commerce. He suggested the government to revive the business, develop the industry, exploit mines, coin silver, construct railways, manage the tax income and cut down redundant personnel to ensure the national fiscal balance. In the term of his office, he abolished the out-dated rules and led to formulate *Rules of Land's Purchase and Sale* and *Rules of Trade between China and Foreign Countries*, promoting the foreign trade in Xiamen. He invested in building Zhangzhou-Xiamen railway and establishing companies of electric lights and telephone companies, leading the trend of developing national industry and commerce. The development of modernization started in the 1920s in Xiamen. Lin Erjia, as the president of the Municipal Council, overcame difficulties and made unimaginable efforts to develop municipal construction. He valued education and advocated building schools. He donated to build Xiamen Normal School, Xiamen Overseas Chinese Girls' School and Tongwen School, cultivating a group of talents and making great contribution to the economy, municipal development and education in Xiamen, which greatly promoted the process of urbanization of Xiamen.

The overseas Chinese also made great contribution to the development of Xiamen. The huge consumption created by the overseas Chinese in Xiamen boosted the domestic demand. Xiamen was one of the main places for accepting the overseas remittances, and the relatively prosperous relatives of overseas Chinese made Xiamen become a typical consumption-driven commercial city during the period of the Republic of China. A number of far-sighted overseas Chinese spotted the potential opportunities of Xiamen to develop business because of its unique geographical position and were actively involved in economical activities of Xiamen, promoting Xiamen's economy, especially the real estate and the financial industry, and the promoting effects reached peak from 1927 to 1937.

In modern China, the investment of overseas Chinese in Xiamen took up one-eighth of the total investment of overseas Chinese. The investment contributed a lot in the development of Xiamen, including the demolition of the old city walls, the construction of roads and new urban areas and school affairs.

In 1875, Qiu Zhongpo established a shipping company in Xiamen, which was the prelude to the investment of overseas Chinese in economic development of Xiamen. After the outbreak of the First Sino-Japanese War, the overseas Chinese adhered to the ideal of "saving the nation by developing industry" and returned to invest in Chinese industry. In 1905, Chen Baochen raised 1.7 million silver dollars to set up Business Fujian Railway Company and built Zhangzhou-Xiamen railway, which was the first railway in Fujian. Meanwhile, the overseas Chinese started to invest in local light industry. In 1913, Chen Jiageng and Yang Gefei co-invested to build Xiamen Datong Soy Sauce Factory at the foot of Hutou Mountain.

The investment from overseas Chinese promoted the development of national capitalist enterprises in Xiamen and improved public facilities and living environment of the residents in Xiamen. Xiamen is an island and the sea water can not be directly used, and therefore it was a serious problem for citizens to use water. People could get limited water from springs and wells, and the ships provided people with water of Jiulong River from Shima, Zhangzhou. The quality of drinking water was low and it bred many diseases like plagues, cholera, malaria and enteritis in every turn of spring and summer, which threatened the public health. In 1921, the overseas Chinese Huang Yizhu founded a running water company, improving the quality of drinking water. Huang Yizhu was from Nan'an, Fujian and earned a living in Indonesia when he was young. He ran the sugar industry and was one of the Four Great Sugar Merchants in Indonesia. He donated to Xiamen University, Peking University, Lingnan University, Fudan University and Gulangyu Zhongshan Library.

The socio-economic development and the progress of public services in Xiamen could be attributed to the contribution of the overseas Chinese in a large part. The overseas Chinese played an important role in the development of industry, transportation, commerce, finance, services, real estate, public culture and education. Meanwhile, the overseas Chinese also influenced all spheres of city life with their considerable cultural cultivation and promoted the cultural development of Xiamen.

Lin Erjia was interested in singing and chanting. After building Shuzhuang Garden, he founded Shuzhuang Singing Club and paid all of its fees. The club often invited scholars and celebrities to sing and chant in weddings, or on birthdays, Chinese Valentine's Day, Mid-Autumn Festival, Double Ninth Festival and Lantern Festival. The number of members once reached more than 300 and these activities lasted for several decades, which can be described as a major event in Xiamen literary field in the first half of the 20th century.

Among the members of the club, a thin man with gown, bowl cap and a strong flavor of the Confucian scholars was Zhou Dianxun, the first chief librarian of Xiamen Municipal Library.

Section 3

The Anecdotes of Libraries

In the cultural history of Xiamen, some celebrities like Zhou Dianxun made a significant contribution to the establishment and development of libraries. The overseas Chinese like Chen Jiageng (Tan Kah Kee) and Yang Yiyao also donated a lot of money to build libraries. The cultural preservation is and will always be the pride and glory of Xiamen.

Zhou Dianxun, Yu Chao, Li Xi and Xiamen Municipal Library

Yuping Academy was the first school of Xiamen. In 1885, Zhou Dianxun was elected Director of Yuping Academy at the age of only 18. After the abolition of the imperial examinations in the late Qing dynasty, Xiamen had no school of current affairs. Zhou Dianxun proposed to set up a new school by using the funds and the location of Yuping Academy and he got the support from Yuping Board.

Wang Aitang, an overseas Chinese, donated tens of thousands of yuan to build a school next to the Yuping Academy. The newly-built school was Xiamen Middle School (Yuping Middle School, today's Xiamen No. 1 High School of Fujian). Liu Qingfen hired Zhou Dianxiu (Zhou Dianxun's elder brother) as a supervisor and Zhou Dianxun as the proctor and teacher, who dealt with school affairs. On April 4th, 1906, Xiamen Middle School opened and it was the beginning of the middle school education in Xiamen.

Zhou Dianxun was strict in the virtue of students and he believed that "People with considerable culture cultivation but bad nature are useless". For students who made mistakes, Zhou Dianxun did not take physical punishment but led them to do introspection to know that they were wrong. Zhou Dianxun valued training teachers, and the fund of Yuping Academy was used to support young teachers to study in Fuzhou Normal School for meeting the need of developing primary and middle school education.

Apart from education, Zhou Dianxun also thought about establishing the library to enlighten people. He mentioned that to Chen Peikun (the leading official of Xiamen) and Chen agreed with him. Chen decided to use the fund of Yuping Academy to build Municipal Xiamen Municipal Library in Yuping Villa, No. 21 of the Wenyuanjing Lane and hired Zhou Dianxun as the first chief librarian of the library.

Zhou Dianxun led the development of the library including the building, collection, fund raising and staff management. The library received about 10, 000 old books from Yuping Academy and more than 6, 000 books from Bowen Academy and bought more than 3, 000 new books and dozens of newspapers and magazines. Xiamen Municipal Library officially opened on September 20th, 1920.

In the same year, Li Dazhao, a professor of Peking University, set up a library science class. Zhou Dianxun recommended his student Yu Chao to Beijing to study and then hired Yu to assist him in managing the library.

With the increasing number of readers, the original building was gradually overwhelmed. In 1924, Zhou Dianxun went to Shanghai to raise money to expand the library. The first floor was used for storing books with numbers as the order. The second floor was the reading room for holding more than a hundred people.

Zhou Dianxun built the library collection by ordering and buying books from The Commercial Press, and Zhonghua Book Company. Zhou Dianxun served as the chief librarian without any salary for 10 years. On August 6th, 1930, he died of illness and his student Yu Chao succeeded him as the chief librarian.

Yu Chao, whose literary name (hao) was Shaowen, was from Xiamen. In 1915, he graduated from Fujian Normal School and returned to Xiamen to found Liye Girls' School. In 1917, he served as the math teacher of Provincial No. 13 Middle School. He was the right-hand man of Zhou Dianxun and inherited Zhou's ideal of developing and managing library.

Yu Chao attached great importance to the library community and professional studies. He participated in the annual meetings of Chinese Library Association for several times.

In January 1929, Yu Chao joined in the first annual meeting of Chinese Library Association in Nanjing, in which about 300 people made a discussion on new technologies, future plans of libraries. Yu Chao also visited Shandong Library, Shanghai Library and Hangzhou Library to learn advanced experience. In 1930, the library became a public library and Yu Chao still served as the director and he started to establish a magazine which recorded library, published information about the discussion papers and libraries at home and abroad, and it was *The Voice of Xiamen Municipal Library.* In 1932, the monthly magazine *The Voice of Xiamen Municipal Library* was published and it set up many columns including works, library news, Chinese and foreign library news, the monthly business survey and donation acknowledgment, which recorded the history of Xiamen Municipal Library. There were Yu Chao's essays in almost every issue, and his topics were inclusive from theories to practices, and from library classification to Fujian local literature. The magazine promoted library research and cultivated an atmosphere of scholarly research.

In August 1933, Yu Chao attended the second annual meeting of the Chinese Library Association and proposed 6 plans including that 30% of local education funds should be used as library funds; the library should set up children's reading rooms; the standard book classification should be formed; the library should value collecting local records; schools of library science should be established to cultivate professionals. His six proposals were accepted by the meeting. In July 1936, Yu Chao attended the third annual meeting of the Chinese Library Association in Qingdao, visited Jinan, Shanghai and other major cities, and wrote tour reports which were published in *The Voice of Xiamen Municipal Library*.

Yu Chao absorbed Western library classification of knowledge and wrote the *Classification of Books*, which divided books into 10 kinds. He promoted the idea of modern library and the open service of books.

During the Anti-Japanese War, Yu Chao was included in the list for arrest by Japanese troops, so he fled to Hongkong alone. Before his departure, he did not take much luggage, and he only took two rare books from the library collection. Later, a fire destroyed the building and the collection of the library and the two books got rid of the fire. The Japanese troops occupied Hongkong in late 1941 and seduced him to serve as the chief librarian but Yu rejected. Yu Chao returned to Xiamen until the war was over and returned the two rare books.

On October 17th, 1949, Xiamen was liberated. Yu Chao built the newspaper-reading house to continue to serve the people. He designed the mobile book car — a rectangular wooden box with four wheels. There were some books in the box, with three pieces of rectangular thin plates on boxes and four slats on each thin plate. He pushed the mobile book car to public places such as parks and piers, providing the convenience of reading for the public, which created the mobile book car in Xiamen. On October 17th, 1952, the third anniversary of the liberation of Xiamen, Yu Chao pushed the mobile book car to Zhongshan Park. The weather changed suddenly and the wind blew off the books. He quickly picked books up and was tripped incautiously by stone chair. He was sent to the Sino-Soviet Friendship Hospital in Beijing but he was blind because of the delay, which was a pity.

Zhou's another student was Li Xi, who was the third chief librarian of Xiamen Municipal

Library.

Li Xi was born in 1883. He graduated from Fujian Normal School in 1908 and taught in Honglu Primary School. He loved poetry and he used poems and essays as weapons to promote the idea of fighting against Japanese aggression.

Li Xi attached great importance to the study of local culture. He edited the earliest textbook—*Siming County Textbook* and the content of the book involved geography, history, custom and business, and the book was used by the 3rd and 4th grade students.

In May 1938, Xiamen was occupied by Japanese troops and Li Xi lived in Hongkong. He returned because of his mother's illness and he set up a Chinese continuation class to make a living in Gulangyu.

In October 1945, Li Xi was appointed as the third chief librarian of Xiamen Municipal Library. He also served as the deputy director of the Xiamen Literature Committee. He planed to open the library and compile *Xiamen Records*.

Li Xi served as the chief librarian of Xiamen Municipal Library until his retirement in 1961.

Li Hanqing and Gulangyu Zhongshan Library

Gulangyu Zhongshan Library's first chief librarian Li Hanqing was born in 1897 and his family was relatively wealthy.

Li Hanqing survived in the plague when he was eight years old.

In the fall of 1915, Li Hanqing went to Fuzhou to study in a college and joined the Chinese Revolutionary Party to fight against Yuan Shikai. He graduated in 1919 and returned to hometown to build schools at his own expense. He was kidnapped twice within just two years, which made him dispirited and he decided to go to Xiamen.

Li Hanqing wrote good articles, and served as the editors of *Shanghai Shenbao*, *The News*, *Minzhong Daily* and *Jiangsheng Daily*. In 1924, 27-year-old Li Hanqing set up the newspaper-reading house in Gulangyu, which was supported by Xu Zhuoran et al. The newspaper-reading house was called the Private Gulangyu Library later and Li Hanqing served as the chief librarian.

There was no house for in Gulangyu Library and Li Hanqing felt worried about it. In 1926, Zhang Yi, the first division commander of the Beiyang Army stationed in Zhangzhou was defeated and captured, and his 3-storey house at No. 41 of Huangyan Road was confiscated by the government. Li Hanqing recommended the municipal Committee of the Kuomintang and the naval authorities to use the building as the library and his proposal was approved. To commemorate the founder of Republic of China, Sun Zhongshan, the library changed its name to "Zhongshan Library".

Li Hanqing started to build the Library Board of Trustees. In his own list, Navy Commander Yang Shuzhuang and Zhangzhou-Xiamen Garrison Commander Lin Guogeng served as Honorary Chairman; Liu Guangqian from Ministry of Foreign Affairs served as the Chairman; banker Huang Yizhu served as the Vice Chairman, and Li Hanqing served as the Managing Director.

In March 1928, the establishment of Zhongshan Library officially began. Vice Chairman Huang Yizhu donated a lot of money as the funds of library to buy all the books published by The Commercial Press. On May 5th, Zhongshan Library officially opened to the public, when the collection reached more than 30, 000 volumes of books.

The bookshelves in Zhongshan Library were made of costly woods.

Zhongshan Library gained the support from the agencies and community leaders at home and abroad. Gulangyu Council allocated funds to buy books and people from all fields donated books.

In 1930, the factional fighting happened within the Kuomintang and Gao Feng attempted to receive the library. Li Hanqing held the board meeting and wrote letter to the Central Committee of the Kuomintang and the Ministry of Education, and the library was able to continue to be operated by the board. For full funding, he held the second board meeting, and Huang Yizhu served as the Chairman, Zhou Bianming served as the Vice Chairman and Li Hanqing was responsible for the work of the library. The collection of the library reached more than 50, 000 books.

In 1938 when Xiamen was occupied by the Japanese, many of the refugees went to Gulangyu and they could search for the international news and the domestic news in Zhongshan Library, which gave them a little comfort. In 1941 when the Japanese occupied Gulangyu Island, Zhongshan Library was forcibly taken over by Japanese institutions, and the name was changed into "Xiamen Municipal Gulangyu Library". A large number of precious books were lost.

In 1945 when the war ended, Zhongshan Library was taken over by Xiamen City Bureau of Education and was renamed "The Municipal Second Library". Li Hanqing came back to Xiamen, changed the library from public to private, and named the library Private Zhongshan Library.

In March 1963, the location of Zhongshan Library moved into No. 4 of Zhonghua Road. The library was closed during the "Cultural Revolution". It opened after October 1st in 1973.

On November 4th, 1994, the old building of Zhongshan Library was torn down and the government allocated funds to build the new building in the site with an area of 1, 600 square meters.

The Overseas Chinese Leader Tan Kah Kee and Jimei Library

In 1918, Jimei School Library was born. It was the earliest library in Xiamen, founded by 45-year-old Chen Jiageng, who was a famous overseas Chinese.

Chen Jiageng (1874-1961), a patriotic overseas Chinese leader, entrepreneur, educator, philanthropist and social activist. At the age of 17, he went to Singapore as the assistant of his father. During the First World War, Tan's shipping industry and rubber industry were booming and he became the Southeast Asia's greatest rubber businessman.

"Education is the foundation of the country and building shool is the national duty." The number of schools built and donated by Tan reached more than 100 and they cost Tan about 100 million dollars. The teachers and students of Jimei University and Xiamen University called Tan as the "Xiaozhu" (the owner of universities).

In addition to building schools, Tan also regarded building libraries as an important way of promoting national education. He invested to build Bowen Building in Jimei School Library, covering an area of 2,000 square meters, costing 45,000 yuan. Just like other buildings in Jimei School, Bowen Building had both traditional Chinese style and Western style. It was the first building with Chinese-style roof in Jimei School.

The books were moved into Bowen Building and Tan Kah Kee guaranteed the funding of buying books. Because of his support, the collection of the library increased.

After the outbreak of the Anti-Japanese War, the school moved from Jimei to Anxi County. Many of the newspapers were still in Bowen Building. In April 1939, the collection of the building was destroyed by the bomb. In the fall of 1939, the library transferred the important books again.

During the period of Anti-Japanese War, Zheng Zhenduo, a writer, wrote *History of Chinese Popular Literature* based on the collection of Jimei Library. This book represented the highest level of domestic research in this area at that time. During the war time, Jimei Library was still blooming with the light of civilization.

After the war, the library moved back to Jimei. In 1949 when the People's Republic of China was established, Jimei School Library had a collection of 80, 000 volumes.

In 1953, Tan Kah Kee returned to China. He built a 2-storey building for the library.

In 1972, Jimei School Library was taken over by Xiamen Municipal Library and the name was changed to "Jimei Library". It became a branch library of Xiamen Municipal Library. In 1989, the library was back to the Committee of Jimei School.

In the 1990s, the influence of Jimei Library was increasing. Writer Ba Jin donated his 55 books to Jimei Library. Writer Bing Xin wrote the title for *Library Information* which was created by Jimei Library.

Yang Yiyao's Love for Libraries

Xiamen Municipal Library, founded in 1919, was destroyed by fire during the war. The lack of building became a problem. After 1949, the patriotic businessman Zheng Zhongyi gave the library a 3-storey building on Siming North Road. During the "Cultural Revolution", the library was moved to Zhongshan Road. As the books gradually increased and the old house had cracked, the valuable collection was in danger of destruction. A reader of Xiamen Municipal Library finally solved the problem of the library building.

Yang Yiyao was a clerk when he was young. In those years, the happiest thing for Yang Yiyao was reading books in the library.

On the eve of the war, Yang Yiyao began to do business in the Philippines. He said: "The library has a great influence on the cultural life of the community, and many people have benefited from the library. I would not make much money without the knowledge I learned from the books of the library. At that time, I often went to the library to read books and newspapers. I went to the South Putuo Temple and made a wish that if I could make money, I would build a library. Now I have money, and I keep my promise. Many people return to hometown to attend celebration activities of their old schools, and the library is my old school. I want to give back to the library."

After various financing and preparation, on the last day of November 1987, the library site donated by Yang Yiyao was approved and the original government building became the permanent location of the library.

Yang Yiyao's preliminary vision of the library was as follows: 6-storey construction and large space for each floor; the load capacity of each floor could reach 500 kg/m^2; mosaic facade; aluminum doors and windows; floors with terrazzo; with a lift in the building; costing 500 yuan per square meter.

On March 17th, 1989, he further added: 5-floor, 1 lift, and the load capacity of each floor should reach 700 kg/m^2; the window outwards with a awning and reservation for air conditioning; toilets should not be built on the 4th or 5th floor; the toilets on the 1st floor opened to readers; with stairs at the main door and slopes at the back door.

On January 30th, 1990, the construction of the library was started. Yang appeared on the construction site and expressed his willingness to increase funding. The door pillar was changed to stainless steel decoration and the roof of the 1st and 2nd floors was changed to the suspended ceiling, making the building more attractive.

In early 1991, the interior decoration began. In May, the decoration of the building was completed and in August the building with five floors and 4,500 square meters was completed.

On December 17th, on the eve of celebrating the 10th anniversary of Xiamen Special Economic Zone, hundreds of library workers held a ribbon-cutting ceremony in front of the new library. Yang Yiyao held a pair of scissors to cut a red silk. The marble embedded in the walls shined prominently in people's eyes and engraved with "Library building in Xiamen donated by Yang Yiyao of Hongkong in May 1991".

[英文原版精读俱乐部]

02

Chapter 2

Facilitative and Inclusive Library Services

At the beginning of the 1990s, Mr. Yang Yiyao solved the problem of housing shortage of Xiamen Municipal Library and laid a good foundation for the business construction and career development of Xiamen Municipal Library. From 1991 to 2006, within a span of fifteen years, Xiamen Municipal Library realized the automation of the library business management and the reader service. The books were open to borrow and read and the service was free. It also added reading rooms for local literature, Hongkong and Taiwan literature, foreign language literature and other special subjects. And it expanded the reader activities including the weekend lectures, cultural and art exhibitions. The improvement of library reading environment, the extension of service content and the improvement of automation made Xiamen people have more passion and expectation for reading and the library.

In 2007, with the opening of the Xiamen new landmark— "Culture and Art Center" (including new Xiamen Municipal Library), the service tenet of "all-round opening, public service and social sharing" was established. First, the library adheres to the full open service for the service object, service space, service layout and documentation resources; second, the library insists on free services from basic services, such as document borrowing, to other deep-seated services, such as the reference services and readers' activities; third, the library adheres to the establishment of grass-roots library so as to make the whole society share public literature resources.

Around the service tenet, Xiamen Municipal Library enhanced its efficiency by leaps and bounds through innovating means of service, deepening the service content, extending the radiating range of services, and striving to build a fully open service-oriented new normal. In 2013, it attracted 4. 14 million person-time readers and lent 3. 52 million copies. This is the first time to break the record of 4 million person-time readers who have paid visits to the library since its construction. In 2014, the number of the readers increased to 4. 21 million, and the literature borrowed totaled 3. 991 million, reaching a new record. These ever-increasing service performance is inextricably linked with the library's unwavering commitment to open service, convenience services, and innovative reading and promotion.

Section 1

Equal Services for Free

On March 16th, 2006, Xiamen's largest ever cultural construction project— Xiamen Culture and Art Center was officially opened. The "predecessor" of this large architectural complex with a quite modern humanistic characteristic is two old factories of Xiamen Engineering Machinery Plant. After more than two years of renovation, the total area reached about 140, 000 square meters and Xiamen Culture and Art Center with a total investment of 550 million yuan became the largest public cultural facilities in Fujian: 26, 000 square meters' library, 25, 000 square meters' Museum, 28, 000 square meters' Museum of Art (including Art Gallery and Culture Center), 21, 000 square meters' Science and Technology Museum, covering more than 500, 000 residents.

The opening of this comprehensive cultural and artistic center, which had attracted much attention from the public, provided good hardware conditions for Xiamen Municipal Library service concept, service layout and service system innovation and development.

Open Services Enter a New Normal State

Xiamen Municipal Library, which was converted from the old factories, has two-storey main buildings and four-storey secondary buildings. Its unique design will always amaze the readers who enter the library for the first time. Parts of the steel components that Xiamen Engineering Machinery Plant has left are still retained in the library, with their past rumbling history writing their new glory.

With the original steel structure and large space, the library changed the traditional pattern with separated service areas. The bright service hall makes the readers relaxed and happy; the main service desk set in the library hall is an important site for reader services which include card issuing and cancelling, books borrowing and returning, services inquiring. After entering into the large viewing space, the readers first see a more than 1, 000 square meters' outdoor atrium garden located in the center of the building. The continuous reading area is like a leisure corridor surrounded by the courtyard garden, and readers can freely come and go, or meditate on the bench alone, or stroll with the fragrance of flower to enjoy the tranquility and comfort of reading. The reading service area around the atrium garden is connected into two layers of large reading space which covers more than 10, 000 square meters, so that readers of the library can get its layout at a glance.

In order to facilitate reading, the reading area adopts a mode of collecting layout which implements a partition criterion based on the subject or theme. The same subject or theme books, newspapers and audio-visual, digital, network and other types of information resources all concentrate in the same area, making it convenient for readers' comprehensive application.

Literatures such as the social sciences, literature and natural sciences are mainly used to lend and read. The common Chinese books, newspapers and periodicals, audio and video materials, and other literatures are collected to meet readers' need of broadening their horizons, learning scientific knowledge and enhancing cultural attainment.

IT experience area is a new library service area, which uses advanced computer equipment, excellent software tools and rich collection of literature resources to provide readers with one practice platform combined with software development and design, multimedia editing production. A variety of modern equipment was specially purchased for the special groups, highlighting the library's service concept of equality. The door-to-door service of sending books greatly facilitated the people with disabilities to use the library. The independent children's reading area in the corner of the hall, with bright color decoration, the layout of cartoon shape and rich books and audio-visual materials, creates a happy reading garden for the children; the 24-hour self-help library, located in the northeast corner of the service hall, uses RFID (radio frequency identification devices) which can achieve book borrowing, book positioning and intelligent anti-theft books management. Readers can rely on the card to enter the reading area to choose and borrow books or to read in the reading area. Opening for 24 hours and 365 days is truly realized.

Reference reading area on the second floor collected all kinds of reference books, reference materials, foreign language materials, local literature, government information and ancient thread-bound books to meet the needs of the readers' querying research information. Among them, the literatures based on the local relationship between Fujian and Taiwan, overseas Chinese and local people have become the characteristic collection of the library.

In the reading area of the classical ancient documents, the advanced modern management and protection equipment makes the history and culture continue in the paper pile. The music library equipped with high-end and professional facility is a platform for music lovers to set up music appreciation, communication and reading. "Hong Buren Studio" and "Chinese Research Studio" have become a landscape of the expert reading area. It opens for free every week to provide special-subject consultancy and to explore academic issues, which promotes the collection, collation, research and inheritance of local literature and Chinese and overseas Chinese literature for the library.

In addition to reading area, all services including the lecture hall, exhibition hall, study lounge are free of charge. Local residents, migrant workers and tourists all can get into the library without providing any documents. All the services, including borrowing, bibliographic retrieval, reference service and reader activities, are provided for free. The fully open venue and "zero threshold" service attract more and more readers to get into the library. In 2014, Xiamen Municipal Library had 11, 534 visitors averagely per day and the highest number of a single day was 18, 107. The library has become a lifelong education knowledge hall and an important cultural and leisure place for Xiamen residents.

While changing the space layout and using a full open service mode, Xiamen Municipal Library also changed the traditional layout of the literature and resource utilization services. One is to take a literature layout that a variety of carrier resources co-exist, for example, social science literature borrowing area brings the books, newspapers, periodicals, audio-visual literature together. The books are not separated according to their different genres. It's convenient for the readers to get the documents with the same subject discretionarily and there is no need to rush to different collection sites. Second, except some rare editions, all the resources with high utilization ratio are open to borrow. The open-shelf books had accounted for 56% of the total collection until 2014. Third, open digital resources fully. The readers of the main hall, branches and district libraries can access to the 56. 23 TB digital resources of Xiamen Municipal Library remotely and freely.

The integrated service model of "collecting, borrowing, reading, retrieving, and counseling" makes the use of library resources more convenient for the readers. Meanwhile, the reading area also has a number of information desks which provide readers with on-site guidance, surrogate searching, retrieval, consulting and other information services; real-time updated newspaper system, high-tech RFID self-help equipment, self-help sterilization and duplication, free scanning services, as well as booking, which improve the reader's reading experience; wireless network coverage services, electronic resource retrieval, mobile library, "online reference" platform, intelligent bookshelf management system and other new media applications, which help the readers get literature information more freely; 24-hour self-help library and small micro-library, which provide the readers with literature lending services around the clock.

As long as the readers hold social security card and pay a certain amount of the library deposit, they can open the library borrowing function. The citizens who have no social security card can have a library card by showing identity cards, military certificates, household registers, passports or other documents. Unlike the library cards of most libraries, the number of the books that can be borrowed matches with the deposit level. As long as the amount does not exceed the deposit, the number of borrowed books is not limited. In order to cater to the different readers' borrowing needs, the library has set up a flexible deposit system of library cards, ranging from 50 to 1, 000 yuan. The readers can choose according to their own needs, and can also increase or decrease the deposit in the future borrowing process. For economically challenged or incapacitated readers, the library also eliminates the process of a security deposit or provides home delivery service.

Xiamen Municipal Library's open, convenient and people-oriented service has been recognized by the majority of readers. People talk about the library and step into it and make the library become a new fashion of Xiamen people's cultural leisure.

Free Services Are Often Upgraded

Xiamen Municipal Library is one of the earliest public libraries to achieve free services. Since the early 1990s, the basic services of the library have become all free. Both local people and migrant workers can enter the library for free reading without any certification. In 2007, the library card fee was canceled, and by 2014, free services had included 30 items, e. g. :

- Bibliographic searching. Provide information retrieval services of literature of the city's public library collection.
- Books reading. The library is open to all groups for 24 hours per day and with "zero threshold".
- Library card issuing. With the Xiamen City social security card or ID card as well as the corresponding library deposit fee, you can activate the function of your library card.
- Books borrowing. With the Xiamen City social security card which has the function as library card has, you can borrow books from Xiamen Municipal Library's Main Hall, network branches, Xiamen municipal and regional public libraries, and 24-hour street libraries.
- 24-hour self-service libraries. With uninterrupted service throughout the year, each library maintains 4, 500 books for readers to borrow at any time.
- Books renewing. Books and periodicals can be renewed for 21 days after expiration of 21 days. Readers can renew their books through Xiamen Municipal Library's Website, telephone, text messages, 24-hour self-help libraries and 24-hour street libraries.
- Self-help borrowing and returning. Readers can use self-help borrowing and returning machine, 24-hour self-help library and 24-hour street library to borrow and return books.
- Self-disinfection of books. Self-help sterilization services for books are provided in the children and adult service areas.
- SMS notification. Short message service notice is provided, such as the notification of

document borrowing expiration and library activities.

- Document self-scanning. Self-help scanning services are available in the collection of literature.
- Digital resource utilization. With the social security card, you can open digital resources account, and use the card number and password to login the unified authentication platform at http://www. xmlib. net, or the "electronic resources" section of mobile library (http://wap. xmlib. net) to obtain the digital resources of Xiamen Municipal Library at anytime and anywhere.
- Reading on line. With the card, you can register in the library to surf online to access to a variety of network information resources.
- Palm library. Through mobile handsets such as mobile phones and tablets, you can retrieve bibliography, borrow books, do book reservation, and get library service and event information. Meanwhile, more than 1.2 million books, more than 80 million journal articles and 300 kinds of mainstream up-to-date newspapers across the country can be read in full text. There are also a variety of audio and video resources.
- Wi-Fi service. You can login through certificate number and password, and use it for free.
- IT experiencing. It provides an platform of interactive high-tech computer knowledge update learning and application experience for IT personnel, etc. , and uses the "Music Appreciation Zone" to organize activities such as music appreciation and computer training on a regular basis.
- Touching-type electronic newspaper. Through the electronic touch screen, you can browse the 100 kinds of domestic newspapers at any time.
- E-book borrowing. The use of two-dimensional code technology provides 11 categories and updates the lending service of 100 kinds of e-books monthly.
- Reference. The professional librarians provide individuals and social organizations with services such as surrogate check, consultation and remote transmission of documents and other services.
- Hong Buren Studio. It is open to the public at 9: 00 a. m. every Monday and Thursday, providing the consultation services on the local culture and history.

- Overseas Chinese Research Office. It is open to the public at 9: 00 a. m. every Wednesday, where some seminars on the topic of overseas Chinese and some relevant salons can be held.
- Expert Research Office. Expert research office, which needs to be reserved and applied in advance, provides room for experts and scholars to do their research and hold some academic activities.
- Ancient Books Reference. It offers the reference service of ancient books, and is equipped with retrieval machines for micro-materials and reference books.
- Study Room. It offers room for readers to study by themselves. The reading room of social science and natural science also offer room for readers to study.
- Special services for the people with disabilities and the elderly alone. For the disabled and the elderly, the library provides them with special equipment, specialized documents and home delivery service. The elderly more than 60 years old can copy literature for free.
- Knowledge lectures. At 9:30 a. m. every Saturday and Sunday on the second floor of the lecture hall, a variety of seminars are held.
- Cultural exhibition. It is held regularly, and you can watch it at any time.
- Weekend movies. At 15:00 p. m. every Saturday and Sunday in the lecture hall on the second floor, the films are shown.
- Children's activities. At 10:00 a. m. every Saturday and Sunday in the children's borrowing area, you can participate for free.
- Readers' salon. The library regularly launches public events, such as "Reader" club, English original club, "Bookworm" youth reading, "Looking for the old Xiamen" reader club, outdoor sports enthusiast club.
- Water supply. Hot and cold drinking water is supplied in the service areas.

Section 2

Convenient Services for the Public

"If I'm not in the library, then I'm on the way to the library." Librarians had realized the problem that many readers took a long time to get to the library, when the library was still located at No. 2 Park South Road. At that time, the library was next to Zhongshan Park in a quiet and tranquil environment. However, a total area of 7, 900 square meters could not meet the needs of citizens. Therefore, extending and providing the service of libraries to more readers became an important task for Xiamen Municipal Library.

Xiamen Municipal Library moved to its new pavilion in the Culture and Art Center in 2007, covering an area of 26, 000 square meters. The awareness of local citizens about the library is enhanced due to the improvement of library service quality. On the occasion of prosperous development of public culture, Xiamen Municipal Library started to explore the service system of local public libraries in Xiamen. The first one is the artery construction to improve the head-branch library system with regional features in the form of head and branch libraries and the regional library alliance consisting of municipal-level and district-level public libraries supported by joint service based on industrial cooperation. The second one is branch construction: vitalizing the grass-root service network to launch and expand service in the form of floating points; realizing the social sharing of public literature and information resources in various forms including 24/7 self-help book borrowing in community libraries. After years of hard working, a public library service network with the unique characteristics of Xiamen around the entire city has been gradually formed up.

Branch Library Construction under Trusteeship System

Gulangyu Island Zhongshan Library was the first branch founded by Xiamen Municipal Library, followed by Xinglin Branch as the second one found in 2005, marking the branch construction stage of Xiamen Municipal Library. By the end of 2014, Xiamen Municipal Library had founded 20 branches in total to expand its service inside and outside the island. Branches under trusteeship system is the mode of branch running with its own characteristics and achievements.

Branch of Trusteeship. The so-called library branch under trusteeship indicates the standardized management mode based on agreement which authorizes Xiamen Municipal Library Municipal to prepare, construct and manage other libraries to provide literature and information service to grass-root citizens.

The so-called "entrust management" indicates that the sponsor of a branch authorizes Xiamen Municipal Library to construct and found its own library along with the operation and management, including library building, equipment and other properties, staff salaries and operation expenditure. The organization of literature resources is uniformly allocated by Xiamen Municipal Library with regular exchange. During the period of entrust management, the ownership of library building, equipment and other properties still belong to the original sponsor, while the management and usage right belong to Xiamen Municipal Library; librarian salary and other operational expenditure are budgeted based on the agreement of trusteeship and paid by sponsor to management unit in a lump sum or installment. Based on such entrust relationship, Xiamen Municipal Library could obtain the expenditure of branch construction to cover the cost of pavilion building, collection, equipment, staff salary and management expenditure. The sponsor has obtained the professional resource guarantee of library construction, and the budget for literature and resource purchasing has been saved substantially to realize the target of greater service benefit based on smaller amount of input.

Xiamen Municipal Library has involved the libraries under its authorized management into branch management system. According to readers' reading demands in community or industrial parks, the system could formulate different development plans and implementation schedules for different branches, implement the centralized catalog management for literature resources in branches and uniform allocation based on respective demands, carry out the centralized HR management with professional orientation prior to uniform recruitment. Meanwhile, Xiamen Municipal Library has gradually constructed service standards and service procedures, including the uniform readers database, library code identification standard, business processing standard and computer and IT management to realize the uniform service based on the computer network management system of head library. Branches shall be hung with the sign board of " ×× Branch of Xiamen Municipal Library" with the same mark, pattern and color as the head library. All of those VI identification systems will be helpful to build up the public image of head and branch libraries of Xiamen Municipal Library.

In 2007, Xiamen Municipal Library established its organization institution for uniform branch management, i. e. , external circulation department, which is in charge of the establishment, business planning, organization management, instruction and coordination, institution formulation and implementation of new branches. It guarantees the sustainable development construction, management and operation benefit of branch libraries. According to *Rules of External Circulation Service Construction and Management of Xiamen Municipal Library*, the establishment of trusteeship-oriented branches shall obey the following rules:

(1) Scale and Construction. A branch under trusteeship shall have an independent pavilion covering an area of 300 square meters or above, and shall be equipped with borrowing and reading area, e-reading area, children reading area and reader playroom perhaps, as well as professional library facilities including shelters, desks and chairs for reading, lockers, book carriers, book anti-theft detectors and computers, card readers, and supporting facilities including air conditioners, anti-theft supervision facilities, information bulletin, printers, copying machine, currency detectors, optical broadband.

(2) Resource Construction. A branch under trusteeship shall have the collection of at least 8,000 – 30,000 books and over 100 types of periodicals that shall be allocated by the stack room of head library. Newly added literature resources annually shall be allocated to external circulation department based on the uniform purchasing and catalog processing of

head library for further selection and allocation based on the reader demands and circulations in various branches. Each branch shall be updated by 300 books monthly. Meanwhile, the book allocation among branches shall also be realized by external circulation department twice a week with the help of logistics companies.

(3) Literature Circulation. A branch under trusteeship shall implement the literature circulation service as "universal library card, universal borrowing and returning", adopt the open service mode integrating "collecting, borrowing and reading" similar to that of head library. The branches shall be open in 42-82 hours a week to provide diversified services for readers, including book reading and borrowing, literature & information retrieval, e-reading, consultation, reader activities and study training, with the same service process, standard and requirements as those of head library.

(4) Readers Activity. Each year, the head library plans themed activities uniformly so that branches can organize related themed activities based on the features of their regional readers. In order to enrich the grass-root reading and cultural activities, branches are encouraged to build up their respective brands, e. g. the "Study Assistance Service" organized by Gaodian Branch for immigrant children; "363 Children Handwork Activity" organized by Dianqian Community Branch to teenagers in the area; "Joyful Reading Deposit" reading promotion activity organized by Torch (Xiang'an) Industrial Park, etc.

By the end of 2014, there had been 13 completed branch libraries under trusteeship in total. In 2008, there were 2, 376 library cards issued in branches under trusteeship with 232, 000 person-time readers visiting the branches borrowing 182, 000 volume-time books. In 2014, there were 7, 857 library cards issued in branches under trusteeship with 913, 000 person-time readers visiting the branches borrowing 341, 000 books. This shows that the construction of branches under trusteeship has met the public reading demands to some degree, upgraded the social awareness of libraries, and mobilized grass-root governments and various social units to build up libraries.

The following are several cases of community branches and industrial branches under trusteeship.

In 2005, Xiamen Municipal Library completed the construction of the first branch under trusteeship, namely Xinglin Branch authorized by Xinglin Community, making the first step to "move libraries into communities so that residents could read and borrow books in their neighborhood".

In April 2013, the 16th branch of Xiamen Municipal Library, Dianqian Community Branch, was officially opened, covering an area of 920 square meters with a collection of nearly 26, 000 books. The library is equipped with reading and borrowing area, children reading area, e-reading area, IT playroom and feature shelters and priority seats for elderly readers especially. The branch is opened for 82 hours per week, acting as the branch with the longest opening time among all branches of Xiamen Municipal Library.

Huli Region, where Dianqian Community Branch is located, is the cradle of Xiamen Special Economic Zone, and one of the most concentrated place of migrants. The construction of Dianqian Community Branch enables many migrant workers and nearby residents to experience the result of cultural benefaction and they are proud of reading and borrowing books free of charge in their neighborhood and participating in the cultural events they are interested in. In 2014, there were 237, 000 readers visiting Dianqian Community Branch, borrowing nearly 77, 000 volume-time books in total.

Branches constructed in industrial parks provide great places of relaxation, reading and studying for migrant workers in their spare time, which is another exploration for service expansion of Xiamen Municipal Library.

In 2008, Xiamen Municipal Library constructed two branches in Tong'an Industrial Concentration Zone and Torch (Xiang'an) Industrial Zone, both of which covered areas above 600 square meters with book collections obout 20, 000 volumes. Besides, the libraries have e-reading zones to provide the convenient digitalized literature service.

In 2011, Xiamen Municipal Library founded another branch in Torch (Xiang'an) Industrial Zone (Phase II), covering an area of 800 square meters. Besides providing literature reading and borrowing service, the branch has also launched the weekend movie show free of charge. "Reading book after work" has not only vitalized the spare-time cultural life of workers in the industrial zone but also optimized the investment environment.

On Feb. 17th, 2011, Torch (Xiang'an) Industrial Zone Branch cooperated with the property management company and labor union of the industrial zone to organize 2011 Lantern Festival Garden Party, including a series of public games such as guessing riddles, shooting darts and playing bowling, attracting nearly 800 workers in the industrial park. This party has mobilized the festival atmosphere in the industrial zone, and delivered a feast of culture and entertainment to those migrant workers returning to their positions.

Between Oct. 18th and Nov. 2nd, 2011, the first exhibition of "Our Growth with Enterprises: 30th Anniversary Photography Show of Xiamen Special Economic Zone", which was organized by Torch (Xiang'an) Industrial Zone Branch, was launched in the Lobby of Torch (Xiang'an) Industrial Zone (Phase II) Branch. This exhibition took the migrant workers' work, study and life as the topics to select nearly 100 photos, in order to record their growth experiences of struggling together with their enterprises, hardship dedication spirit, colorful spare time and optimistic spirit, and demonstrated the excellent achievements made during the 30 years of construction of Xiamen Special Economic Zone from the unique perspective of the industrial workers.

On Sept. 30th, 2012, Tong'an Industrial Concentration Zone Branch launched the Moon Cake activity for readers themed as "beneficial reading and excellent games" during the Moon Cake Festival, which invited readers with top 30 of book borrowing quantity between Jan. 2012 and Sep. 2012 in Tong'an Industrial Concentration Zone Branch to participate in the game, an ancient custom in Xiamen. The activity site was full of happy laughter and cheerful voices, which strengthened the communication and exchange between readers and the library.

Besides the branches under trusteeship, Xiamen Municipal Library has also, based on the current circumstances in the construction practice, created the branch operation modes including direct management mode and joint operation mode for mutual development, without any addition of governmental input.

Branch of Direct Management Mode. It refers to the branch library that is directly affiliated to Xiamen Municipal Library, and all of buildings, funds, staffs and collections of the branch library belong to Xiamen Municipal Library. Since 1919 when Xiamen Municipal Library was established, it has established two branch libraries of direct management mode. In 1953, Xiamen government took over the private library, Gulangyu Zhongshan Library, which was then managed by Xiamen Municipal Library. Therefore, Zhongshan Library became the first branch library directly affiliated to Xiamen Municipal Library. After 2007 when Xiamen Municipal Library moved to the new location, the old library became the second branch library directly affiliated to Xiamen Municipal Library, whose name was Park Library. In December 2010, the old building was used by Xiamen Children's Library and the Park Library was closed. Gulangyu Zhongshan Library, therefore, became the only branch library directly affiliated to Xiamen Municipal Library and it has never been changed for 60 years.

The case of branch library directly affiliated to Xiamen Municipal Library: Gulangyu Zhongshan Library was established in 1924. It was funded by Xu Zhuoran, who was the revolutionist in the 1911 Revolution in Xiamen, and established by Li Hanqing and Ye Qingquan. It was called as "Private Gulangyu Library" at that time. To commemorate the founder of Republic of China, Sun Zhongshan, the library changed its name to "Zhongshan Library" in 1927. The library was then taken over by Xiamen government in January 1953 and became the branch library directly affiliated to Xiamen Municipal Library, and it still used the name of "Zhongshan Library".

Zhongshan Library, with 1, 600 square meters, is the largest branch library among all branch libraries of Xiamen Municipal Library. It offers services for the less than 20, 000 residents and visitors who go to Gulangyu. There are borrowing and reading area, e-reading area, children reading area and reader room in the library, with over 20, 000 volumes of books. It realizes the computer management connecting with Xiamen Municipal Library, and it implements the system of borrowing books by using one card. It is the only public library on the Gulangyu island which is open to the public free for 24 hours.

Zhongshan Library provides book reading and borrowing service while launching Forum of Gulangyu Island, Application for World Heritage of Gulangyu Island, Family Inn Book Corners and other special services and activities.

In 2008, Gulangyu Island started to embark on the application for world heritage. Gulangyu Island Library also participated in the related promotion campaign. In Apr. 2010, Zhongshan Branch officially became the "activity point" for the application for world heritage of Gulangyu Island. It extensively collected and displayed the local literature, invited local experts of local literature history to give lectures and held salons themed concessions and architecture in Gulangyu Island, and organized cultural and artist campaigns including ancient pictures of Gulangyu Island and ancient architecture.

In 2013, Zhongshan Branch welcomed more and more tourists so that it adopted the policy of "going outside" to found the book corners in family inns that have been undergoing flourishing development locally, to provide a moment of leisurely reading in Gulangyu Island while appreciating the wonderful coastal landscape.

The idea of "Gulangyu Island Family Inn Book Corners" is that family inns provide the fixed places for book storage and display, and dispatch personnel for management and book reading and borrowing service. The legal persons or principals of family inns shall apply for the collective library cards with their social security cards in Zhongshan Branch for book borrowing. By the end of 2014, Zhongshan Branch had established book corners in 11 family inns in succession to provide 3,530 volumes in total. Some tourists became aware of Zhongshan Branch set up in Gulangyu Island through the Family Inn Book Corners.

Branches of joint operation indicate the ones jointly founded by Xiamen Municipal Library and libraries of military forces, schools and other units for cooperation based on their respective resources. The units shall provide places, personnel and equipment and be charge of daily management, while the library shall provide the book materials and professional instruction. By the end of 2014, Xiamen Municipal Library had founded 6 branches of joint operation in a troop, Xiamen Coastguard Detachment, Ancient Literature Branch of Xinglin Academy, Xinxu Middle School, Xiamen Huaxia University and Xiamen Municipal Administrative Service Center.

In 1990 when the library was moved to Park South Road, it was PLA soldiers who provided assistance for mountainous book transportation free of charge. Xiamen Municipal Library had delivered books to soldiers stationed in Gulangyu Island and Good 8th Company of Gulangyu Island in succession and established the points of book circulation. In the second half of 2007, Xiamen Municipal Library cooperated with Military Force and Coastguard Detachment to found the branch libraries in military camps, each covering a area of above 300 square meters with about 8, 000 books of collection, as well as addition and upgrading at anytime. Library branches in military camps make use of the internal circulation and one-pass book borrowing. Moreover, those branches have also delivered digital resources of cultural and information sharing engineering for those soldiers and launched reading essay competitions, lectures, exhibitions, trainings and various activities.

Xiamen Municipal Library always focuses on the children's reading, especially the rural children. On Apr. 23rd, 2012, the 17th World Book Day, Xiamen Municipal Library opened its Xinxu Branch officially in the most remote rural school in Xiamen, Xinxu Middle School, which was also the first branch library established by Xiamen Municipal Library in schools.

Xinxu Branch, founded jointly by Xiamen Municipal Library, Xinxu Middle School and Xinxu Township Government, has integrated the literature and technology resources of library, the pavilion and management resources of Xinxu Middle School and financial support and promotion of Xinxu Township Government. As a school branch, Xinxu Branch has not only undertaken the function of school library, but also the function of public library. During the school-time from Monday to Friday, the library serves students and faculties of the school; during the period after school, weekends and holidays, the library is open to the public. This means that villagers and migrant workers could apply for library cards based on their social security cards or ID cards and enjoy the uniform borrowing and returning service in all branch libraries, district libraries and 24/7 self-help community libraries in Xiamen. Book collection in the library is purchased by the school and added and updated by Xiamen Municipal Library on a monthly basis.

Xiamen Garden Expo is the site of holding the 6th session of China International Garden & Flower Expo and it is also the great place of culture and leisure in Xiamen. In Jan. 2008, Xiamen Municipal Library founded an Ancient Literature Branch in Xinglin Academy, covering an area of 543 square meters. The first floor is the exhibition hall; the second and third floors are for book collection, including 9, 669 volumes such as *Rare Edition Copy of Chinese Ancient Books*. The category processing of this branch is operated by the head branch; the stack room is equipped with facilities for constant temperature and humidity and insect prevention, with closed stack management and booking.

2014 年厦门市图书馆分馆基本情况汇总表

序号	分馆名称	创办时间（年）	类型	馆舍面积（m^2）	阅览座席（个）	电子阅览室		自助借还机（台）	单层书架数（m）	馆藏量			周开放时间（小时）	年外借册次（不含续借）	年流通人次	年办证量（个）
						面积（m^2）	电脑（台）			图书（册）	报纸（种）	期刊（种）				
1	中山分馆	1953	直管	1600	131	20	5	0	564	21101	27	229	76	31522	87862	381
2	杏林分馆	2005	托管	600	74	60	22	1	290	10027	17	107	42	11285	14137	196
3	灌口分馆	2005	托管	800	71	50	11	1	543	16168	7	151	42	55204	138098	1153
4	同安工业集中区分馆	2008	托管	620	100	20	10	1	578	16313	17	181	75	32969	145085	1023
5	火炬（翔安）产业区（一期）分馆	2008	托管	600	92	20	5	1	736	19041	17	144	48	18627	38291	511
6	高殿分馆	2009	托管	300	90	0	0	1	382	12344	14	70	44	16026	54080	182
7	某部队分馆	2007	联办	300	42	80	40	0	260	5335	0	0	40	7195	7224	7
8	海警某支队分馆	2007	联办	300	50	30	10	0	345	6603	0	0	40	9045	8166	0
9	古籍文献分馆	2008	联办	543	8	0	0	0	90	9669	0	0	预约借阅	0	0	0
10	火炬（翔安）产业区（二期）分馆	2011	托管	800	80	10	3	1	770	16233	25	137	48	15341	30101	298
11	马巷分馆	2011	托管	440	100	30	10	1	686	22651	14	137	76	49942	124127	874
12	新圩分馆	2012	联办	500	0	0	0	0	208	7925	0	57	40.5	5813	18840	225

（续）

序号	分馆名称	创办时间（年）	类型	馆舍面积（m^2）	阅览座席（个）	电子阅览室		自助借还机（台）	单层书架数（m）	馆藏量			周开放时间（小时）	年外借册次（不含续借）	年流通人次	年办证量（个）
						面积（m^2）	电脑（台）			图书（册）	报纸（种）	期刊（种）				
13	华夏职业学院分馆	2012	联办	600	160	0	0	0	258	8522	0	122	97	2561	9218	134
14	后溪分馆	2013	托管	300	50	30	22	1	200	8652	15	71	76	17048	43047	373
15	新店分馆	2013	托管	340	90	20	12	1	735	17998	20	146	76	11974	38571	269
16	殿前街道分馆	2013	托管	920	178	60	21	1	720	25977	20	167	76	76302	236753	1962
17	市政服务中心分馆	2013	联办	300	56	0	0	1	120	8090	14	101	40	25002	108777	421
18	五通分馆	2014	托管	450	100	20	10	1	563	13363	19	138	42	18330	22681	678
19	同文分馆	2014 试开馆	托管	300	40	20	6	1	400	1974	0	0	35	0	0	0
20	集美区党群活动服务中心分馆	2014	托管	380	60	25	46	1	555	12777	16	136	50	18376	2101	338
合计				10993	1572	495	206	14	9003	260763	242	2094	1063.5	422562	1153159	9025

Jointly Founded Public Library Service Alliance

In 2008, Xiamen Municipal Library took the lead to unite 10 municipal-level and district-level public libraries to found Xiamen Public Library Service Alliance, which used citizens' social security cards as the uniform library cards and created clustering management system for uniform service provision. By the end of 2014, the service alliance had constructed a regional library service alliance network covering 10 public libraries of municipal level and district level, 62 community self-help libraries, 70 allied branches, and 30 allied circulation points, as 172 allied service points in total.

As a regional library service alliance, after years of running, it has displayed sound effect in public culture service increasingly, forming a citywide library service network gradually. This network has demonstrated infinite power of joint construction and alliance cooperation for libraries from network platform to business coordination and from resource sharing to logistics uniform.

(1) Uniform Management Platform. Xiamen Public Library Service Alliance's member libraries shall use the uniform Interlib library clustering management system to integrate the book data of public libraries across the city and provide a uniform category search platform for readers.

(2) Literature Integrated Category. Xiamen Municipal Library has founded a catalog center for the alliance to formulate the uniform literature catalog rules for all of the member libraries, which shall be audited by the person in charge of literature catalog data of Xiamen Municipal Library in order to regulate the quality of catalog data; meanwhile, the catalog center shall also be responsible for catalog process for member libraries.

(3) Literature Borrowing and Returning. All public libraries in Xiamen have realized one-pass library cards for book borrowing and returning. A library card processed in one library could be used for book borrowing and returning in any other libraries, branches and community self-help libraries, to realize the citywide library service integration based on the uniform rules of borrowing and returning.

(4) Uniform Logistics Management. Xiamen Municipal Library is in charge of the uniform bidding of literature logistics management and shoulders the literature borrowing logistics

management in the entire public library service alliance.

(5) Resource Joint Construction and Sharing. Members of service alliance shall carry forward the principle of joint construction and sharing in terms of resource construction. Each of them shall have different preferences on literature purchasing for coordination for different service subjects in terms of literature types and number control. In particular, in terms of database purchasing, databases based on purchasing or self construction shall be opened to all readers in the service alliance; Xiamen Municipal Children Library and Huli District Library have also opened their digital resources to the alliance for sharing, which has greatly upgraded the usage rate of digital resources and saved the purchasing cost substantially.

(6) Activity Interconnection. The service alliance has also promoted the interaction between readers of different libraries. Xiamen Municipal Library connects various libraries to cooperate in launching reading activities and itinerant exhibitions, to take full advantages of resources and enrich the activity contents in various libraries.

In 2007, Xiamen Municipal Library established new libraries and started to use citizens' social security cards as the library cards, so that they don't need to issue any library cards but open the borrowing function in their social security cards. After the library launched RFID self returning and borrowing business, readers could, as long as remembering their social security number, input their numbers in the self-help book borrowing and returning machines to complete book borrowing and returning conveniently.

After the establishment of Xiamen Public Library Service Alliance, its library members have reached the consensus to realize the one-pass book borrowing and returning since 2009 based on the uniform use of social security cards as library cards and library cards issued in any member library, in order to implement the uniform borrowing and returning rules and the service integration. Since then, book borrowing and returning are no longer troublesome. Readers could borrow books in any library and choose the places for book returning in their neighborhood all by themselves.

In 2014, the total volume-time of book borrowing in all member libraries in the alliance was 8, 156, 700, which was 2. 34 times of that prior to the implementation of allied service before 2008. As an important part in the construction of public cultural service system, the service alliance's operation has greatly upgraded the social benefit of Xiamen Municipal Library.

Demonstration of Rural Libraries of Allied Service

Rural library project is one of the important projects to strengthen the public cultural service in rural areas. In 2009, the coverage rate of rural libraries in Xiamen was 100%; all of the 156 administrative villages established their own rural libraries. Since 2012, Xiamen Municipal Library has started to be responsible for the book purchasing, selection and delivery all of the rural libraries in the city.

In 2009, Xiamen Municipal Library cooperated with Xiamen Municipal Culture Bureau to construct Guoshan Village Rural Library, which was equipped with over 1, 000 books as well as magazines, digital literature and children's books for the borrowing and reading of villagers. This library is opened on Saturday weekly to villagers, who could read and borrow books, search for internet resources of Xiamen Municipal Library and enjoy other library service free of charge. Guoshan Village Rural Library, on the basis of internet platform, could share Interlib library clustering management system of Xiamen Municipal Library to realize the one-pass book borrowing and returning in all libraries in Xiamen. It is the first rural library in Xiamen to realize computerized library management, providing the beneficial exploration for the management level and service benefit of rural libraries.

By the end of Sept. 2012, at the summary conference of national rural library construction held in Tianjin, Guo Huaye, a librarian of Guoshan Village Rural Library, was awarded the title of National Advanced Individual in Rural Libraries.

Bus Library of Mobile Service

In 2014, a 9-meter-long bus decorated by white base and book pattern attracted citizens along the road while passing through communities, schools, military forces and industrial parks, carrying over 3, 000 books, laptops, self-help book borrowing and returning machine, Wi-Fi and air conditioner. Due to the connection with the system of Xiamen Municipal Library, citizens could enjoy the similar free service of library card issuing, book borrowing and returning, book reading, information searching and other simultaneous service just as they do in Xiamen Municipal Library.

Bus library chooses the regions with concentrated passenger flow but lack of physical library service to set up the temporary service point. On Jul. 20th, 2014, Xiamen Municipal

Library Bus Library launched its service in Jimei Kangcheng Community for the first time, attracting the great attention of local residents, who came to visit, apply for cards, borrow books and consult information, making the bus library a landscape in the community. By the end of December 2014, the bus library had served Tong'an East Coastal Area Industrial Park, Jimei Kangcheng Community, Fanghu Crystal Forest Community, Haicang Haihong Community, Jimei Navy Force, Huli Furong Community, Tong'an Yunxi Residence Park Community, Haicang Xinyang Community Yueshi Plaza, etc.

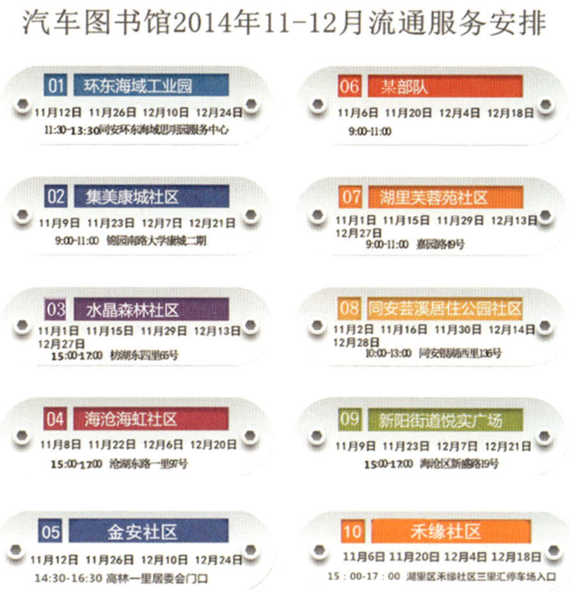

New Highlights of Urban Culture — 24-hour Street Self-help Library

Since the end of 2012, Huli District and Siming District in Xiamen have constructed 55 self-help libraries in succession standing in the streets and communities to expand the library service timely and spaciously.

Since Jan. 2014, the 55 self-help libraries have been under the uniform management of Xiamen Municipal Library. After completing a series of coordination work including operation bidding, technology debugging, organization structure, logistics management, literature allocation and promotion planning, the 24/7 street self-help libraries have been gradually providing the neighboring library service for readers based on the uniform and regulated management.

2014 年厦门市街区自助图书馆文献外借量统计

序　号	所属区	地点	布点类型	借阅量（不含续借）
1	湖里区	HL01 五缘湾商业街	商业街	4307
2		HL02 五缘湾运动馆	其他	2890
3		HL03 高林社区	社区	7288
4		HL04 忠仑公园	公园	1352
5		HL05 钟宅社区	社区	2175
6		HL06 湖里高新区	工业园区	1532
7		HL07 湖边社区	社区	7067
8		HL08 金湖社区	社区	1954
9		HL09 蔡塘路口	社区	3716
10		HL10 金尚小区	社区	6732
11		HL11 泰和天桥	社区	5010
12		HL12 湖里图书馆门口	其他	3986
13		HL13 金山街道	社区	3005
14		HL14 金山社区	社区	5799
15		HL15 教师进修附小	学校	960
16		HL16 大地幼儿园	学校	6165
17		HL17 祥店社区	社区	6786
18		HL18 湖里实验二小	学校	1028
19		HL19 小东山社庙	社区	3862
20		HL20 SM 城市广场	商业街	4957
21		HL21 第三中学	学校	3666
22		HL22 幸福密码小区	社区	1777
23		HL23 禾欣社区	社区	2758
24		HL24 岭下社区	社区	2445
25		HL25 高崎小学	学校	2549
26		HL26 高殿大厦	社区	3065
27		HL27 翔鹭花城	社区	1723
28		HL28 外国语分校	学校	1188
29		HL29 徐厝社区	社区	3017
30		HL30 湖里中学	学校	5368
31		HL31 灿坤产业园	工业园区	1220
32		HL32 康辉社区	社区	1800
33		HL33 康泰社区	社区	9661
34		HL34 东荣社区	社区	3962
35		HL35 东渡二小	学校	5920

（续）

序　号	所属区	地点	布点类型	借阅量（不含续借）
36	思明区	SM36 七星西路	社区	4524
37		SM37 育秀广场	社区	3615
38		SM38 中山医院	医院	6013
39		SM39 新景数码	商业街	5747
40		SM40 莲坂西小区	社区	4648
41		SM41 莲花五村	社区	8911
42		SM42 中华城	商业街、学校	7542
43		SM43 第一医院	医院	5491
44		SM44 中山公园	公园	5944
45		SM45 曾厝垵	社区	5589
46		SM46 石泉路	社区	3138
47		SM47 塔埔社区	社区	6252
48		SM48 前埔不夜城	社区	14723
49		SM49 前埔健身公园	公园	10245
50		SM50 BRT 洪文站	社区、商业街	6646
51		SM51 瑞景广场	商业街	7048
52		SM52 观音山学校	学校	2981
53		SM53 会展南七路	社区	2537
54		SM54 观音山党建办	其他	1431
55		SM55 石亭社区	社区	4786
总　计				248501

Section 3

Innovative Reading Promotion Services

Reading could endow a city with brilliant and elegant quality and talent. In 2014, the total collection of books in Xiamen Municipal Library was 5.036 million volumes (books); the number of annual readers coming to the library was 8.672 million person-times; the number of lending-out literature was 8.156 million volumes; the annually average number of residents' times per capita coming to the library was 2.28; the annually average number of lending-out literature per capita was 2.14 volumes; and the average time of each volume of book being lent out was 1.62. Residents' enthusiasm for reading is closely related with the reading promotion activities launched in Xiamen on a regular basis.

The influential resident reading activity in Xiamen shall be the Month of Literary Amoy Island launched since 2003, which is a citywide reading activity held between October and November on an annual basis during the past 11 years. Since 2007, Xiamen Municipal Library has acted as the major participator of this activity, winning the title of Advanced Collective in the Month of Literary Amoy Island for several consecutive years.

Apr. 23rd World Book Day Concerning City Reading

In 2008, Xiamen Municipal Library took the opportunity of World Book Day on Apr. 23rd to plan a series of activities for reading guidance and promotion.

Turn off Your TV to Read a Book—Themed Activity of World Book Day. In 2008, Xiamen Municipal Library initiatively launched the commemorative activity of World Book Day on Apr. 23rd. Volunteer team of Xiamen Municipal Library, consisting of volunteers from all walks of life including students recommended for university admission from Xiamen Foreign

Language School and volunteers from Xiamen Ocean Vocational College, Xiamen EF English Training Center, Xiamen Little Fish Community and China Citic Bank, advocated the idea of "turning off your TV for a couple of hours to read and appreciate a book" in communities, government agencies and busy business districts in the forms of distributing leaflets, questionnaires and face-to-face promotion of World Book Day. The activities were launched in flourishing business streets, communities, enterprises and government agencies, giving rise to the wide attention from local residents. Through the face-to-face promotion and questionnaire survey, it was found that less than 20% of interviewees were aware of World Book Day on Apr. 23rd, and about 50% of interviewees had never visited a library. On the basis of this promotion activity, at least thousands of local citizens knew the World Book Day on Apr. 23rd via the leaflets and understood many services free of charge provided by Xiamen Municipal Library located at Xiamen Culture and Art Center.

In order to attract citizens who have never been to a library to be library goers and turn those library goers to library lovers, Xiamen Municipal Library has organized the World Book Day activity with awards. Any teenage reader who reads books in and borrows books from Teenage Book Room of the library will be awarded with an exquisite gift as an encouragement. For the purpose of popularizing the background of World Book Day, Xiamen Municipal Library held the special weekend lecture of World Book Day themed as "From Shakespeare to Cervantes", it also launched the "special amnesty" activity for fine of delayed book returning, i. e. readers return any borrowed books to the library on World Book

Day will be exempted for all and any fine for overdue book returning in the past.

Reading Season for Urban Females—The Reading Festival Customized for Women. Urban females, who are shouldering multiple missions professionally and domestically, are living a tense and busy life. At the same time, women are acting as the important roles to build up the atmosphere of family reading. The relaxed and dedicated reading is one of the recreational modes for urban women. In 2009, Xiamen Municipal Library launched 27 activities in the form of lectures, salons and special themed shelves based on classics, female literature, appreciation of Chinese zither performance and charity donation with 5, 485 participants.

The library launched the book reading and recommendation activity themed as "Pretty Women in Books" to cultivate women's tastes and enrich their spare life by launching a book list for urban women on a regular basis, so that they could cultivate their temperament and acquire wisdom by reading good books. In women-themed special lectures and salons, the library invited Ms. Hong Ying, a local female writer and the author of full-length novel *Moment in Gulangyu Island* to give a keynote lecture themed as Reading and Writing; invited Wang Duo, a famous master performer of Chinese zither, to give the lecture themed as *The Beauty of Chinese Zither*; and invited Chu Chunling, a non-local female lecturer, to chair women's leisure reading salon. All of these activities were targeting at providing a good opportunity for urban females to closely communicate and exchange with writers and artists to mobilize their potential quality of reading. Meanwhile, the donation activity of books of general reading for schools, for migrant workers' children inspired urban women's quality of love and caring, for more families to benefit from reading.

One-card Urban Life—Value-added Service of Library Card. On World Book Day on Apr. 23rd, 2010, Xiamen Municipal Library launched the activity of "One-card urban life—value-added service of library card" to provide promotion feedbacks for readers in the forms of sending gifts and discounts, by cooperating with book stores, training institutions and other business partners together. As a result, library readers enjoyed the unexpected value-added service and integrated reading together with the fashionable urban life.

Drifting by CRH—A Different Book Drifting Activity. Apr. 2011 marked the one year anniversary of Fuzhou-Xiamen CRH opening. Xiamen Municipal Library decided to take this opportunity to plan the themed activity on Apr. 23rd— Drifting by CRH. At 9:00 a. m. , the staff of Xiamen Municipal Library and 50 volunteers from Xiamen Foreign Language School distributed over 1, 400 drifting books, library service leaflets and other promotion materials to passengers on CRH No. 3 at Xiamen Railway Station. Besides introducing the process of book drifting, they also propagandized the background of World Book Day and the public service provided by library, to mobilize more citizens to participate in the public reading activity and share their feelings of reading. Two publicists of Xiamen Municipal Library boarded CRH D6219 to propagandize World Book Day to passengers via carriage radio broadcasting.

This activity stepped out of the limited area of library by adopting the idea of "Not Back to Starting Point but Permanent Drifting" to share books of good quality. Readers participating in book drifting could visit the Website of Xiamen Municipal Library to express their feelings of reading. This innovative activity was highly concerned by news media. Xiamen Channel of ifeng. com participated in the whole journey and set a full page in its local news column to introduce the World Book Day activity of Xiamen Municipal Library on Apr. 23rd and dispatched accompanying journalists for simultaneous reporting. Fujian News Channel and Xiamen TV News Channel not only interviewed passengers in the waiting hall, but also boarded the CRH of Fuzhou-Xiamen line for follow-up report. On the night, the activities of Xiamen Municipal Library were broadcasted in provincial news media in succession, leading to the effective expansion of its influence.

Wandering in City and City-wide Reading: Linked Activities of Regional Libraries. Xiamen, Zhangzhou and Quanzhou are neighbors geographically, accompanied by mutually connected economy and culture of Southern Fujian with distinct features and exclusive charms. The urban integration development and construction of Xiamen-Zhangzhou-

Quanzhou metropolitan area was initiated in 2011, to gradually promote the urban integration construction in terms of communications, transportation, medical care and cultural industry. Under such a background of social development, Xiamen Municipal Library, Zhangzhou Municipal Library and Quanzhou Municipal Library joined hands together to plan and organize a series of activities themed as "Wandering in City and City-wide Reading", the commemorative activities of Xiamen-Zhangzhou-Quanzhou libraries on World Book Day on Apr. 23rd. The activities put the same culture root of Southern Fujian in the three places as the focus point to integrate traditional reading, 3D reading and interactive reading together to comprehensively promote the communication among Xiamen, Zhangzhou and Quanzhou with the same culture root, in the form of expert interpretations, on-site exploration, themed exhibitions, lectures and salons.

Three libraries organized over 20 activities for Apr. 23rd World Book Day in 2012, with over 33, 000 participants, among which the activities such as Reading of City Tales, City Records and Charm of Xiamen were popular among readers in Xiamen, Zhangzhou and Quanzhou.

"Fall in Love with Ancient Xiamen — Gao Zhenbi Photography Exhibition" was one of the series of themed exhibitions in City Records. Gao Zhenbi, a famous director coming from Xiamen, exhibited the photos of dying ancient Xiamen downtown based on his years of photography and accumulations to relive the history of ancient Xiamen under the influence of maritime civilization in modern times. The photography exhibition was held in three places itinerantly for local readers' personal experience of the appeal of ancient Xiamen. "Charm of Xiamen" cultural salon invited the creators of *Local Xiamen*, attracting extensive attention and over 60 readers together to launch a heated discussion on the most popular local snacks, food stalls, places of wandering, flower appreciating and fishing in *Local Xiamen*, to experience the urban cultural charm of today's Xiamen. The series of lectures "Culture of Southern Fujian" and videos "A Taste of Southern Fujian", organized and held in libraries in Xiamen, Zhangzhou and Quanzhou simultaneously, themed as Ancient City of Xiamen, Historic Currencies of Zhangzhou and Pedigree of Quanzhou. In order to coordinate with the initiation of World Book Day commemorative activities, Xiamen Municipal Library played the video of *An Oral History: My History with Gulangyu Island* in its lobby on the first floor, which attracted the attention of over 600 readers.

Beautiful Xiamen Benefited from Culture — Xiamen Public Culture Recorded by Photos. Xiamen has participated in building itself into a national public culture demonstration zone in the first batch since 2011. However, it has started its development of cultural construction since the establishment of Xiamen Special Economic Zone for accumulation and improvement. During the past three decades of Reform and Opening up, Xiamen's cultural facilities have been developing from scratch on a expanding scale for citizens' enjoyment and participation. All beauties and worries during the process of development shall be displayed in a show for citizens' better understanding and personal experience. On occasion of Apr. 23rd World Book Day in 2013, Xiamen officially inaugurated "Beautiful Xiamen Benefited from Culture—Xiamen Photo Contest of Public Culture Service System".

This contest widely collected photography works from all walks of life in Xiamen about the construction and achievements of public cultural service in Xiamen, the contents of which included the new look of diversified public culture in Xiamen, the brand building of public culture service and the elegant appearance of cultural volunteer service. This contest advocated the diversified styles and encouraged the content of daily life with unique perspective. As the initiation, the organizing committee launched the online propaganda via the Website of Xiamen Municipal Library, Xiamen cultural information network, Sina microblog account of Xiamen Municipal Library, Douban Events and the QQ group, printed 120 exquisite posters and issued them to units of cultural industry in various districts in Xiamen for display. In addition, this activity was greatly supported by Xiamen Photographers Society, which launched wide promotion to attract more professional photographers and wide amateur photographers to contribute their works of great quality to the contest. Based on the all-round and all-channel intensive promotion, the contest collected 606 photos in total and selected excellent ones that demonstrated the charm of Southern Fujian or the rich cultural activities of local citizens such as *Thousand-dancer Waist Drum Performance* and *A Family of Book-lovers*. The latter photo described tourists, who came from Harbin to Xiamen, and specially took their kid to visit and read in Xiamen Municipal Library. A picture was taken as they walked through the reading room, resulting in an award-winning photography works that is close to our daily life with the profound taste of culture.

Love Reading and Sightseeing in Xiamen—First Reading Map of Xiamen Published. Xiamen, which faces the sea with flowers blossoming, is such a place of poetic flavor, that even the tweedle in Gulangyu Island is accompanied with verses drifting in the air. Shu Ting, a famous local poet in Xiamen, once wrote in *Fragrance-less Perfume*: "Many of my writer friends usually mention that even a stick inserted in the earth will still be rooted and sprouted here in Gulangyu Island, an idyllic place", indicating that people living here are born to be poets. Today, the heat of petty bourgeoisie just ebbed from this city full of poetic beauty and maritime climate, followed by the artisan style. Long skirts, straw hats and hand-drawn maps have become the standard decorations of young girls who love culture and arts. However, among the varieties of hand-drawn maps of Xiamen, there is no reading map matching with the artisan taste of this city. As a result, during the period of Apr. 23rd World Book Day in 2014, Love Reading and Sightseeing in Xiamen—Hand-drawn Reading Map of Xiamen, was launched as the first reading map in Fujian province, with Xiamen Municipal Library as the exclusive planner and Xiamen International Book Company and Xinhua Book Store as supporters. This reading map marked public libraries in Xiamen at district and city levels, the branch libraries of Xiamen Municipal Library, the self-help community libraries and other special book stores for citizens' better understanding of their neighboring libraries and convenience of reading nearby.

On Apr. 23rd, all of the first batch of 600 reading maps, which were put at general service desks and advice desks in Xiamen Municipal Library, were received by readers. For extensive promotion, the library organized its staff and volunteers to distribute 7, 000 reading maps to citizens free of charge in Xiamen Municipal Government, Xiamen Municipal Administrative Service Center, schools, airport, railway station, ports and Zhongshan Road with intensive passenger flow, which received extensive attention. *Xiamen Daily* and *Xiamen Evening News* with 100, 000 pieces of circulation, also launched promotion to their readers and printed whole pages of report on the entire activity from the perspectives of the planning process of reading map, the effect of reading promotion of libraries, the building of urban reading atmosphere, the launching of the first reading map of Xiamen and the reading promotion activities launched by Xiamen Municipal Library, accompanied by the featured and follow-up reports by Xiamen TV Channel, Xiamen Satellite Channel and Fujian Provincial TV Channel. Meanwhile, library counterparts and partners in Beijing, Shanghai, Suzhou, Qinghai and Hunan who initiatively knew this activity through QQ group and WeChat also asked for the reading maps of Xiamen with great interest for their in-depth cultural tourism in Xiamen in the future.

Later, due to the large-scale media promotion, Huli Sub-campus of Xiamen Foreign Language School, Xiamen Public Security Bureau, Xiamen Local Taxation Bureau, PLA troops stationed in Xiamen and citizens after hearing the news also asked for the reading maps from Xiamen Municipal Library, leading to the further distribution of nearly 2, 000 maps. Among citizens who asked for the reading maps initiatively, the staff were impressed by a student especially coming from Youxi, Fujian, who said that his teacher loved reading very much and asked him to take one map when he visited Xiamen after learning the free distribution of the first batch of reading maps. His teacher wanted to understand the reading places in Xiamen and follow the map to feel as if he were visiting the place personally.

Library Service Promotion Week for Propagandizing Local Literature

Between the end of May and early June and closely after Apr. 23rd World Book Day is Library Service Promotion Month, which is held simultaneously with other national public libraries. It is the earliest and most "long-standing" branded service promotion activity initiated by Xiamen Municipal Library. In the early 1990s, limited by space, most of the promotion activities focused on book exhibition and sales promotion along with book stores. After moving to the new library in 2007, for the purpose of strengthening the special resource construction of local literature and upgrading the social awareness on libraries, Xiamen Municipal Library has confirmed the general idea to be centered on promotion and collection of local literature with the integration of the theme of annual service promotion week of national libraries, which is accompanied by the provision of library public service out of libraries. By 2014, Xiamen Municipal Library had held 129 service promotion activities in various forms, attracting over 178,000 participants. The collection of Xiamen local literature, featured exhibition of local literature and library service in communities have become the long-lasting promotion and marketing activities during the service promotion week of Xiamen Municipal Library.

Featured Exhibition of Local Literature. In 2008, in order to promote the issuance and implementation of *Xiamen Administration Regulation on Local Literature Collection*, Xiamen Municipal Library launched the Collection and Promotion Exhibition of Local Literature. Between 2009 and 2014, it launched Huang Xuan Book Donation Exhibition, Social Donation Literature Exhibition of Xiamen Municipal Library Collection and Promotion Exhibition of Literature Donated by Xiamen Municipal Governmental Organs. The lasting collection, exhibition and promotion of local literature effectively promoted the collection, promotion, development and usage of local literature in Xiamen Municipal Library.

Library Service Promotion Out of Library. In 2007, Xiamen Municipal Library initiatively launched the service promotion week in its new pavilion and planned the activity of Library Service Promotion in Communities, which concentrated on issuing library cards for citizens, promoting and marketing library service resources and other public benefit activities in

communities. By 2014, the library had launched the activities in Yueyang, Kangle, Jinshang, Jinshan, Xinghu, Binglang, Guanren and other communities as well as leisure and gathering places of citizens including Zhongshan Park, Nanhu Park and Jinbang Park, targeting at enabling the public citizens to understand libraries, walk into libraries and use libraries, and establishing the service image of libraries of benefiting and serving the public. Because of the great promotion effect, now the activity of library service promotion out of library has been expanded to schools and enterprises.

Establish Spare-time Study Platform for Teenagers' Reading in Vacation

Zhu Yongxin, member of CPPCC and initiator of new education experiment, once said, "One's spiritual development history is also his/her reading history". "You are what you read", that is, what you read will build up you. Meanwhile, China Society for Library Science has also greatly advocated the national library community to form up the service awareness of "Children priority". "Reading shall start from children", and one's reading habit is formed during his/her teenager period. All of the sayings mentioned above have repeatedly stressed the importance of reading for teenagers. Public libraries, as the promoters of public reading, shall naturally put teenager reading activity into its important service scope.

Since 2007, Xiamen Municipal Library has launched a variety of teenager reading activities to construct the spare-time study platform for teenagers: on the one hand, it could play the education function of library to guide teenagers to take advantage of library resources to enrich their vacations and promote the spare-time reading and social practice activities of teenagers; on the other hand, it could help teenagers to use the free open platforms related to reading to organize and plan independent reading activities of teenagers.

"Teenagers' Reading in Vacation" is on the basis of characteristics of teenage readers, with the combination of social concerning. It connects teaching with learning and entertainment to hold teenager themed activities focusing on spare-time study, extensive reading, quality education, security education and information education. After years of activity organization, Xiamen Municipal Library has gradually become the social education classroom and spare-time practice base of teenagers.

Big Winner of Level-Passing—Competition of Library Resource Usage with Awards. In the winter vacation of 2008, Xiamen Municipal Library launched the activity of Teenagers' Reading in Vacation for the first time. Its feature activity, Big Winner of Level-Passing—Competition of Library Resource Usage with Awards, displayed the effect of a good start. Teenage readers participating in the activity visited reading rooms of the library and received the training to study the various rules to borrow a book and master the method of searching for information, in order to use the basic knowledge they had learnt about library usage to participate in the competition of library resource usage with awards from easy to difficult level. The question-and-answer level-passing game includes how to apply for a library card and the opening hour of library, etc. , and also involves teenage readers participating in the practices like searching for books and borrowing by themselves. On the basis of this level-passing game favored by teenagers, the library successfully attracted them to walk into and understand the library, and then use and love the library, and cultivated their awareness of the library. This activity was very popular among teenage readers due to its novel form and interesting competition. Besides its first launching in the winter vacation of 2008, Xiamen Municipal Library also organized similar activities during the Children's Day in 2011. Its branch libraries also held similar activities during vacations.

Series of Activities Themed as "Safe Summer Vacation" Security Education and "Welcome Beijing Olympic Games". The year of 2008 marked the unforgettable mixed feelings for Chinese with Wenchuan earthquake and Olympic Games. Security and Olympics became the annual key words. Therefore, the theme for Teenagers Reading in Summer Vacation in 2008 was confirmed as "A safe summer vacation accompanied by culture". The leading activities included the series of activities themed as "Security Education" and "Welcome Beijing Olympic Games".

The series of activities themed as "Security Education" organized teenage readers in batches to visit Xiamen Municipal Meteorological Bureau, Xiamen Municipal Public Security Fire Prevention Station and Xiamen Municipal Seismological Bureau in the form of expert interpretation and on-site visiting, and coordinated with related departments to launch the movie showing activity for disaster prevention and reduction including *The* 11*th Hour* and *Japan Sinks*. The activities including on-site watching, personal experience of simulative fire and earthquake scenes and watching video materials of popular science popularized the common sense of precautions and prevention against earthquake disasters for the understanding and mastery of disaster prevention for teenage readers.

The series of activities themed as "Welcome Beijing Olympic Games" enabled teenage readers to understand and feel the charm of Olympic Games in various forms and all rounds through visiting Olympic Museum, "Olympic English" study lectures and Olympic knowledge competition.

A Pleasure Trip of "Wandering and Reading in Xiamen". For teenagers, there are diversified paths to learn knowledge. They could learn knowledge through reading in a library and "wandering and reading" in the outdoor to further deepen their knowledge absorption and understanding. In the summer vacation of 2010, an activity of "Wandering and Reading" themed as "Looking at Xiamen Across the Time and Space" gave rise to the interest of teenagers to understand the past, present and future of Xiamen. Teenage readers were organized to visit Xiamen Municipal Library, Xiamen Municipal Planning Exhibition Hall, Xiamen Municipal Science and Technology Museum, Xiamen Municipal Art Gallery and Xiamen Municipal Museum for featured exhibitions and to complete the questionnaire with award of "Wandering and Reading in Xiamen" based on the contents of visiting. This activity helped teenage readers gradually understand the maritime humanistic history, urban construction and prospective development planning of Xiamen from the perspective of Xiamen's maritime culture, to enjoy a rich journey of Xiamen's urban culture "Across the Time and Space". Due to the limit of participants, the quota of 40 participants with the enrollment by phone was used out within one hour.

Promotion Activities Themed as "Culture of Southern Fujian". The culture of Southern Fujian is the regionally local culture that has been carried forward for a long period of time in Southern Fujian, Taiwan region and Southeast Asia. Xiamen, because of its geographic environment and cultural heritage, has gradually become the consolidation point and radiation point of Southern Fujian culture. Therefore, Xiamen Municipal Library, which shoulders the mission of transmitting and carrying forward local culture, takes the promotion activities of culture in Southern Fujian as one of its important tasks. It has promoted and propagandized the culture of Southern Fujian to teenagers through regularly holding exhibitions and lectures of culture in Southern Fujian, presenting disk materials of culture in Southern Fujian to schools and teaching teenagers to sing the songs in Southern Fujian dialect. During summer and winter vacations, the library held a series of photography exhibition activities for several times themed as "Warm and Sweet Xiamen", "Fall in Love with Ancient Xiamen", "Special Movie Material Exhibition in Southern Fujian Dialect" and "Building and Living of Gulangyu Island"; and it held the series of lectures themed as culture of Southern Fujian on a monthly basis. All of these activities targeted at enabling those teenagers born in Xiamen, growing in Xiamen or receiving education in Xiamen to understand and love the culture of Southern Fujian and lay a solid foundation for the inheritance and development of culture in Southern Fujian.

Teenager English Activities during Vacations. All kinds of English activities held during the summer and winter vacations in flexible forms with super popularity have become the most popular activities launched by Xiamen Municipal Library, including English corner for teenagers, series of English lectures themed as "Exotic Culture", themed activity "Spending a Day with a Foreigner", oral English experience of Family Album USA, "Bookworm" teenager reading club and intensive English reading club.

In the summer vacation of 2009, Xiamen Municipal Library has launched the first English lecture of "Exotic Culture" themed as *Sleepless in Seattle*, which was very popular. Teenage readers' enthusiasm on participating in lectures in foreign language was beyond the staff's expectations. They believed that the series of lectures of "Exotic Culture" could help them practice English listening and further understand regional custom and master different cultural background knowledge. And the themed activities "Spending a Day with a Foreigner" were also favored by teenagers, who could deeply understand the custom and culture of foreign countries. In order to ensure the effective organization of activities, the library also conducted a test on the oral English and listening capability of participants prior to the beginning of activity; the activity with 40 participants in planning attracted over 200 students of primary schools and middle schools. Moreover, teenager English corner during vacations and English salons provided the space for teenagers to practice oral English and culture study. Other themed activities such as American campus culture, English songs study, oral English practice of Family Album USA and classics appreciation of Jane Austen transformed teenagers' English study from idle theorization to practice. In the summer vacation of 2014, "Bookworm" teenager reading club took the opportunity of concentration advantage of summer vacation to organize and perform short plays in English for the effective integration of linguistic study and art performance.

Spare-time Classroom—Famous Teachers' Classes and Interest-oriented Classes. During the process of teenagers' growth and development, classroom study is one of the inevitable important links. Xiamen Municipal Library has launched the "Interest-oriented Classes" and "Famous Teachers' Classes" during the summer and winter vacations, which have been popular among teenagers due to the qualified faculties and novel forms. The "Interest-oriented Classes" literally means the class orienting from teenagers' interests. Since the winter vacation of 2008, the library has set up "Interest-oriented Classes" with expanding contents. Today, the classes have been expanded from "national classes" such as calligraphy, poetry, Chinese ink painting and studies of Chinese ancient civilization to robot model composition, subtropic plants appreciation and other classes of science and technology, from "Super Cartoon Show" to knowledge popularization of navy, metro, railway and bird-watching. Meanwhile, it has constantly made innovations in the class forms, which are transformed from the instruction in fixed classrooms to the on-site wandering and reading, e. g. , the class of subtropic plant appreciation was in Gulangyu Island Variety Introduction Park for on-site appreciation and interpretation, which brought fresh experiences to teenage readers.

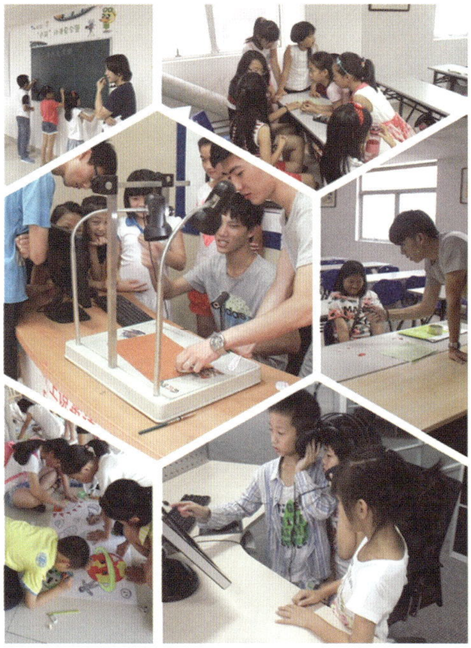

"Famous Teachers' Classes" has gathered senior and special senior teachers in primary and middle schools in Xiamen and other cities in China, as well as academic leaders, professors of universities and colleges, education experts and celebrities with social influences to launch various learning guidance, family education and other series of themed lectures and trainings. It features wide audience, great influence and full house in nearly each class. Some audiences even waited in the report hall one hour ahead to get a seat. And some audiences rushed from neighboring cities including

Quanzhou, Jinjiang, Zhangzhou and Longhai to attend the classes. Disk materials of excellent national classes provided by National Library and Shanghai Library have also provided the precious opportunity for teenagers to listen to the instructions of "masters".

Teenager Cinema. Each weekend, Xiamen Municipal Library usually shows movies in its central and branch libraries to enrich the spare life of its readers. The movie sources and broadcasting equipment are provided by Xiamen Film Distribution and Exhibition Corporation, and the library is responsible for planning and organization. During the annual "Teenagers' Reading in Vacations", the library will always launch the special movie performance— "Teenager Cinema", based on the activity themes. For instance, the theme of winter vacation in 2008 was inspirational movie and original movie appreciation; the theme of winter vacation in 2009 was comic movie showing for "A Happy Winter Vacation". This activity has been widely concerned and favored by teenage readers so that the library could only apply the advanced ticket distribution due to the limit capability of report hall.

Themed Exhibitions and Featured Shelters. Exhibition is one of the effective methods for knowledge popularization among teenagers, which could not only instruct knowledge, but also break the limitation of classrooms. During each summer and winter vacation, Xiamen Municipal Library holds exhibitions themed local culture of Southern Fujian, science and technology knowledge popularization, teenager photography, calligraphy and cartoon works with their own features. On the one hand, the library integrates public training with exhibition together to provide a stage and space for teenagers to display their talents, e. g. , the public training and excellent works exhibition themed "How to write spring festival scrolls" and "Maimeng" Cartoon Summer Camp. On the other hand, the library integrates exhibitions with activities, e. g. , "Fairy Forest" —Teenager Literature Common Sense Exhibition and Question-and-answer Competition with Award and "Let's Transform" —Exhibition of Cartoon Figures in Transformer Series Movies and Movie Showing, were widely concerned by students, their parents and youngsters.

Featured shelter is another content for the hit books of "Teenagers' Reading in Vocations". Since the establishment of book shelters based on "New Curriculum Standard" in the winter vacation of 2008, Xiamen Municipal Library has promoted different themes of

book shelters in each vacation, e. g. , book appreciation for spiritual inspiration—themed books of winter vacation, classics and celebrity autobiographies, which have effectively promoted teenagers to expand their spare-time reading during vacations.

"Little Civility Monitor" Social Practice Activity. "Little Civility Monitor" social practice activity is the platform provided by Xiamen Municipal Library for teenagers to participate in social practice and public activities. Since its launching, this activity has been embraced by many students and their parents. During the winter vacation of 2009, the week-long activity registration was completed within one day. There were 796 person-times of teenagers participating in this activity in the winter vacation of 2011, and 1, 134 person-times in the summer vacation of 2012.

During the activity, based on the work demands of library, "Little Civility Monitor" participating in the practice shall assist staff of book borrowing areas in maintaining the order of book reading and organizing books, guide readers to operate RFID, persuade readers in comprehensive reading zone with uncivilized conducts, perform book classification, organization and ranking in work cell of general service desk and various reading rooms, and participate in the supporting work of library lectures and teenager activities. This activity has enabled primary and middle school students to provide volunteer service for public readers while greatly training their practice capability of communication, guidance and coordination as well as cultivating their spirit of bearing hardship.

Vacation Reading Activity for Migrants' Children. The branches of Xiamen Municipal Library are dotted around industrial parks, clustering areas of migrant laborers, remote communities and villages. During the summer and winter vacations of teenagers, it has become a normalized campaign for some branches to organize reading activities and provide "learning assistance during vacations" for children of migrants. In the summer vacation in 2009, considering the study and reading demands of migrants' children, Xiamen Municipal

Library launched the learning assistance activity in its Gaodian Branch to instruct primary and secondary school students in homework for summer vacation and answer their questions with guidance for spare-time reading. In the winter vacation in 2010, Gaodian Branch Library organized the speech competition of reading for migrants' children themed "My Favorite Book", in order to encourage them to "read more books and good books". Migrants' children coming from Jiangxi, Henan and Anxi in Fujian participated in the speech competition. Their plain languages with great passion attracted over 500 local residents of Gaodian community and students of primary and secondary schools. Gaodian Branch has not only become children's most secure and economical place of study during vacations, but also become their 4:30 p. m. "school" after school.

Along with the continuous organization of library reading and promotion, the students in schools for migrants' children have been gradually turning from passive receivers into active practitioners. Xiamen Municipal Library planned and organized a series of activities themed "My Activity and My Participation" to encourage those students to "accomplish in their young days", aiming at providing the stage to display their self-study capability.

Huang Dingru and Reading Salon of *One Hundred Years of Solitude*. On Apr. 23rd, 2008, Xiamen Municipal Library launched the campaign themed "Turn off Your TV to Read a Book" during Apr. 23rd World Book Day. In the volunteer promotion team, a senior high student named Huang Dingru, who had been recommended for admission to Tsinghua University, became attached to Xiamen Municipal Library because of this campaign. Since then, she had been working as a volunteer to participate in the reading activities of the library in each summer and winter vacation during her undergraduate days. In 2011, she planed and organized a reading salon with relatively great influence in Xiamen Municipal Library based on her four years of work experience as a volunteer: "The Vicissitude and Renascence of *One Hundred Years of Solitude*". The guests of this salon included famous writers of Xiamen and MCs with Xiamen TV and Xiamen Music Radio Channel, who had made profound talks around the plot structure, writing technique as well as the

background and influence of the magic realism, with enthusiastic discussion and great excellence. The contents of discussion was also simultaneously broadcasted in Sina Weibo, and Xiamen Music Radio Channel also made the report of spot connection. Such an influential reading salon has effectively upgraded the public cohesion of reading activities launched by Xiamen Municipal Library.

Public Benefit Exchange Meeting of Overseas High-school Students and Abroad Study. Those children, who have been carefully raised by their parents, are experiencing the rapid self growth and development when studying abroad; moreover, the great attention made by overseas education to social practice has further led to their strengthening capability of social capability.

In the summer of 2013, several senior high students studying in US contacted with Xiamen Municipal Library with a *Proposal of Public Benefit Exchange Meeting of Xiamen Students in American High-school Students*. They provided the reference of first-hand information and experience of studying abroad for related students and their parents, on the basis of their own experience and feelings of studying abroad and the related information that they had mastered with classification and reorganization. There were over 60 participants in the activity room with a 40-person capability in the exchange meeting, accompanied by a crowd of readers auditing outside the room, producing an unexpected effect.

"Little Bookworm" and "Bookworm" Teenager Reading Club. "Bookworm" Teenager Reading Club was established in Jan. 2013, which holds activities on a monthly basis. The idea was formed based on the daily communication of a batch of primary and secondary school students who love reading and preferring interesting English. The basic forms of the reading club include the series of Bookworm edutainment books published by Oxford University Press, the appreciation of movies adapted from masterwork and role play. It is very popular among primary school students, who have also become the fans of book reading. And this activity has become a traditional one to promote children's reading.

Zheng Shaobin Team and Series of Speeches of Intensive Reading Club of English Books. Zheng Shaobin, one of the chief planners of series of speeches of intensive reading club of English books, was also a middle school student working as a volunteer in Xiamen Municipal Library for a long time. While providing volunteer service, he had been actively participating in various activies in the library and spare-time English training. On this basis, he established a student society similar to Model UN to attract his classmates. Under the support of his teachers, he and his team reached the cooperation with third parties including the library and other English training institutions. The student society functioned as the main body of activities, and Xiamen Municipal Library functioned as the platform to organize the intensive reading club of English books and the series of speeches for citizens of similar reading habit.

Two activities, themed "My Favorite Book" and "My Favorite Movie", attracted nearly 100 participants. The activity also attracted the concern of Toastmaster Xiamen Speech Club, a global public speech organization. And the topics covered books, movies, cities and tourism. At the end of 2014, these volunteers of middle school students successfully planned and organized the 1st Session of English Speech Contest and Exhibition of Intensive Book Reading Club of English Books, building a new image for this activity.

"My Lucky Chance with Books" Reading Month Promoting the Public 3D Reading

In Oct. 2007, Xiamen Municipal Library strengthened the reading promotion after it moved to the new site. In order to attract more citizens to know about libraries, Xiamen Municipal Library held the first session of large-scale reading promotion activity, i. e., Reading Month of "My Lucky Chance with Books", expecting to guide the reading fashion and promote the 3D reading. By 2014, the reading month of My Lucky Chance with Books had been held for 8 sessions with 583, 000 person-time participants in total.

1st Session of Reading Month "My Lucky Chance with Books" in 2007. The first session of reading month was the first large-scale promotion activity launched by Xiamen Municipal Library consecutively, which also acted as a test and training for its activity planning team. Considering the target of this activity as promoting the services and resources of the new library and attracting more citizens to come to the library and mobilizing their passion about reading, the contents of this activity must be diversified. Based on heat discussion, it was confirmed that the main contents of this activity included themed reading exhibition, reading lecture, essay reading competition, reading salon and literature collection, accompanied by book sales. During the opening era of daily reader flow of 3, 300 person-time in the new library, this activity, no matter its inauguration ceremony, or the exhibition, lecture, salon and other themed activities, attracted the participation of a great batch of local painters, experts, professors, young scholars, cadres of government organs, students and soldiers, who visited the newly opened library and were excited and delightful about the new service hardware and software. As a result, they become the loyal readers but also the first batch of "ambassador" to promote the new site of Xiamen Municipal Library.

The five activities of reading promotion back then were greatly supported by all walks of life in Xiamen and the public citizens. There were over 50 calligraphy works, over 60 photography works and over 300 pieces of reading manuscripts, bookplates and book collecting seals demonstrated in the themed exhibition, including the works of famous writers and painters in Xiamen, such as Chen Xiuqing, chairman of Xiamen Municipal Calligraphy Association, Xie Chengguang, former deputy chairman of Fujian Provincial Calligraphy Association and Yu Gang, former chairman of Xiamen Municipal Calligraphy Association. The exhibition zone of physical reading articles included the bookplates of Sun Huang, famous engraver in Xiamen, the book collecting seals of Su Mengfei, as well as the ancient reading and learning articles of collectors from Taiwan including Hong Mingzhang, such as bookcase for attending the school, various oil lamps for reading and block graving for book printing. Today, those articles were so precious because Yu and Xie had passed away, yet their powerful works with the writings of "Reading books help you see the world" and "Think for what you don't understand in books and read for what you don't understand in thinking", will always be rooted in the book lovers.

Guo Lidan, a collector of bookplates, and Guo Zhishan, a collector of reading notes, showed their collections to the public for free to enable them an opportunity to appreciate the beauty of hundreds of different bookplates and the charm of different versions of reading notes.

"Reading will not make you a master, but you will always be benefited from reading". The photography zone for celebrity reading demonstrated the photos of famous professors of Xiamen University reading books and their words of advice, including educationist Pan Maoyuan, parasitologist Tang Chongti, economist Deng Ziji, scholar Yi Zhongtian and honorary citizen of Xiamen Pan Weilian. All of them spared some time from their busy schedule to support this activity with sincerity. Prof. Tang Chongti especially said that "Reading is very meaningful... You will find so much fun in reading a book that you are interested in".

Reading Salon joined hands with *Xiamen Evening News* to invite Prof. Xie Yong, who was tenured at Xiamen University recently. The year of 2007 marked the 45th anniversary of Mr. Hu Shizhi's death; therefore, the theme was *Discourses of Mr. Hu Shizhi in His Late Days*. Xiao Chunlei, He Kuang, Nan Song and other young scholars in Xiamen attended the salon, after which they also participated in and proposed ideas for other reading activities of Xiamen Municipal Library. A strong tie had been formed between them and the library.

I have a Date with Movie and Reading—Themed Activity of Reading and Movies. The integration of words and videos and the interaction between reading and movies have enriched the audience's experience and upgraded the stories. Reading and movie-watching have also become the constantly popular theme in the reading month activity of Xiamen Municipal Library. The themes of "My Lucky Chance with Book" reading month activities were related with movie and reading. From the perspective of content planning, the activity in 2010 stressed reading more, known as "Reading and movies", involving 40 events and 78, 657 person-time participants. The activity in 2013 involved events related to movies, making the upgraded events of movie and reading, known as "Movie and reading", featured by richer and diversified contents and forms of 102 events and 107, 746 accumulative person-time participants.

The activity in 2010 was centered by "reading and movies", including the reading promotion event of literature in foreign languages and "Ancient Movies: Collected Movie Materials Exhibition of Xiamen Municipal Library". In order to organize and launch the "Reading promotion event of literature in foreign languages", Xiamen Municipal Library introduced 111 varieties of literatures in foreign languages related to movie, so that readers could borrow books and magazines in foreign languages, this is a new breakthrough of Xiamen Municipal Library in terms of literature borrowing. 114 volume-time books and magazines in foreign languages were borrowed within a month, books such as *The Twilight Saga*, *Harry Potter*, *Gossip Girl* that had been adapted to TV soaps and movies ranked the top list.

"Ancient Movies: Collected Movie Materials Exhibition of Xiamen Municipal Library", acted as a concentrated show of movie materials collected by Xiamen Municipal Library, including over 600 precious materials and pictures selected from nearly 3, 000 movie posters, books and magazines. In order to enrich the exhibition contents, Xiamen Municipal Library also collected parts of physical items and materials from the public, including movie posters during 1930-1950s, movie advertisements published on local newspapers of Xiamen, leaflets published by cinemas in Xiamen, posters of movies acted by local movie star Lu Hong in Xiamen dialect, materials of movie in Southern Fujian dialect, film projector, etc, aiming at integrating pictures and physical items to display the tract of movie development during the past century. This exhibition not only showed *The Burning of the Red Lotus Temple* and other early movies shot in Xiamen in 1920s that triggered the heat fever of swordsmen films, but also displayed the charm of movie artisans born in Xiamen in the early days, e. g. , famous director Wu Cun, talented woman in movie industry Ai Xia and famous cross-gender performer Ling Bo. The exhibition also interpreted movies in Xiamen dialect popular in Southeast Asia in pictures, as well as the evolution of Xiamen dialect and the movies in Southern Fujian dialect popular in Taiwan. The exhibition triggered the enthusiastic response from the audiences, attracting 32, 500 person-time audiences to participate in this exhibition. Professor Zheng Qiwu at Xiamen University Population Research Institution even highly praised this exhibition in the movie salon held by Xiamen Municipal Library and told the readers emotionally that it was really rare to attend such a form of exhibition in China. After the salon ended, he also donated the precious movie materials and episode music records that he collected to Xiamen Municipal Library. Later, an itinerant exhibition was launched in Jimei, Quanzhou, Zhangzhou and Jinjiang, and even in Shanghai Municipal Library.

Besides the exhibition of movie materials, there were supporting activities launched in various branches and head library related to the exhibition, such as the essay competition themed "My Favorite Movie" in Gaodian Branch, "Movie Puzzle Guess" in Xiang'an Torch Industrial Zone Branch, "Loving and Painting Cartoon: Animation Movie Painting Competition" in Guankou Branch, to echo with the activities in the head library and expand the social influence of the themed exhibition from downtown central library to the branch libraries in communities, rural areas and industrial parks.

In the recent years, the tourist number of Xiamen has maintained the groundbreaking growth during holidays and weekends. Besides the improvement of hardware such as increased CRH lines, a survey issued by www. ctrip. com in Jul. 2006 showed that over 40% of tourists in Xiamen expressed that their trips were mainly promoted by soap operas and movies about it. In 2013, the themed activity of reading and movie was upgraded into the one really involved in movies.

Xiamen TV Station and Xiamen Municipal Library worked together to launch the mass-election of "Good Times with Movie and Reading". At first, the staff of Xiamen Municipal Library were invited to produce a featured program about the reading activity of the year to lay a foundation for the mass-election activity, over 300 people including young students studying in Xiamen Huaxia University, Huaqiao University and Jimei University and library readers participated with the eldest participant being at his 80s.

According to the mass-election rules, participants shall tell their opinions about certain movies adapted from bestsellers or classic books on the basis of the movies and the books. Three judges shall decide whether the participants could stay or leave on site. After the fierce competition of mass-election and semi-final, there were 12 participants selected for the finals to participate in the recording of large-scale intelligence-competing program TV show "Good Times with Movies". MCs of Xiamen TV Station including Wang Zhe and Sun Miao, came to the site to cheer for participants personally, and encourage on-site readers to enrich their leisure time during holidays by reading more books and appreciating more good movies.

"Movie and Reading: Featured Materials Exhibition of Movie Posters Collected in Xiamen Municipal Library" in 2013 functioned as the continuity of movie materials exhibition collected by Xiamen Municipal Library during the previous years. The exhibition of "Ancient Movies" focused on the movie posters and related materials prior to 1990. "Movie and Reading" activity also selected the movie posters and materials after 1990s to hold a featured exhibition, e. g. , *In the Heat of the Sun*, *Surviving*, *The Dream Factory*, *Life of Pi* and *The Great Gatsby*. Besides appreciating the movie posters, readers also reviewed those classics again. Movies of various types including *Bright Moon*, *Wandering's Eyes*, *Crazy Cars*, *First Time* and *The Legend of Tianzhu Mount* with distinct characteristics revived the unique charm of Xiamen to 78, 000 person-time audiences.

The "Movie and Reading" themed activity in 2013 promoted the development of topics about movies and reading more profoundly and diversely. The themed salon invited senior editor Xiao Chunlei at *Xiamen Evening News* who gave a speech themed "Watching Movies with A Dish Eye: The Odd Ecology of Commercial Movies" to talk about the current status and future of movie industry to on-site readers and netizens on Sina Weibo. Movie lecture was themed with "Movies in e-Time". In addition, the library showed movies adapted from classics and bestsellers to support the themed activities and provide the joint exhibition of "Movies and books" for the public readers. The book crossing activity themed "Movie on the Left and Reading on the Right" launched the open book crossing in famous places in Xiamen with the leisure and culture atmosphere such as Buzai Bookstore and Laosai Café on the basis of literary books themed movies purchased in book stores or online. The first event of movie interpretation in English launched by Intensive Book Reading Club of English Books was even extremely popular with over 80 participants crowded in the activity room with a 40-person capability.

Books in Movies. One could be dotted with the beauty of book by reading. The 1st session of "My Lucky Chance with Books" Book Reading Month event tried to interpret, explain and appreciate reading and books from diversified aspects.

The year of 2012 marked the 6th anniversary of "My Lucky Chance with Books" Book Reading Month event, when IT acted as the most fashionable topic then, along with the coming era of "Public videoing" to concern the society and express their personal feelings via their videos. Therefore, Xiamen Municipal Library took "Books in Movies" as the topic to launch the video competition to promote IT and public reading, in order to encourage readers to produce their own videos by using DVs, cameras or mobiles about their favorite books and magazines, frequently visited libraries or their special preference of reading scenes and other materials related to reading. The event made its promotion via the website of Xiamen Municipal Library, Xiamen Municipal Cultural Information Website, official account of Sina Weibo of the library, QQ group of reader events, Douban account and other internet platforms and invited overseas public libraries and university libraries to contribute for the first time. In particular, the special promotion of "Book Lifestyle: A Challenge from Xiamen Municipal Library" by

XMU Youth League Committee attracted the attention of multiple students of colleges and universities. Meanwhile, the event launched its promotion in Xiamen Foreign Languages High School and Technology Kindergarten. Moreover, the library used bus advertising for the first time on lines passing through flourishing communities inside and outside Xiamen Island with dense passenger flow for 7 consecutive months. At the same time, the event organizer invited Yuan Tengfei, keynote speaker of Lecture Room on CCTV and Jiu Badao, famous writer of Taiwan region, to shoot videos, achieving significant effect of event promotion. This event received 52 pieces of pictures from Xiamen, Wuhan, Hangzhou as well as US and Canada, featuring the diversified contents, including the vivid scene of teenager's spare-time reading, the splendid history of New York Public Library in US and the quietness and elegance of Xiamen Municipal Library. Finally, Fan Zurong coming from Hangzhou won the first prize with *Time of Joyful Reading*; *My Reading Life* and *New York Public Library* won the second prizes. Awarded works were displayed in the hall on the 1st floor repeatedly, attracting the attention of many readers.

Power of Librarians. The annual meeting theme of China Society for Library Science in 2014 was "The Power of Librarians: Revolution, Development and Advancement". The reading month activity of Xiamen Municipal Library, "My Lucky Chance with Books", also focused on the "Promoters of reading" to hold the featured picture exhibition themed "The

Power of Librarians" with librarians as the main body and commendation and recruitment event themed "Public Benefit Stars of Reading Promotion" with volunteers as the main body, which acted as the main contents of the 8th Session of "My Lucky Chance with Books" Book Reading Month event. The event put the common promotion of public reading by librarians and readers together as the core content, integrated the factors including human value, spirit, personality and cooperation into libraries, reflecting the common efforts made by librarians and public personages in promoting the public reading.

The five series of campaigns launched by Xiamen Municipal Library, based on the series mode, centralized promotion and themed form, played the role of "Main line" in the annual reading promotion. The public lectures, exhibitions, salons, teenagers' activities, reader clubs and other normalized activities were interacted, infiltrated and combined mutually with the weekend themed activities to embark on the criss-cross road of reading promotion.

Public's Favorite Classroom: Weekend Knowledge Lecture

At the end of 2000, Xiamen Municipal Library started to launch the "Weekend Knowledge Lecture" for the target of knowledge transmission about social concerns, life knowledge, lifelong education and cultural transmission and planned a series of lectures about classics, family education, art appreciation, culture of Southern Fujian, health maintenance and economic life. By the end of 2014, the "Weekend Knowledge Lecture" had provided over 900 lectures for the public, with over 110,000 person-time audiences, becoming the public lecture brand popular among local citizens.

Planning and Cooperation. Xiamen Municipal Library never intentionally organized audiences for the "Weekend Knowledge Lecture". Audiences always participated in the lectures initiatively because of the contents, including family education, health maintenance, exotic charm, economic life and classic reading, which had been very popular among readers. In particular, the library held 76 lectures themed exotic charm since 2009 with 13,187 person-time participants in the crowded report hall with 154 seats.

Xiamen Municipal Library had been concerning the in-depth exploration on the theme of culture of Southern Fujian. The series of lectures themed Southern Fujian were listed in the key subjects for development in "Weekend Knowledge Lecture" of Xiamen Municipal Library, covering various hot topics from ancient and modern celebrities of Southern Fujian, from big streets and small alleys in Xiamen and earthen buildings of Fujian to Taiwan with similar cultural heritage, and from She nationality of Xiamen to the garments of Hui'an women.

Social cooperation acts as the important guarantee to promote the sustainable development of Xiamen Municipal Library. At the beginning of the event, Xiamen Municipal Library was only allocated RMB 20, 000 for lecture organization. After embarking on the road of social cooperation, it basically solved resource and expenditure issues through clustering various social resources and cooperators. In 2010, Xiamen Municipal Library organized 87 lectures among which the ones jointly organized by all walks of life accounted for 69%, indicating that the social cooperation had become the major mode for Xiamen Municipal Library to hold lectures. Along with the expanding influence of lecture brand, Xiamen Forum, which was jointly organized by propaganda department of Xiamen Municipal Party Committee and Xiamen Municipal Federation of Humanities and Social Sciences, also gradually treated Xiamen Municipal Library as its major site with 4 lectures on a monthly basis. Xiamen Literary Federation also launched its major event, "Auditorium of Art", in Xiamen Municipal Library.

Another achievement of social cooperation shall be the large-scale public benefit cultural lecture. Xiamen Municipal Library cooperated with Xiamen International Book Company, Xiamen Satellite TV Station, Xiamen New Oriental School, China Mobile Xiamen Branch and other units together to hold 20 large-scale public lectures, with the keynote speakers including speaker of Lecture Room Yi Zhongtian, Yan Chongnian, Yuan Tengfei, Zhang Chuanfang, founder of New Oriental English School Yu Minhong, famous lyricist Fang Wenshan from Taiwan region, commentator of Phoenix TV of Hongkong Liang Wendao, famous journalist Lüqiu Luwei and famous proser Zhang Xiaofeng, with 13, 057 person-time audiences, which greatly upgraded the social influence of library lectures.

Promotion and Innovation. The promotion of Xiamen Municipal Library's lectures has always been based on the current circumstances, covering traditional posters, leaflets and paper media as well as various websites in the e-time including the website of Xiamen Municipal Library, website of Xiamen municipal government, website of Xiamen Municipal Women's Federation, XMU "Lecture information website". Along with the development of public media, the promotion has been expanded to supermarket posters, information screens of signal lamps, BRT bus station e-screens, building TV screens and some of other channels. Since the entering of internet era, the promotion has further been expanded to Weibo and WeChat platforms, for the purpose of public acquisition of lecture information anytime and anywhere.

The library has been innovating in the modes of lectures to attract more citizens to participate in the library lectures, including integrating lectures with exhibitions, consultations and observation tours with simultaneous supporting service. The lecture themed "Culture of Southern Fujian" moved the report hall to Gulangyu Island; Halloween Eve activity of "Exotic charm" lecture adopted the form of speeches in English to introduce the background of holidays, along with singing and street dance performance to provide the holiday experience for participants and the formation of western cultural customs; music appreciation lecture themed "Musical Chinese New Year Celebration" integrated music performance with on-site analysis to effectively promote music knowledge.

In order to better save the resources of lecture videos, Xiamen Municipal Library established a Multi-media Editing Room, and purchased EDIUS nonlinear editing software, and arranged full-time staff to provide the digitalized service for weekend lectures integrating shooting, production and publishing. Between Jul. 2008 and the end of 2014, Xiamen Municipal Library released 316 weekend lecture videos on the internet regularly for the watching of readers at anytime.

Good Time with Pictures "Readers Club"

In order to help more readers with similar habits and tastes to spend a warm or passionate "Good time with pictures" in the library, Xiamen Municipal Library founded "Readers" club, "Finding Ancient Xiamen" club, Music Lovers club, Outdoor Sports club, "Bookworm" Teenager club, "Studying Abroad" club and Intensive Reading of English Books club, all of which included long-lasting senior members and newly injected "fresh blood". Between 2012 and 2014, there were 182 club events held in total, with 7, 291 person-time participants.

"Readers" Club. "Readers" club, founded in Feb. 2012, is the earliest reader club founded by Xiamen Municipal Library. The club adopted the independent planning and social cooperation together, undergoing three stages, including the cooperation with private public libraries in (Xiamen Barren Island Library) and famous portal website in Xiamen (www. xmfish. com) as stage 1, the organization of "Reading Club of Xiamen Local Writers' Works" together with Xiamen Writers Association as stage 2, and cutting-edge reading by recommendation of new books, promoting public reading and city-wide reading of one book as stage 3.

At the beginning of the cooperation with Barren Island Library, the "Readers" club launched one event monthly including reading event of classic poems and "Love" -themed books, appreciation of movie literature, reading list show, rereading books of Shen Congwen and picture-story books. On the occasion of famous writer Jiu Badao from Taiwan region and speaker of Lecture Room Yuan Tengfei visiting Xiamen, "Readers" club cooperated with Xiamen www. xmfish. com reading channel emergently to launch activities themed "Books of Jiu Badao" and "What is History Indeed: Reading Yuan Tengfei", and launched the lucky draw of lecture tickets to attract readers. "Reading Club of Xiamen Local Writers' Works", under the cooperation with Xiamen Writers Association, put the most famous novels in Xiamen *Annals of a Provincial Town*, the book of children's literature writer in Xiamen *Mumian Fleeting Time* and the new book of local Xiamen writer Xu Yigua *White Muzzle* as the themes. Members of the "Readers" club, under the guidance of local writers, appreciated and read those books one by one. In Apr. 2014, Cutting-edge Reading, launched around Apr. 23rd World Book Day, was the new expansion of "Readers" club, to share the feelings after book reading with readers together, with the aid of new book recommendation by 24/7 community self-help libraries themed "sincere invitation of citywide reading book together". The 9 sessions of Cutting-edge Reading events promoted readers' sharing and communication while greatly increased the literature usage rate, e. g. , the borrowing rate of *Li Bai of Tang Dynasty: Little Adventures* was 5. 45%, that of *I Belonged to You* was 10. 8%, that of *Coming Home* was 9. 96% and that of *Less is More* was 7. 87%. *I Have More Colds Than Your Sneezes*, which was unpopular after being put on the shelter of Xiamen Municipal Library in Oct. 2014, but its borrow rate reached 44 volume-time after the multi-channel promotion in the poster, WeChat official account and Weibo account of Cutting-edge Reading within two weeks.

"Finding Ancient Xiamen" Readers Club. This club, founded in Mar. 2012, focused on on-site trip of unique cultural landscape of Xiamen, tasting ancient food of Xiamen and recommending special local culture as well as finding and recording the ancient memory of this city.

The club has launched various activities in succession themed "Finding ancient taste of Xiamen", "Finding ancient villas in Gulangyu Island", "Finding top 10 scenic spots in Xiamen", "Finding ancient remittance houses", and "The charm of ancient Xiamen". These activities covered the history and culture of Xiamen of basic necessities of life. In Apr. 2014, the first session of "Finding Ancient Xiamen—Family Photography Trip with Famous

Photographers" froze the moment of "Previous and present life" of this city.

"Bookworm", Study Abroad and Intensive Reading of English Books Clubs. "Bookworm" Teenager reading club and Intensive Reading of English Books reading club were established by Xiamen Municipal Library, targeting at teenagers and adult English lovers respectively. Study Aboard readers club acted as an studying communication platform for the reader group with the intention of studying or travelling abroad. Since the establishment in Jan. 2013, "Bookworm" Teenager reading club, under the instruction of foreign teachers, had read from *Journey* to *The Center of the Earth*, *Sherlock Holmes Short Stories* and *King Arthur* to *The Tempest*, *Hua Mulan*, *Game of Survival* and *Robin Hood: Prince of Thieves*, covering various simplified English classics published by Oxford Bookworm. Intensive Reading of English Books club, despite of its later establishment, enjoyed great popularity. It organized 50 events within one year with 3, 013 person-time participants. Members participating at least 8 events in each 10 consecutive club events could be awarded a book of foreign languages for intensive reading, to further enhance the club coherence.

"Story Corner of Sister He Juan" for Small Children Reading Enlightenment

On a Sunday in Feb. 2008, the first activity themed small children for the purpose of enlightening their interest in reading — Listening to Books, was held in Xiamen Municipal Library. Because the book teller was named He Juan, the event was titled "Story Corner of Sister He Juan". The story contents were so diversified, from science to music, from classics to modern, and from English to Southern Fujian dialect. And the event started from storytelling and expanded to paper folding, painting, joy dough and games in various forms. The annual event number increased from 52 in 2008 to 104 every year, with the annual number of participants increased from 1, 300 to 3, 400. The host of this event, Sister He Juan, has been supported by many of her colleagues and volunteers. And this event has become a traditional landmark project organized by Xiamen Municipal Library for small children reading promotion.

Public and Open "Xiamen Literature and History Salon"

In 2004, Xiamen Municipal Library invited Hong Buren, an expert in local literature and history in Xiamen, to found Hong Buren Studio for various consultations about literature and history and organizing literature development, subject consultation and exhibition of literature and history in Xiamen.

In 2012, Xiamen Municipal Library cooperated with Huang You, an expert in overseas Chinese issues, and established Research Studio of Overseas Chinese and Related Affairs to provide related services to the research work of overseas and domestic Chinese.

Between 2012 and 2014, on the basis of the two expert studios mentioned above, Xiamen Municipal Library planned training activities theming "Xiamen Literature and History Salon" and "Featured Study of Overseas Chinese" for readers interested in both subjects. "Xiamen Literature and History Salon" was held on a monthly basis in the form of forum, interview, investigation and field trip, including the discussion on local historical materials of Xiamen, field trips to Xiamen port and Gulangyu, attracting thousands of readers interested in literature and history research of Xiamen and local history. "Featured Study of Overseas Chinese" training event was held irregularly, attracting 444 person-time participants, playing an important role in clustering the human resources of experts and scholars in Southern Fujian on overseas Chinese affairs, collecting literature materials about domestic and overseas Chinese and local literature materials in Xiamen to promote the cultivation and construction of back-up researchers.

Mobile "Propaganda Team of Library Service"

In order to expand the radiation of public library service and develop potential reader groups, Xiamen Municipal Library founded a mobile propaganda team in Nov. 2010, "Propaganda Team of Xiamen Municipal Library", to promote the public services of the library in kindergartens, schools, communities and governmental units. The propaganda was held twice a month in kindergartens and schools, as well as places where social weak groups such as schools of special groups or nursing homes gathered, to provide them with collective borrowing card issuing and drop-in book delivery. In addition, the propaganda team connected with various governmental units to promote reference and consultation service of library and utilization of digital resources. By the end of 2014, the propaganda team had organized 91 events, serving 27, 188 person-times.

Internet Service for Senior Readers

Xiamen Municipal Library has always been paying attention to the reading service for seniors, including all-round diversified planning and organization from hardware construction of convenient facilities to software improvement for reading and training.

Hardware construction includes the provision of special wheelchairs for elderly disabled in action, presbyopic glasses, magnifying glasses and other vision-assistant equipment for elderly with poor eyesight. In addition, the library particularly ordered magazines and periodicals for elder readers and set up the special shelters for them. Besides, there were priority seats set in report rooms and community branches, along with literature and material copy free of charge for seniors aged 60 or above.

The service "software" indicates various forms of events to serve elderly, including the lectures themed health maintenance, the club of elderly painters and calligraphers, the movie show themed "Sunset Glow (meaning seniors' happy life in Chinese Literature)" and issuing borrow cards without deposit for elderly of poor families.

Internet Service for Senior Readers: Computer Training Class for Seniors were popular among elder readers, which was facing readers at their 50s or above with computer practice by stages and in groups, in order to increase the internet information and enrich the retirement life of elder readers among whom the eldest one was over 80 years old. Based on the training of three courses in 6 class-hours, the class offered senior readers with hand-in-hand computer operation and surfing technique from the basic computer application of turning on and off to searching for information on the internet and using the digital resources of library, to open a colorful and bright channel to the internet life.

Xiamen Municipal Library was awarded the honorary title as National Civilization Unit of Respect for Seniors on the basis of its great efforts.

Section 4

Improving the Influence of Library Services by Propaganda

New ideas were continuously introduced to the service of library, targeting at the improvement of efficiency of the library. In addition to laying a solid foundation, Xiamen Municipal Library actively intensified social propaganda and expanded its influence on the society.

Multi-form Propaganda

Public service announcement of the library After moving into the new building in 2007, the library began to design beautifully customized brochures and event posters, which were placed in the library halls and in the reading areas, to provide readers with access to reading, playing a role in the enhancement of public awareness of the library activities. With the popularity of electronic information technology, Xiamen Municipal Library used large-scale LED display system, electronic displays and other digital information equipment for real-time publication of all library services and cultural activities.

In addition to the application of the latest technology, the librarians also walked to the street from time to time to distribute publicity materials and to provide information of library services and activities for the citizens passing by at the bus stops, street crossing lines and the supermarket entrances.

"Weekly Lecture" — face-to-face publicity to the readers In April 2014, the "Weekly Lecture" was held in the lecture hall on the second floor of the library. It was an open training activity held by Xiamen Municipal Library, aiming at cultivating readers' information literacy, pushing information resources, promoting diversified service, popularizing the application of new technology and instructing readers to extend reading. The course of the "Weekly Lecture" was designed through topic selection submitted by each department, and the speaker was taken by the librarian with practical experience. The contents included conventional knowledge, such as how to consult ancient literature, how to submit reference or inquiry problems, and the application knowledge, such as Wi-Fi of the library, borrowing of electronic books and the use of 24-hour library devices on the street.

The face-to-face publicity method of "Weekly Lecture" not only enhanced the connotation of library services, but also provided a stage for librarians to show their personal comprehensive ability. Till December 2014, "Weekly Lecture" had been held for 36 times. Nearly a thousand readers had accessed to on-site training. Some readers who had no time for the lecture could ask for courseware, video and other materials.

With the Power of the Network

Penetration of online and offline propaganda The website of Xiamen Municipal Library (www. xmlib. net) integrated the books borrowing and returning system seamlessly, so that the readers could borrow or return the books, reserve the new books, check the location of the books, conduct online reporting for loss, etc. by easily logging into the system. The rich databases on the website were also opened to the public without charge. The readers could use them freely without the constraints of time and space through logging into the website of Xiamen Municipal Library and entering the card number and password, which was convenient and efficient. In December 2010, the column "Online Exhibition Hall" was developed on the website of Xiamen Municipal Library, in which 20 self-held exhibitions on special subjects since 2005, including "Exhibition of the Old and New Photos of Xiamen", "Historical Materials Exhibition for the Celebration of the Sixtieth Anniversary of Liberation of Xiamen" and "Exhibition of the History of Xiamen Municipal Library", were uploaded. The on-site exhibition resources were transferred to the cyberspace through "Online Exhibition Hall", which made it available for the readers to choose the library's exhibition resources at their will. Columns such as "Xiamen Cultural Information Network", "Cultural Information Resource Sharing Project", "Two Sessions Service Platform", "Literature Exchange

Platform", and "Creating a National Public Cultural Service System Demonstration Zone", and videos of weekly knowledge lectures, on demand were also set up on the homepage of the website, facilitating readers to understand and utilize more information resources. By the end of 2014, the total page view of the website of Xiamen Municipal Library was 1. 7 million, of which "Activities of Xiamen Municipal Library" took up 172, 000, "Guide to the Reader" 152, 000, and "Dynamic of Xiamen Municipal Library" 104, 000.

Xiamen Municipal Library received extensive attention from vibrant young and middle-aged readers with multiple convenient advantages of Internet broadcast, for example, e-mail, short message, QQ group, website of Xiamen Municipal Government, Xiamen University Lecture Information Network, Xiamen Small Fish Network Community, and Sina Weibo, aiming at conducting publicity of services and activities.

In February 2009, Xiamen Municipal Library joined hands with Xiamen Small Fish Network. Xiamen Small Fish Network had 280, 000 registered users with a daily visit of 0.15 million. After the information of the library activities were published on the website, readers could customize their favorite lectures and activities on the Internet. Besides, Xiamen Municipal Library cooperated with the platform "Home and School Network" of China Mobile to deliver the forecast message of activities with teenagers as the subject to parents of students through "Home and School Network".

On August 11, 2013, Xiamen Municipal Library worked with Fujian Station on Sohu website to organize exhibition activities for the entries winning in micro-film contest of "Taking You to the Days in Those Years". *What Happens Next*, *The Bread is Available*, *While the Dream is Still Difficult* and *Broken Hearted for* 33 *Years* , were played on the activity site. Huang Ning, a teacher in Xiamen Radio and Television Group, was invited to have a comment on such works and to tell the profitability of microfilm model and its future development trend, which popularized the microfilm-related knowledge to the readers. The activity was conducted in the form of combining lectures with micro film displaying, during which micro film-related interaction was inserted, attracting the attention and love of readers, especially young people. To publicize this activity and the library public service, Xiamen Municipal Library also set up a column in Fujian Community of Sohu website to promote the library free services and reader activities, expanding a new propaganda channel for the promotion of library service.

Widespread micro Xiamen Municipal Municipal Library In 2011, Xiamen Library tried to publicize for carrying out activities such as city-wide reading through Weibo (microblog). On July 26, it opened the Sina Weibo and published the reader activities such as forecast of lectures and service information on the microblog in real time, having an interaction with the readers, building a real-time communication platform and expanding the social impact of the library services. In March 2014, Xiamen Municipal Library launched a convenient WeChat platform "Lectures of Xiamen Municipal Library", "Activities of Xiamen Municipal Library". Readers could obtain information such as lectures, forecast of reading activities and on-site activities reporting, pushed by Xiamen Municipal Library. They shared their understanding and insight on certain activity as long as they scanned two-dimensional code of WeChat platform of Xiamen Municipal Library or searched "Lectures of Xiamen Municipal Library" on the WeChat platform or its WeChat number (xmtsgjz), "Activities of Xiamen Municipal Library" or its WeChat number (XMLIB_Activity) and paid attention to them.

Closer with the Media

Xiamen Municipal Library developed better relations with various media over the years. It sent the information in place in the first time and launched a full range of publicity. In the process of communication with the media, Xiamen Municipal Library used its own advantages in resources to expand sharing of resources by constantly increasing the connotation of information.

In June 2009, Sun Shaozhen, professor and doctoral tutor of the School of Literature of Fujian Normal University, vice chairman of the Fujian Provincial Writers Association, was invited to the lecture hall on the second floor of Xiamen Municipal Library to talk about "Eloquence and Humor" in the interpersonal communication for the audience. More than 260 people attended the lecture and there were no empty seats on the site. Xiamen Municipal Library made the first cooperation with Xiamen TV show "Cross-Strait Talking", which was screened in full by three cameras from different angles. In the same year, the lectures in the series of "Evening News Reporters Face to Face" especially invited column reporter of *Xiamen Evening News* to Xiamen Municipal Library for the weekend lectures, during which he/she talked about literary creation, appreciated and analyzed excellent film works, and shared his/her feelings of urban life with the audience.

On January 4 to 5, 2014, Xiamen Municipal Library joined hands with *Xiamen Daily* and Xiamen Network to create "Xiamen 24-hour Marathon People's Study Day" activities. A number of well-known experts and lecturers were invited to give speeches on topics such as economic management, information consumption, and technological frontier, which brought 24-hour "marathon" information baptism to Xiamen citizens. This activity was an attempt for innovating weekend lectures of Xiamen Municipal Library, which attracted 1,550 people to attend the activity and ushered in "Good Start" for the lecture of the New Year 2014. The lecture took full advantage of the information and media expertise of the digital age, broadcasted through Xiamen network and mobile video, transmitted pictures and texts, and synchronously displayed screen and video of sub-venues, making it possible for the citizens to communicate with the expert face to face in a variety of ways.

On August 9, 2014, Xiamen Municipal Library invited Ding Jiang, news anchor of Xiamen TV and leading anchorman, to hold a spectacular "Dialogue" talk. He talked about his own life experience as well as his deep insight into social reality in a humorous and keen affinity way and put forward various pertinent advices on job selection for young people. 180 readers participated in the activity and the interaction on the site was fervent.

Xiamen Municipal Library also cooperated with radio station to synchronously disseminate activities at the site of the lectures, which not only provided resources for the radio station but also let the program listener have the feeling of being on the site. Through broadcasting, the announcer spoke up the lecture information, giving the audience a deep memory. In recent years, Xiamen Municipal Library cooperated with Xiamen Economic and Transport Radio (Channel FM107) to launch programs, such as *Chinese Olympic Sentiment* wrote by Wu Jingguo, *Mozi and Yang Zhu of Pre-Qin Philosophers* by Yi Zhongtian, *Loneliness and Nothingness of Reading* by Liang Wendao and *Xin Hai: Shaking China* by Zhang Ming.

Previous and Present Life of Library Publication *Voice of Xiamen Municipal Library*

Voice of Xiamen Municipal Library, the publication of Xiamen Municipal Library, was established in 1932 and terminated in 1937. In June, 2000, Voice of *Xiamen Municipal*

Library which has suspended for 63 years was resumed.

Voice of Xiamen Municipal Library started monthly publication in January, 1932, which was created by Yu Chao, the second chief librarian of Xiamen Municipal Library, aiming at reporting library status, informing library information, exchanging library knowledge and preaching the cause of the library. Columns such as treatise, library news, Chinese and foreign library news, monthly business statistics, acknowledgment for books donation, introduction of new books and prose were set up. More than a thousand copies of each issue were printed, which were designated to send to libraries at home and abroad and cultural institutions, to exchange information and publications. These

historical records showed that *Voice of Xiamen Municipal Library* had great amount of distribution on the start of publication and exerted wide influence on the industry. Until 21st century, National Library of China, Shanghai Library, Peking University Library, and some libraries in Taipei had many collections.

Many elderly people in Xiamen and the older generations of overseas Chinese were the readers of the library when they were young. Some of them had a deep impression of *Voice of Xiamen Municipal Library*. On May 27, 2009, Mr. Huang You, an 80-year-old well-known scholar, former Vice Chairman of Fujian Provincial CPPCC, specifically mentioned *Voice of Xiamen Municipal Library* published in the 1930s when he visited the new library of Xiamen Municipal Library and some columns were still fresh in his memory. *Voice of Xiamen Municipal Library* had a true record of development history of library business in Xiamen from scratch. It retained the old photos including the first building of Xiamen Municipal Library in No. 21, Wenyuanjing Road, recorded the library business during 1932 to 1937, and left a very precious historical record of Xiamen Municipal Library and glorious footprints in the development history of Chinese library publications. In April, 2005, Beijing Library Press edited and published the *Exquisite Sequel of Modern Well-known Library Publications* (twenty volumes in all). *Voice of Xiamen Municipal Library* was enrolled in the "Modern Famous Library Publications", which indicated its special status in the history of Chinese library business.

On October 30, 1989, Xiamen Municipal Library compiled and printed *National Specially-designated City Library Information Exchange* (*Xiamen Edition*), which was later renamed as *15 City Public Library Information Exchange* (*Xiamen Edition*). On November 15, 1989, it compiled and printed *Brief Work Report of Xiamen Municipal Library.* Although they were two information notes, they basically reflected various business dynamics of Xiamen Municipal Library. *National Specially-designated City Library Information Exchange* (*Xiamen Edition*) was an exchange platform for public library collaborative organization on the start of publication.

At the end of 1999, the compiling and printing of *History of Xiamen Municipal Library from 1919 to 1998* were completed. In the process of compiling, the compilers were deeply aware of the importance of information and clues. The compliers had a wealth of compiling materials due to the complete materials of some chapters. For example, the construction and development of library business in the 1930s was compiled based on the reference of relevant materials such as *Voice of Xiamen Municipal Library.* However, the materials of some chapters were not sufficient, so the compliers had to consume much time and energy to verify in many aspects, but it appeared to have very little effect. Thus the awareness of the importance of comprehensively and systemically collecting and recording materials of self-construction and development of the library was deepened. As a result, the staffs decided to have a revision of *Brief Work Report of Xiamen Municipal Library* and to resume publication of *Voice of Xiamen Municipal Library.*

On May 12, 2000, 9 information workers were recommended by each department to send information timely, write articles and re-design the cover of *Voice of Xiamen Municipal Library.* Columns such as reader forum and recommendation of good books were set up. In this way, *Voice of Xiamen Municipal Library* was published again in June, 2000 as a bi-monthly publication and the general issue number followed *Brief Work Report of Xiamen Municipal Library.*

The editor of *Voice of Xiamen Municipal Library* was initiative to contact the experts and scholars and organized manuscripts spontaneously. Peng Yiwan, former director of Xiamen Municipal Culture Bureau, Gong Jie, former chief librarian of Xiamen Museum, Zhu Jialin, chief editor of *Xiamen Evening News*, Zheng Qiwu, associate professor of Xiamen University, Shen Zhaokeng, associate professor of Jimei University, etc. provided manuscripts continuously. Only 40 volumes of resumed publication of *Voice of Xiamen Municipal Library* were printed by the computer. It subsequently obtained support from Xiamen Foreign Book Exchange Center. RMB 500 was offered for each issue to give a support from the second issue and it was increased to RMB 1, 000 in 2004. Starting from the third issue (the 43rd issue), the library entrusted professional design for the publications and professional printing factory for printing. A large upgrade was achieved from contents to form.

On May 30, 2001, Xiamen Municipal Library held readers' activities at Zhongshan Branch in Gulangyu—Xiamen Artist's Association Pen Club. Mr. Xie Chengguang, a famous calligrapher, readily agreed to inscribe title for *Voice of Xiamen Municipal Library*, which spiced up the publication. Meanwhile, columns such as "Master pieces" and "Reading station" were added, increasing information and introduction of the publication. In 2013, *Voice of Xiamen Municipal Library* obtained the "Internal Information Publication Printing Permit in Fujian Province." In July, 2013, *Voice of Xiamen Municipal Library* (the 115th issue) got the formal publication number. With the continuous expansion of impact, the number of resumed publication increased from the early 40 copies to 500 copies.

After resuming the publication of *Voice of Xiamen Municipal Library*, the exploration and inheritance style of local history culture since the start of publication were continued and maintained. In 2003, in *Voice of Xiamen Library* (the 58th issue), Zheng Qiwu, associate professor of Xiamen University, wrote articles to have a discussion with Hong Buren, expert of Xiamen local history on the research of local history of *Chiang Kai-shek's Fifth Trip to Xiamen*, which attracted attention of reporters of *Xiamen Evening News* who published the discussion of the two experts, receiving the community's attention. In 2008, after Zheng Qiwu went to Turkey to serve as Dean of Confucius Institute, he still contributed to *Voice of Xiamen Municipal Library* and mentioned his links with *Voice of Xiamen Municipal Library* in his blogs and books.

Mr. Gong Jie, the former curator of Xiamen Museum wrote *Lian Heng and Shanyagu Villa*, *Hu Shi and His Son's Life and Death in Xiamen and Taiwan*, *Lin Yutang's Sentiment on Gulangyu—Liao Alley*, etc. continuously for *Voice of Xiamen Municipal Library* during 2005 to 2014. He revealed some of the little-known historical facts with wonderful writing. Chen Qiuhong, a librarian of Xiamen Municipal Library, wrote *A Long Distance Tracking—Looking for a Rare Book Collection of Sunlight Rock* and other articles, which were considered as the focus for the promotion of local culture by *Xiamen Daily* and *Xiamen Evening* who made a special visit to Xiamen Municipal Library for an exclusive interview of Chen Qiuhong.

Jiang Hong, a member of Xiamen Municipal Bureau of Legislative Affairs, published the article *A Special Signature* that recorded his only meeting with Mr. Ke Ling in his college life in *Voice of Xiamen Municipal Library*. *Wenhui Reader's Weekly* and *Xiamen Daily*, reproduced this article, which made him feel gratified, thus he became a regular contributor of *Voice of Xiamen Municipal Library*.

Since 2007, *Voice of Xiamen Municipal Library* has published a special issue each year, such as "Destiny between Books and Me", "Knowing Gulangyu through Visiting", "More Speaking, More Exciting— the Tenth Anniversary of the Lecture", "Film and Reading". It also recorded and exhibited large reader activities organized by the library in *Voice of Xiamen Municipal Library*, which propagandized and promoted the library's extended service and innovative services.

In order to expand the awareness of *Voice of Xiamen Municipal Library* among the readers, Xiamen Municipal Library set up special shelf for *Voice of Xiamen Municipal Library* in the reading area on the first and second floors respectively to facilitate readers' reading. When the website of Xiamen Municipal Library was revised, the column *Voice of Xiamen Municipal Library* was added to make it convenient for readers to know and search. "Voice of Xiamen Municipal Library" was also distributed to the countryside, army, communities, schools, industrial areas, etc. through branch service network, achieving good propaganda effect.

Section 5

Technological Innovation of Library Services

From 1994 when the first set of ILAS system was installed, Xiamen Municipal Library had held to the way of technology innovation for 20 years by applying the latest technology to improve the efficiency and the service.

Text Message Reminders and Renewals

In 2004, Xiamen Municipal Library firstly proposed to establish "The Disabled SMS Service of Books Management System". In June 2009, the library expanded the range of SMS services. All readers with China Mobile cell phone numbers could receive the messages about the dates of returning books after applying the service. They could also know other information by replying messages.

There were Mobile, Telecom and Unicom in China and the three companies competed with each other. In 2013, Xiamen Municipal Library solved the problem of people using phones with different operators by using the SMS cloud platform, and all readers could enjoy the same services.

Unified Authentication and Single Login

In the process of informatization construction of library information resources, there were more and more relevant application systems, but the compatibility barriers between digital resource products had bad impact on the library's social service performance.

On December 6, 2010, Xiamen Municipal Library launched the service of "Unified

Authentication Platform” services, breaking the barriers between different systems. After logging in the platform, readers could be free to visit the digital resources of public libraries in Xiamen and the resources of National Digital Library of China. They could also browse and download articles in CNKI Chinese journals and Weipu Electronic Journals and watch the video lectures and films. Readers had access to the platform without the limits of IP or time. Readers could renew the book and manage the account at the platform within one stop.

Unified authentication platform (Interlib SSO) not only connected different systems in Xiamen Municipal Library, but also connected public libraries in five districts of Xiamen, achieving the “one-pass card” and sharing of the digital resources. In 2014, the unified authentication platform was combined with the one-stop service platform in Xiamen, and the “one-pass card” was extended to the transportation, medical services and housing fields.

Xiamen Municipal Library combined the reader cards with the social security cards, relying on the information resource of social security database to improve the efficiency of processing. Xiamen citizens with social security cards will get service of borrowing and returning books in any library, self-help library and circulation center, which were included in the Xiamen Municipal Library service alliance.

Smart Shelves and 24-hour Self-help Library

Smart shelf is a set of high-performance book positioning and managing system. Xiamen Municipal Library firstly used the smart shelves in the 24-hour self-help library, recommended book shelves and books shelves with certain themes. The 24-hour self-help library consisted of 17 one-meter-wide shelves with five layers. It was 40-cm high in each layer and it set four antennas in each layer. The lines were hid within the book shelves and the signal covered the whole shelves.

Readers could browse the virtual shelves and search for books by inputting words through the screen. The smart shelf improved the accuracy of book data and made it more convinent for readers to get books they looked for. The information tracking system with book borrowing, returning, sorting and shelves, effectively improved the circulation efficiency of the book. The smart shelf also could collect and record other information including the actions of readers, which could be used to analyse useful information and improve the management of library collection.

Multimedia Presentation System

In August 2011, an electronic newspaper-reading machine with a 42-inch touch screen appeared on the first floor of the library. Readers could browse 50 major domestic newspapers in the original format, and they were updated daily via the Internet. Moreover, the touch screen did not require readers to learn to type, it was accessible immediately when it was turned on.

In 2012, Xiamen Municipal Library purchased 7 machines with 55-inch LCD touch screen, and the newspapers increased to 200 kinds and readers could order newspapers according to their needs. The function of the electronic exhibition and video playing was added.

The library digitalized the photos of the previous exhibitions and showed them in the machine. The release of the photos on machines was managed by the library. Readers could browse the photos of the present and previous exhibitions, and the photos could be enlarged to show more details.

In addition to releasing pictures, videos could also be released on machines including the public service publicity films and some parts of lectures. This set of multimedia system became an effective platform to promote the digital resources in the library. Later, Longyuan journal network, children's resource library and picture library were also added and the content became richer, attracting more readers.

Online Reference Service

In 2012, the library joined the "National League for Reference Service" led by

Guangdong Provincial Zhongshan Library. This was the first time that Xiamen Municipal Library met the online reference, and learnt many experiences and methods from it. In 2013, Xiamen Municipal Library established online reference service platform, and set it as a permanent column of the library website.

Reference librarians used information search technology to offer services for individuals and social groups.

Platform is divided into two major sections. The first is the consulting on the network, mainly to solve the problems of readers, such as, "what are the original codes?" and "How to use the digital resource?" Librarians would openly answer the questions readers questioned. These questions were mostly the common questions of readers and these questions and answers became the FAQ, which became a channel to promote the library service.

Another section of the platform is the reference service based on the library collection, databases and the common resources among libraries. The service platform of "Online reference" was connected with unified authentication platform of Xiamen Municipal Library, and readers did not need to register the account again. Readers could log in the platform and send their questions by using the numbers of reading cards. Public libraries in Xiamen city and districts were the centers of the service, and readers could send their questions to any library, thus the communication would be more helpful.

Smart Sorting System

In 2008, Xiamen Municipal Library introduced the self-help RFID technology and the number of books readers borrowed increased significantly. However, it caused new problems. Without the additional librarians, the self-help book borrowing and returning brought a huge amount of work such as sorting and putting books back on book shelves. The unsorted books on the cart piled up and the distance from the book cart to the bookshelf, though only 100 meters, seemed as far as the marathon.

In July 2010, Xiamen Municipal Library started the automatic book-sorting process.

The smart book-sorting system, composed of book returning machines, delivering belts, sorting machines and transit boxes, is equipped with 13 sorting windows and 26 sorting transit boxes. Each transit box could hold 100 books with the thickness of 2 cm and size of 16 mo. The system sorts books accurately and quickly and it can sort over 1000 books each hour. The system will go into hibernation if there is no task, which boosts energy conservation and environmental protection.

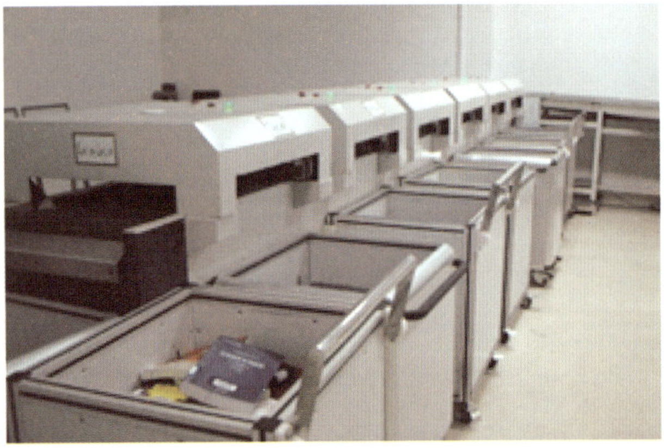

The smart book-sorting system in Xiamen Municipal Library arranged three book returning machines that were parallel working and it works every day. The books readers returned go into the corresponding transit box through the sorting system, which reduces the human resource cost and improves the efficiency.

Electronic Sign-in for the Lecture

The free lecture on weekends has been held for many years in Xiamen Municipal Library. In order to improve the efficiency of the audience analysis and offer better lectures for readers, the library arranges tables at the door and audience need to sign in and write their basic information such as names, ages and occupations, offering the materials for the analysis. However, with the number of audience grows, the way of sign-in meets the new problem.

Firstly, the sign-in is always crowded and obstructs the path to the lecture in the peak. Most of the audience usually sign in over 10 minutes before the start of lecture and it causes the peak of sign in, and filling the information also takes time. Secondly, the statistical analysis is inconvenient, which needs to invest a large amount of human resource cost and a lot of time, and the efficiency is low. Thirdly, it is inconvenient for audience to sign in and fill the same information each time.

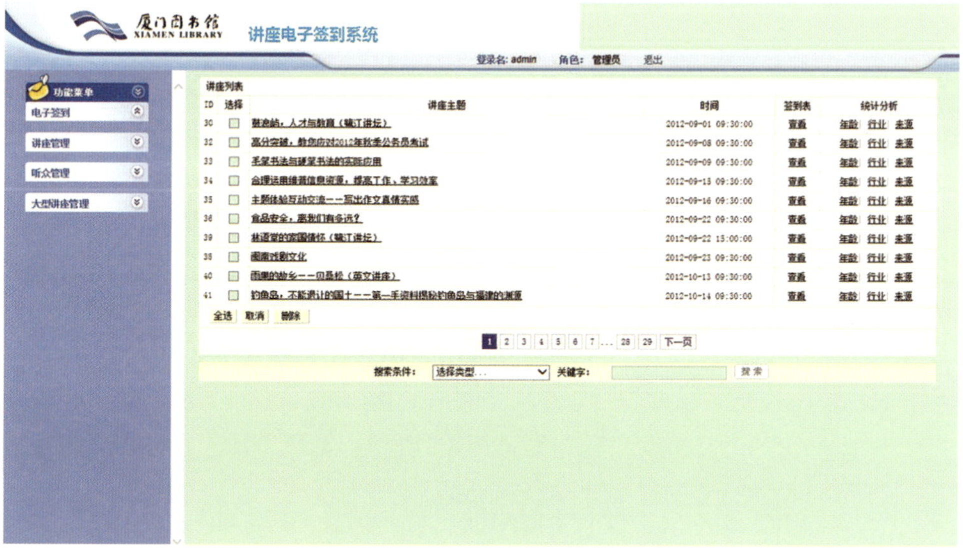

After the preliminary investigation and analyzing the demands, Xiamen Municipal Library decided to develop a set of electronic sign-in system to achieve the functions of audience sign-in and data analysis at the same time. The system is designed to meet the following objectives. The first is to solve the problem of the lack of concurrency and to sign in quickly and conveniently. The library uses social security cards as the information exchange medium to realize the matching between the system and the unified authentication platform. Readers who listen to the lecture just need to tap their cards and the system will automatically extract personal information from the database. The testing shows that the system completes the sign in of each person within 3 seconds, which improves the efficiency largely. The second is to complete the analysis of audience better. The system will automatically analyze the age, industry, source of news and interests of audience to guide the selectingtopics of future lectures and provide the lecture information for audience.

At the same time, the staff also can manage lectures and audience information through the back-end system. Planning a new lecture needs to add a lecture in the lecture management module, fill in the basic information of the lecture, such as the topic, speaker, time, content and place. Since the lecture is generally held in the lecture hall on the second floor of the library, the default value of place is set as "the lecture hall on the second floor of Xiamen Municipal Library (in No. 95 Tiyu Road)", andthe time is set as 9:30.

. The audience management module displays the main information of readers in a list format, and more details can be viewed by clicking the name of readers. The system does not support directly adding readers, because it needs to be consistent with the reader database of the book management system to prevent the generation of "dirty read". All the initial reader data is copied from the book management system, which is the only entry for the new readers. As long as the reader has signed in once, the reader information will be copied from the book management system to the sign-in system. The set of data is completely independent from the source system, and any modifications will not affect another system and business.

The system can print the sign-in information of each lectureto save the document. At present, electronic sign-in has been perceived as normal and been accepted by librarians and readers.

Shooting "Weekends Lecture"

"Weekends Knowledge Lecture" is a routine and not-for-profit lecture held by Xiamen

Municipal Library on weekends. Through the excellent lecturer resources in Xiamen and the neighboring areas, the lecture provides rich knowledge feast including the topic of history, geography, medical care and scientific knowledge for citizens. The lectures, acting as a mirror of local culture, reflect the themes and topics which the public are mostly interested in and they should be preserved and spread better.

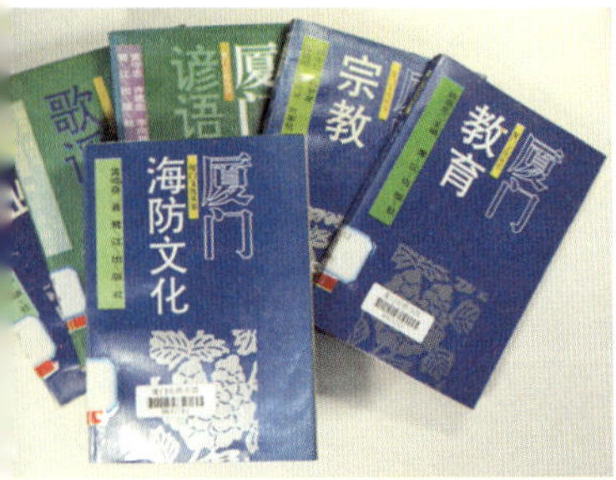
厦门
海防文化
厦门
教育
宗教
谚语

半月刊
Bun Kao Half Monthly Magazine

新嘉坡畫報
SINGAPORE

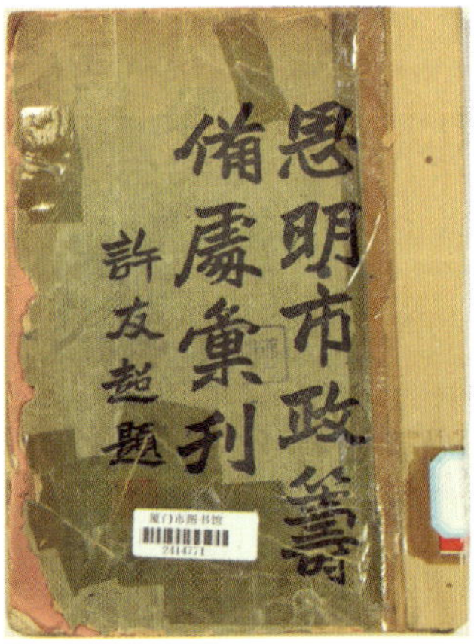
思明市政籌備彙刊
許友超題
厦门市图书馆

03

Chapter 3

The Library Collection with City Memories

Literature, the foundation of the library, records the ancestors' wisdom and experiences, as well as the history of the city. Therefore, collecting literatures becomes an important function of the library. Up to December 31, 2014, collections of literature in Xiamen Library reached 2.348 million volumes. Among them, the ancient books reached 2, 720 kinds and 27, 135 volumes; the thread-bound editions of the Republic of China 4, 463 kinds and 29, 170 volumes; literatures of the Republic of China (paperback) 15, 608 kinds and 30, 011 volumes; Fujian's local literatures 22, 378 kinds and 39, 183 volumes; literatures of special topics on Chinese and overseas Chinese 2, 562 kinds and 3, 553 volumes; and the literatures of special topics on the relationship between Fujian and Taiwan 12, 926 kinds and 17, 568 volumes. The accumulation of these documents, as well as the formation of the special literatures that matches the characteristics of Xiamen city's culture, is the results of generations of Xiamen librarians' efforts.

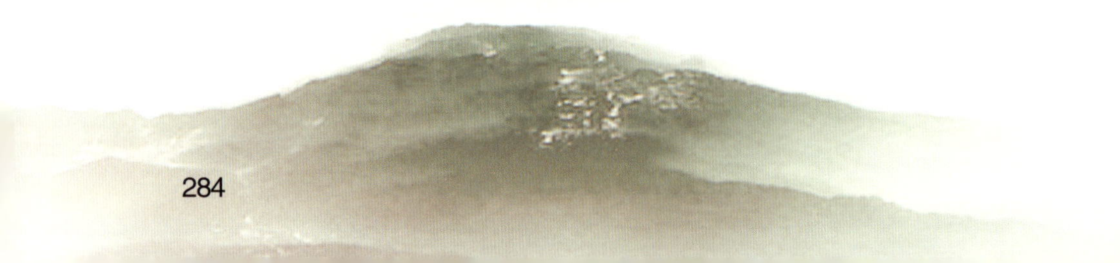

Section 1

A Library of Books

For a library, more than 90 years could have too many stories including joyful and regrettable things. The silent books spread the library's history and the slightly yellowed pages record changes of the library.

In 1919 when Xiamen Library was founded, there were more than 20, 000 books in the building at Wenyuanjing. They were the original documents of Xiamen Library, which were mainly from several academies in Xiamen and some private donations at that time. More than 3, 000 volumes and dozens of newspapers and magazines were added.

In 1917, Lin Gutu, the director of Bowen Academy, donated more than 6, 000 books to the Xiamen Library that was under the construction. There were a number of scientific books that had simple translations as well as books such as *Integration of Ancient and Modern Books*, *Thirteen Classics* and *Twenty-four Histories*, and *Shanghai Shenbao*, *Hongkong Circular Daily* and local newspapers at Xiamen in Bowen Academy. It is worth mentioning that the *Integration of Ancient and Modern Books* that Bowen Academy donated was incomplete. Lin Gutu combined his own collection of *Integration of Ancient and Modern Books* that was also incomplete with the set that Bowen Academy donated to form a complete set, and donated the whole set to the library.

When Xiamen Library was founded, it also received over ten thousand volumes of books collected by Yu Ping Academy including Confucian classics, history, philosophy, literature and *Nine Tongs*.

In the 1930s, social education and donors were popular in Xiamen. In 1933, Wang Huazhong and others, the heirs of Wang Yushen, purchased *Siku Quanshu* from the

Commercial Press and donated it to Xiamen Municipal Library according to Wang Yushen's will. The library bought the most books in 1935 including 2, 000 copies of *Wanyou Wenku* and 4, 000 volumes of *Congshu Jicheng*. In 1937, there were 50, 000 books, 40 newspapers and 200 magazines in the library.

In 1938, the Japanese occupied Xiamen. At the night of September 17, the library suddenly caught fire. More than 50, 000 books of collection and the building of the library were destroyed. Among them, many valuable ancient books including *Siku Quanshu Rare Original Books* and *Dunhuang Scriptures* were burned out.

In 1939, the Xiamen Bureau of Education manipulated by Japanese invaders "restored" Xiamen Library, asked for books from the society, and meanwhile received the remaining books from a secondary school library, together with a small number of books from the burning building; the collections of books were about more than 10, 000 volumes.

On August 15, 1945, the Anti-Japanese War got the victory. On October 15th (or 25th), the Xiamen Library received an order to re-organize all the books, and make and transfer the inventory in a week. At that time, a total of more than 27, 000 books and newspapers were received, including more than 26, 000 books, 1, 211 magazines and 24 newspapers. Although the transferred books had the inventory, from the view of the situation at that time, the loss and damage of the books were quite serious. The new curator Li Xi sorted out the book that deposited in (Xiamen) Bank of China and Xiamen Women's High School manipulated by Japanese invaders, and Xuying College. These books were incomplete, e. g. , *Wanyou Wenku* and *Congshu Jicheng* that were originally well protected were also not complete, and some books were badly worm-eaten. In order to enrich the collection, the library also requested assistance from the cultural people of the country. At the same time, it encouraged people who were interested in the cultural industry to donate or sell their valuable books to the library.

After 1946, although the Xiamen government allocated the book funding to the city library every year, because of the intensified inflation, the money allocated from government to the library sometimes were even not enough to buy two books or three magazines. At the same time, the loss of books were serious: government staff often did not return books; some readers simply gave up the deposit and took the book, because after a period of time, the deposit in the library had already been worthless.

After the founding of P. R. China in 1949, the government allocated RMB 0. 6 ~1 million each month for the library to buy new books, which increased the library collections to more than 36, 000 volumes. Library also collected books through various channels. The first way was to write to various government agencies and organizations, newspaper offices and individuals, and asked them to donate books. The second way was to strengthen contact with the various bookstores in Xiamen, timely purchased new books or directly remitted to the non-local bookstores to order books.

In January of 1953, Xiamen Library received more than 30, 000 books from Gulangyu Zhongshan Library. At this time, the collections of books reached more than 82, 000 volumes.

From 1956 to 1966, the library funding was guaranteed. In 1956, the number of book purchased per month was about 500. Since 1957, the number of purchased book per month had doubled to more than 1, 000 per month. The social donation also reached a peak, the donation of books from organizations and private collectors reached more than 16, 000 books. Wu Zaiqiao donated 4, 486 volumes of books, including 485 volumes of thread-bound ancient books. Gao Ruizhu donated his husband Lin Shuzang's collection of 7, 820 volumes books. Xiamen People's Bank donated 2, 162 volumes of books.

In 1966, before the "Cultural Revolution", the collection of Xiamen Library reached more than 330, 000 volumes of books, including more than 255, 000 volumes of Chinese books, more than 50, 000 volumes of thread-bounded books, nearly 10, 000 foreign books and 15, 000 bound volumes of newspapers.

During the period of the "Cultural Revolution", the national publishing industry went into depression and the library's collection was influenced. Due to repeated relocation of the buildings and the limited room for storing books, most of the copies of books and "Old Books" were removed.

In August 1972, Xiamen Library received more than 204, 000 books, and the collection of books increased to 485, 000 volumes. By 1980, the total collections in Xiamen Library reached 651, 000 volumes.

In 1988, the library moved to the original government building on No. 2 Park South Road, and the collection of literatures reached 800, 000 volumes. In 1989, Jimei Library was returned to Jimei School Committee, and Jimei Library and its 278, 000 books were also returned. At this time, Xiamen Library's collections were reduced to 520, 000 volumes.

In the 1990s, along with the reform and opening-up, the economic and cultural undertakings of the Xiamen Special Economic Zone developed rapidly. The annual purchases of books in Xiamen Library remained at the level of 10, 000 to 20, 000 volumes. The total volume of the collections increased year by year. By the end of 1998, the amount had reached 749, 000 volumes. In addition to the traditional printed textbooks, it also purchased some non-book materials, such as video cassettes, video tapes, CDs and micro-reproductions. The type of collections began to be diversify.

During this period, the society's awareness of the library gradually resumed, and celebrities both at home and abroad and entrepreneurs donated books and money to the library, which became a fashion again. In 1993, the former Vice Premier Fang Yi donated 3, 000 books to the library. Shi Jingyi from Hongkong donated 13, 766 books and Han Zhendong donated 200, 000 yuan. Sun Bingyan from Singapore donated 50, 000 yuan. Xiamen Road and Bridge Construction Investment Corporation donated 300, 000 yuan.

In the 21st century, Xiamen Library moved to the new site of Xiamen Culture and Arts Center. The funding for purchasing books also increased to RMB 6 million each year from RMB 1 million. By the end of 2014, the total number of literature in Xiamen Library had reached 2. 348 million volumes (pieces).

Library has become an indispensable place of cultural life for citizens, and more and more readers would like dedicate their own books to share with more people. From 2005 to 2014, Xiamen Library received 8, 160 kinds and 93, 034 volumes of documents donated by social organizations and people from various fields. The amount of books were recorded as follows:

In 2005, Xiamen Film Company donated its accumulation of more than 3, 000 kinds of movie posters, scripts and other film materials during the 1970s to 1990s, left a valuable collection of the film culture for Xiamen.

In 2007, Wang Birong, Wang Bixia and Wang Bi donated their father's collection to the library. Their father Wang Yunfeng was a famous painter in Xiamen.

Huang Xuan was the assistant of Chen Yinke. In 2008, her sons and daughters, Zhou Ren, Zhou E and Zhou Han, donated her collection of 416 kinds and 1, 515 volumes of books to Xiamen Library.

In 2013, Hugo de Garis, who used to teach at Xiamen University and who was the pioneer in the field of evolutionary hardware and quantum computing, "father of artificial brain", "father of evolutionary hardware and evolutionary engineering", donated nearly ten thousand volumes of his lifetime collection to Xiamen Library. Garis arrived in China in 2006, and the transport of a container of books from the United States to China cost him RMB 150, 000. Those books were eventually donated to Xiamen Library after he moved about in various cities of China.

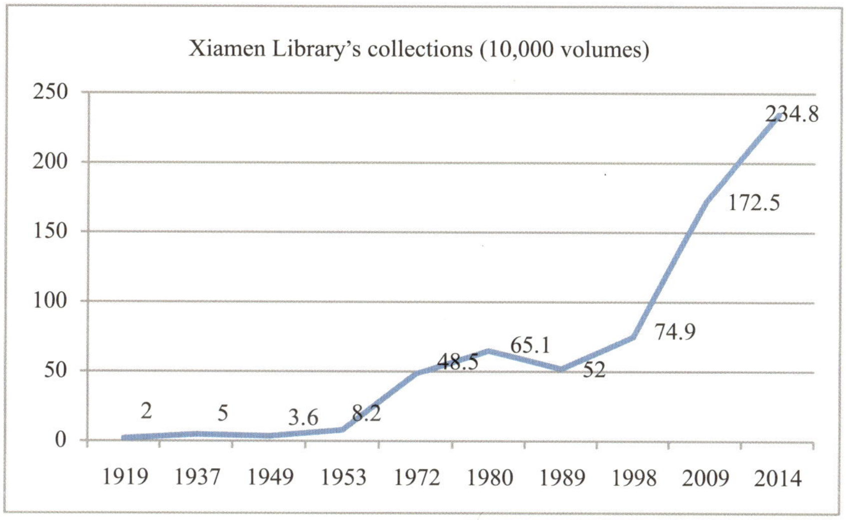

With the development of digital information technology and the emergence of digital reading needs of the public, the library began to purchase databases and e-books in addition to non-book materials, such as audio-visual products and electronic publications.

In 2005, Xiamen Library and Tsinghua Tongfang knowledge Network Technology Co., Ltd. (Beijing) jointly organized the "Public Library Regional Sharing System Construction Seminar", and the meeting reached a consensus of constructing the electronic data service platform for readers so that they can enjoy the services of electronic resources at home. In the same year, during the national holiday, Xiamen Library held "Cultural Golden Week" in the electronic reading room; the readers can start to read nearly 1, 000 kinds of electronic journal literatures from "Longyuan Journal Network". In 2010, Xiamen Library cooperated with the National Library and established "China National Digital Library Xiamen Branch", achieving the co-building and sharing, and full coverage services in Xiamen, thus the reader can use the national digital library and other digital literature resources only by logging in Xiamen Library website.

By the end of 2014, Xiamen Library had had 29 large and medium-sized databases, such as China National Knowledge Infrastructure, Weipu Science & Technology Journal, Wanfang Data Resource and Longyuan Journal Network. There were nearly 10, 000 kinds of electronic journals, more than 2, 700, 000 conference papers, 880, 000 kinds of e-books and 80, 000 kinds of foreign e-books, 3, 000 Yearbooks, 6, 900 kinds of reference books, and 80, 000 international and industry standards. There were also the self-built special local databases "Xiamen Memory" and the total database of electronic resources reached 53. 53 TB.

Collection of Special Literature

Shouldering the responsibilities of inheriting the local culture, Xiamen Library had the important collection features of Xiamen local literature with the over 90-year efforts.

Southern Fujian, My Love—The Construction of Local Thematic Literature

In a long history of profound Chinese culture, Southern Fujian culture is one of the brilliant branches. It is a regional culture created and inherited, developed, innovated by people living in the Fujian region (mainly Southern Fujian). During the social practice, the generations of Southern Fujian people have been excavating, developing, creating and absorbing foreign cultural characteristics, and have developed the Southern Fujian culture with distinct local characteristics, unique personality and rich connotation. Xiamen, as an important part of Southern Fujian region, plays an irreplaceable role in the formation and development of Southern Fujian culture.

Since 1919, Xiamen started focusing on the collection of local documents. Yu Chao, the second chief librarian, began the collection of local documents in Fujian in the 1930s and proposed the idea that the library should value collecting local documents at the annual meeting of Chinese Library Association. Li Xi, the third chief librarian, valued the research of local culture and wrote some books.

According to early *The Voice of Xiamen Municipal Library*, the second annual meeting of the Chinese Library Association was held in Beijing in August 1933. The meeting approved the six proposals of Xiamen Municipal Library. The sixth proposal was that the Ministry of Education should order all libraries in China to collect local documents, and it also provided some measures to achieve the goal.

The results of collecting local literatures were also summarized in "*Report of the Main Work of the Library for the 24th Year*" in 1935. Xiamen Library proposed the requirement of collecting local records in the 1930s and it was not difficult to find that the library was aware the importance of collecting local records in the early time. Later, despite of the repeated changes of the location and the chief librarian, the collection of local literature was ignored by the library.

In 1980s, Xiamen Library established the Special Collection which involved the local documents of Fujian. After moving to the South Park Road, the library set the special shelf to locate books and journals about Fujian and formed the Local Documents Database. Readers could use them conveniently.

Entering the twenty-first century, with the help of local history experts and scholars and other social resources, Xiamen Library enhanced its own strength in the local literature research. Mr. Hong Buren, who was more than 80 years old, had been studying the local history of Xiamen for more than 50 years, which made him "the walking dictionary of Xiamen". In 2004, Xiamen Library joined hands with Mr. Hong to set up "Hong Buren Studio". The studio opened to the public every week, and the public could meet Mr. Hong face-to-face in the studio and ask questions about local history. The library was equipped with staff and equipment to organize the document development, research project, exhibition planning and training seminars with Mr. Hong. In October 2006, Mr. Hong donated his own possession of nearly ten thousand volumes of books and newspaper clippings to Xiamen Library, which formed the new feature of the library collection.

In 2007, the new building of Xiamen Library was built, which also guaranteed the sustainable development of local literature collection work. The library set up the full-time positions of local documents interviewer, employing professionals to collect the local literature. At the same time, the library re-established the local literature resources construction policy, and the scope of the collection from Fujian province was reduced to Xiamen, Zhangzhou, Quanzhou and other southern regions where people spoke Southern Fujian dialect, concentrating efforts to ensure the collection of Southern Fujian, especially the local literature of Xiamen.

The first existing poetry anthology of Xiamen, *Huangyan Ji*, finally appeared in the hometown after half a century of searching. *Huangyan Ji* was created by Chi Xianfang at the end of the Ming dynasty. Chi was good at writing poems and articles, and he left a large number of poems about Xiamen. Xiamen Municipal Library only had four volumes of *Huangyan Ji* after the social upheavals, and finding the complete *Huangyan Ji* became very important for librarians in Xiamen Library. Hong Buren learned about the collection information by friends and he immediately told the library. In May 2007, the chief librarian Lin Liping and Fu Hong went to Tianjin Library for *Huangyan Ji*. After being compared with the copy edition in the Xiamen Library, *Huangyan Ji* which was collected by Tianjin Library was identified as the same duplication. Tianjin Library readily gave the book to Xiamen Library.

In 2008, Xiamen Government issued *Regulation of Collecting and Managing the Local Documents of Xiamen*, which ordered that local organizations, groups and individuals who published books must deliver two volumes to Xiamen Library. The collecting of the local documents in Xiamen got the support from the policies.

In May 2008, at the opening of the Exhibition of Xiamen Local Documents Collection, Lin Yingxue donated an old book wrapped in brown paper to the library. The book belonged to Chen Yucong, the grandfather of Lin Yingxue. There were over 2, 000 poems reflecting the history and culture of Xiamen wrote by many scholars like Li Xi and Chen Yucong. Lin Yingxue said Chen Yucong was a teacher who taught for over 50 years and left the book to his children when he died. Lin Yingxue treasured the book and donated the book to the library to benefit all the readers.

In 2012, 95-year-old Chen Jincai donated her 1, 119 photos of Liao's famiy to the library. These photos showed the 100-year history of Liao's family and were significant in studying the history of Gulangyu.

Citizens' donation inspired the librarians' passion for the local document collecting work.

From the chief librarians to the general staff, they tried their best to do their job. They were busy in the bookstores and markets, on working days and weekends. By the end of 2014, the local literature of southern Fujian had reached 22, 000 kinds and 39, 000 volumes.

To protect and use the local documents better, Xiamen Library digitalized these documents and formed the database of "Xiamen Memory".

The history of Xiamen with recordings originated from the middle of Tang dynasty, and it has more than 1, 140 years. Through the efforts of three years, "Xiamen Memory" Database was completed and it had seven parts including Xiamen City, Pictures of Xiamen, Figures of Xiamen, Documents of Xiamen, Index of Local Documents in Xiamen and Operas of Southern Fujian. "Xiamen Memory" Database was the digital feast that librarians offered for the public in the digital age.

The Overseas Chinese Literature

Xiamen is a famous "hometown of overseas Chinese" and modern overseas Chinese made great contribution to Xiamen and the whole country. Chen Baochen and Huang Yizhu invested in the industry and developed the national enterprises. Chairman Mao Zedong praised Chen Jiageng as "the example of overseas Chinese and the national glory". Chen built schools, developed education, and made a great contribution to the rejuvenation of Chinese. The overseas Chinese played an important role in many fields in Xiamen in the 21st century. Therefore, Xiamen Library decided to take the overseas Chinese literature as one of the features of collection, trying to build the Overseas Chinese Literature Collection.

Librarians went to libraries and cultural centers in Xiamen, Quanzhou, Zhangzhou and many other cities to browse the directory cards, to find the relevant books and to record the collection of books on overseas Chinese. They finally formed *Bibliography Index of Overseas Chinese from Fujian*, and established the digital bibliographic database. At present, the database includes about 1, 600 bibliographies from Xiamen Library, Zhangzhou Library, Quanzhou Library, Nan'an Library, Nan'an Li Chengzhi Public Library, Jinjiang Library, Shishi Wenlin Library, Anxi County Library, Yongchun County Library, Nanjing County Library, Shanghang County Foreign Affairs Office and a number of overseas Chinese book collection units.

In 2007, the "the Overseas Chinese Document Database" opened to the public on the second floor of the new building of Xiamen Library. It was the key collections of the library and provided the reference materials for the study.

In 2012, Xiamen Municipal Library joined hands with Huang You, former vice president of Fujian Academy of Social Sciences, and other Chinese and overseas Chinese research experts to establish "Chinese Research Studio". The library provided support for the studio, including places and funds. Mr. Huang You opened a "Chinese and Overseas Chinese Salon", where a group of Chinese and overseas Chinese research experts and scholars were gathered with his reputation, and literatures from both domestic and overseas Chinese were widely collected. With the support of the library information technology, systematic development and research on literatures of this topic was conducted, and thus "Database of Chinese and Overseas Chinese Literatures" was established in Xiamen Municipal Library. The studio convened a symposium once every month to have a research on the early activities of overseas Chinese in Southeast Asia held in Xiamen and popularize the knowledge and research on the history of overseas Chinese. Not only research experts participated in the salon, but also ordinary readers.

Waiting Across the Sea—Construction of Literatures on the Relation between Fujian and Taiwan

The collection of Taiwan literatures in Xiamen Municipal Library began in the early 1990s. Part of Hongkong and Taiwan books were purchased every year. The growth of book collection in the library was relatively slow due to the limited funds for literature interview. During 1994 - 1995, Mr. Shi Jingyi, Chairman of Hongkong Hon Wing Book Co., Ltd., donated 13,766 books to Xiamen Municipal Library, many of which were published in Taiwan. Xiamen Municipal Library began to set up special shelves to display Hongkong and Taiwan books.

At the beginning of 2007, when the overall service function of the new library was adjusted, Taiwan literatures became one of the top priorities in the work, and the proportion of funds for the purchasing of Taiwan literatures was clarified every year. This kind of literature became the focus of the collection and had developed into one of the three characteristic literatures in Xiamen Municipal Library.

厦门市图书馆特色专题文献馆藏统计

特色收藏	品种（万种）	数量（万册（件））
闽南地方文献	2.2	3.9
华人华侨文献	0.26	0.36
闽台关系文献	1.3	1.8

Literature Interview, Exchange, Reveal and Development

Municipal libraries were the second studies for the public. Only when the public took participation in the construction of literatures could the libraries become the public libraries in its real sense.

Fun of Book Interview—Interview of Literatures in the Library

One of the service objectives of Xiamen Municipal Library was to meet the readers' demand for literature information as much as possible. Therefore, the book interviewer must know exactly the forms of library resources, focus on the dynamic of book publishing, understand the readers' use of resources, make statistical analysis on book collection and literature circulation at any time, regularly research and perfect the structure of literatures collected, meet the needs of readers of different subjects on different kinds of books and make timely adjustment on book collection.

In the construction of periodical resources, Xiamen Municipal Library adopted the policy of "Purchasing for Use". After moving into the new place in 2007, Xiamen Municipal Library annually made a statistical analysis on the circulation and use of periodicals as well as readers' demand-oriented purchasing information, and made appropriate adjustment in the next year's periodicals ordering. In order to meet the needs of readers for the diversification of journals, the library ensured the continuity of CNKI, Weipu and other journals in full text, and at the same time signed interlibrary loan protocols with Xiamen University Library, etc., so as to meet the readers' needs for the reference of journal information as much as possible. The types and quantities of paper journals were reduced and the limited funds for book ordering were used to purchase the literatures which the readers need most to provide service for more readers.

If the readers had special needs for the books stored in Xiamen Municipal Library, they could register at the reference desk, enter the library website to make recommendations or dial the service number to recommend new books. Since 2011, Xiamen Municipal Library had begun to purchase books online, staring from the research of the books recommended by the readers. These books were available for borrowing and reading within a week, which greatly reduced the cycle of book ordering, processing and shelving. Popular books and children's books were also purchased online afterwards. In 2014, the cost of online purchasing of Chinese books was RMB 340, 000 yuan, taking up 9. 12% of the total book ordering expenditure.

Joy of Book Exchange—Exchange of Literatures among Libraries

The books donated by the community had repeated copies, so Xiamen Municipal Library advocated and organized inter-library literature exchange activities among libraries in Southern Fujian.

At the end of 2011, the leaders of 30 public libraries from Xiamen, Zhangzhou and Quanzhou gathered in Xiamen and signed *Local Literature Exchange Agreement for Libraries in Southern Fujian*. The literature exchange mechanism was established and redundant literatures of each library were revealed for other libraries to select and then exchanged with each other. Many idle literature resources were arranged and the book collection in each library was enriched through such activity.

At the end of 2012, "Literature Exchange Platform for Libraries in Southern Fujian" was developed in Xiamen Municipal Library and the libraries that had signed the agreement could put the catalog of the books available for exchange on the platform. The upload of inter-library exchange literatures, information publication, query and statistics effectively promoted the overall development of the construction of local literatures.

Thereafter, literature exchange program continued to develop into the libraries of universities, such as Xiamen University, Nanyang Research Institute of Xiamen University and Minnan Normal University. Xiamen Jimei Chorography Office and Quanzhou Fengyasong Culture Dissemination Co. , Ltd. also joined this program. In 2014, the agreement involved

39 libraries. Xiamen Municipal Library had obtained 323 varieties (606 volumes) of literatures and had offered 704 varieties (970 volumes) by this method.

Beauty of Book Exhibition—Publicity of Literatures of the Library

Facing so many books in the library, the readers might neglect outstanding books. It was particularly important to "find books for readers and find readers for books". With methods such as exhibition on special subject, Xiamen Municipal Library revealed its book collection and recommended good books to the readers.

"Exhibition of local information collected in Xiamen Municipal Library" conducted in 1999 was the first time when Xiamen Municipal Library fully exhibited its local literatures and presented local information of the libraries in front of the audience and readers. Such an intuitive form played a good publicity role for the public to know local literatures and establish an awareness of literature donation.

During the trial running of Xiamen Municipal Library in 2006, Xiamen Municipal Library cooperated with *Xiamen Literature* to carry out "Exhibition of works of a hundred Xiamen local writers" on the first floor of the new library. Nearly a hundred Xiamen local writers and their master works were displayed via exhibition boards and book shelves were also used to exhibit more than 300 works of these writers. Most of the works exhibited were donated directly by the writers themselves. The proceeds gained through book selling with the writer's signature on the site were also donated to the library for book procurement.

In March, 2007, Xiamen Municipal Library organized an "Exhibition of masterpieces of literatures collected in the library". The exhibition on special subjects covered four parts, i. e. , ancient books, local literature, newspapers and special literatures. 30 showcases and 300 volumes of masterpieces were displayed together. It was the first time when the masterpieces of the library went out of "purdah" to meet with the public, making it available for the public to know the masterpieces and have access to library experience.

In May 2008, Xiamen Municipal Library launched a "Publicity exhibition for the collection of Xiamen local literatures", in which the publishing history of Xiamen local literatures was introduced from the collection, protection and use of Xiamen books industry, Xiamen Newspapers, Xiamen literatures, local literatures as well as social donation. More than 300 literatures on local records, figures and other special subjects were selected for exhibition. 2, 283 volumes of books, audio and video resources were donated to the library during exhibition.

In May 2009, "Exhibition of book donation by Mrs. Huang Xuan" was carried out by Xiamen Municipal Library. Family tradition and learning attitude of Mrs. Huang Xuan, who have served as teaching assistant of Chen Yinke, a master of Chinese culture, for 14 years, were praised. Her children donated more than 1, 515 books collected by Mrs. Huangxuan to Xiamen Municipal Library. The library organized a special exhibition of these books, which was the best way to commemorate the predecessor.

In 2010, Xiamen Municipal Library held an "Exhibition for the publicity of literatures donated by the society", which showed society's care and support for the library over the years. More than 300 photographs and relevant data and substances were reviewed, and the achievement in the donation of literatures by the society was shown in the exhibition.

In 2014, the concept of "T station" was adopted by Xiamen Municipal Library for the publicity of books. "T station for books" was established on the gallery wall of library reading area. Different topics of books were displayed on T station every week according to the batch to push books to readers based on their interest. It made the readers have a fast and intuitive reading experience, achieving good results. More than 40% of the books on "T station" would be borrowed immediately once displayed.

Pleasure of Book Research—Development of Library Literatures

In addition to public service, Xiamen Municipal Library developed and published a batch of special literatures continuously. In 1999, *History of Xiamen Municipal Library: 1919-1998* was edited. Although it had only 152 pages, it recorded 80 years' development history of Xiamen Municipal Library from 1919 when the library was established to 1998. In 2009, a series of books for the commemoration of the ninetieth anniversary of Xiamen Municipal Library were published, including *Picture Albums for the Commemoration of the Ninetieth Anniversary of Xiamen Municipal Library*, *Memoirs of Xiamen Municipal Librarians*, *Extract of Literatures of Xiamen Municipal Library*, showing the 90 years' development history of Xiamen Municipal Library from several angles.

In 2000, Xiamen Municipal Library started to arrange local ancient literatures. *Collation and Annotation of Narrative of Jiahe Famous Monuments and Poems of Lujiang Famous Monuments*, *Xiamen Anecdotes*, as well as "Xiamen Literatures", such as *Assembly of Xiamen Ancient Books*, *Collection of Sunlight Rock*, *Binding of Aiwulu into a Volume*, *Sunset Shack Poem*, *Qingbaitang Draft* and *Xiao Yun Poetry*, were published one after another. At the same time, practical reference materials, like *Collection of Fujian Local Literatures in Xiamen Municipal Library* and *Xiamen Biography Dictionary*, were published successively.

Section 2

Characteristic Library Literature

Ancient literature treasures

Ancient literature treasures mainly introduced celebrity calligraphy and painting works, celebrity handwriting and literatures included in *National Precious Ancient Books* collected in Xiamen Municipal Library before 1911. They were all precious books collected by several generations of Xiamen librarians with heart.

Poems of Deadee of Chen Zhongmin. *Poems of Deadee of Chen Zhongmin*, a composite of calligraphy and painting collected in Xiamen Municipal Library, painted the deadee of the national hero Chen Huacheng. All parties expressed their commemoration of the hero in the poems. It was beyond cultural relics narrated and intoned by general characters.

The poems were 17. 30 m in width (15. 6 m originally) and 0. 33 m in height. A silk scroll portrait was drawn in the front of the poems. It was bust portrait of Chen Huacheng with martial attire, which was painted with dense color and rendered with traditional shallow ocher layer by layer. His face expressed courageousness and resoluteness, and his eyebrows showed great vitality. His patriotic emotion was illustrated so vividly.

Chen Huacheng (1776 - 1842) with courtesy name of Ye Zhang and pseudonym of Lian Feng, born in Bingzhou, Tong'an, Xiamen, was given a posthumous title "Zhong Min" by Daoguang Emperor in Qing dynasty. On June 16, 1842, Jiangnan admiral Chen Huacheng headed the officers and soldiers to fight against British soldiers in the Opium War and was killed in the West Fort of Wusongkou. His corpse was hidden in the reed and was then found by Lian Tinghuang, magistrate of Jiading. He invited the famous painter Cheng Tinglu to draw portrait of Chen Huacheng. There were two paintings. One of them was left in the local and the other was taken to Xiamen in 1843, which was the only available currently. "The painting was presented by Chen Hancheng and was mounted by an artisan invited by Chen Shizhou (deputy manager of Xiamen Lujiang Theater). The great man was worshiped and the literature was preserved, which was especially worthy of admiration." Li Xi, the chief librarian of Xiamen Municipal Library at that time, wrote such words in the poems in April 1955. He recorded the event and collected the poems in the library.

From 1842 to 1863, 44 poems and 49 people were included in the poems. There were many famous people, for example, Wei Yuan who put forward that "Learn from foreigners to compete with them", Ruan Yuan (Ruan Boyuan) who was a master of literature, Zhang Jiliang who was a patriotic poet from Jianning, Fujian, Liang Zhangju from Changle, Fujian, Chen Qingyong, Yang Qingchen, Su Tingyu, Lin Hongnian, Lin Shoutu, Lin Fu, Liao Hongzao and Guo Bintu.

Poems and Deadee of Chen Zhongmin is of high historical value. The people who wrote poems are the friends of Chen Huacheng or some famous people, and their works praised the patriotic spirit of Chen Huacheng and recorded the historical facts. Therefore, the work has first-hand historical values. The hand scroll is also an artist work, which has Gongbi painting and over 40 pieces of calligraphy works. There are different fonts including small seal script, clerical script, semi-cursive script, regular script and cursive script. There are also some works of the famous like Ruan Yuan and Zhang Jiliang. Hand scroll is of high value of cultural relics, collecting many works of the famous people who praised Chen Huacheng. It also can be used to carry out education for patriotism.

In 2012, the workers of *National Treasure Archive* on CCTV-4 (channel 4 of the China Central Television) made a special episode of *Poems and Deadee of Chen Zhongmin*. The episode was broadcast on May 24 and gained much attention.

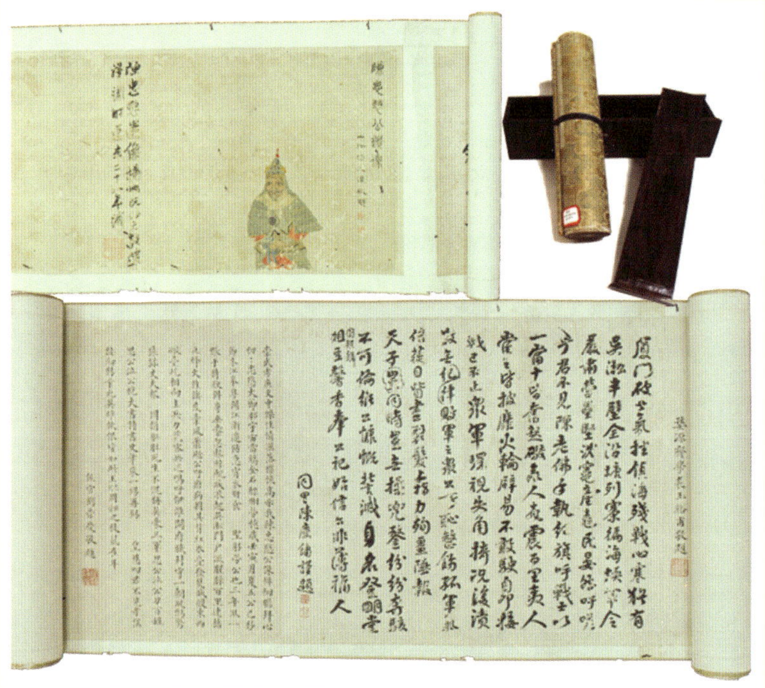

The works of the founding fathers of ROC. They were collected in 1937. There were six letters with different paper sizes including Sun Zhongshan, Hu Hanmin, Ju Zheng and Feng Ziyou's letters with Zhuang Yin'an who was overseas Chinese from Tong'an.

Zhuang Yin'an (1855-1938), whose courtesy name was Zhuang Jipu and literary name was Zhuang Xifu, was from Xianglu (Haicang District), Tong'an County, Fujian. He went to Rangoon to make business when he was young. He joined in the Tongmenghui in 1908 and established Myanmar Branch of Tongmenghui, and he was selected as the leader. He actively raised fund to support the revolution. In 1909, he established *Guanghua Bao* with Xu Zanzhou *et al* and served as the manager. Later, he established *Guanghua Daily* with Chen Xinzheng in Binlangyu. After the Wuchang Uprising, he became the leader of the Tongmenghui in Nanyang (the Southeast Asia) and went back to Xiamen to plan the uprising. After recovering Fujian, he served as the advisor of governor's office and the chief of Xiamen council. After the defeat of the Second Revolution, he resigned because he was dissatisfied with current affairs. He returned to Rangoon, and he became the president of Fujian Overseas Chinese Association. He returned to China in his late years. In 1927, he served as the member of the Fujian Overseas Chinese Committee and then became the chairman of committee.

Sun Zhongshan's letter was written on April 20, 1909, and the letter said that Zhuang Yin'an should immediately gave the donation to Hu Hanmin to Singapore, and the donation could be used as the fund to do important things. Ju Zheng's letter said that Song Jiaoren was assassinated and the election was corrupted and the donation should not be hurried. Hu Hanmin's letter discussed the establishment of the newspaper. Many of these letters reflected that Zhuang Yin'an actively raised fund to establish newspaper and support the revolution and the national government, and these letters are valuable.

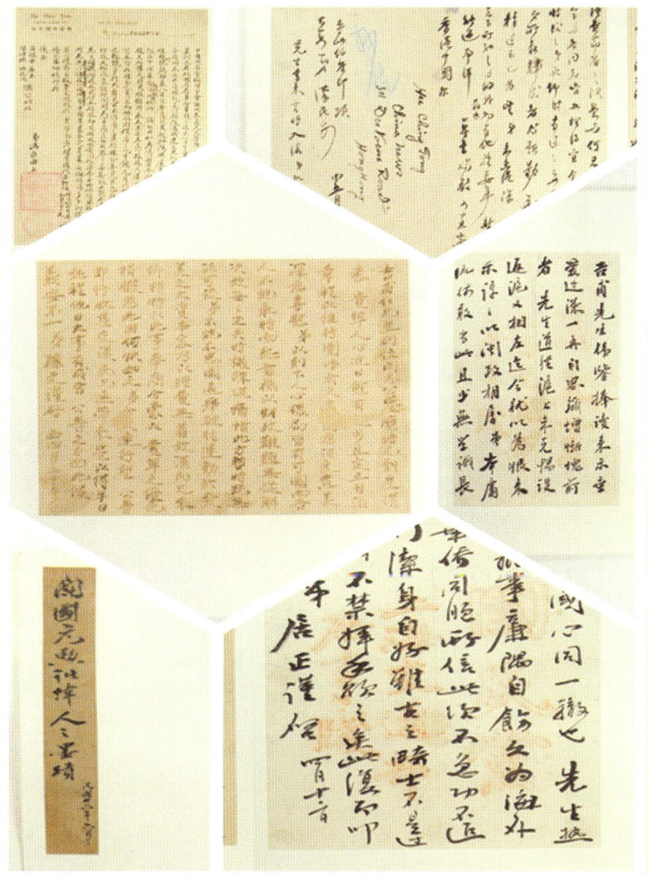

The ancient books that were included in *List of Precious Ancient Books of China*. The Chinese ancient books are treasure of human civilization. *List of Precious Ancient Books of China* included the precious ancient books with important historical, thinking and cultural values, which were written or printed before 1912 with the Chinese classical binding style. *List of Precious Ancient Books of China*, issued by the State Council, was an achievement of general investigation and registration of ancient books across the country in 2007.

Since 2008, Xiamen Municipal Library has actively joined in the work of general survey of ancient books and tried to declare *List of Precious Ancient Books of China*. In the declaring work from the second to the fourth group, 11 ancient books were selected in *List of Precious Ancient Books of China*. The 11 books were representatives of precious ancient books of the library. There were many touching stories behind these books.

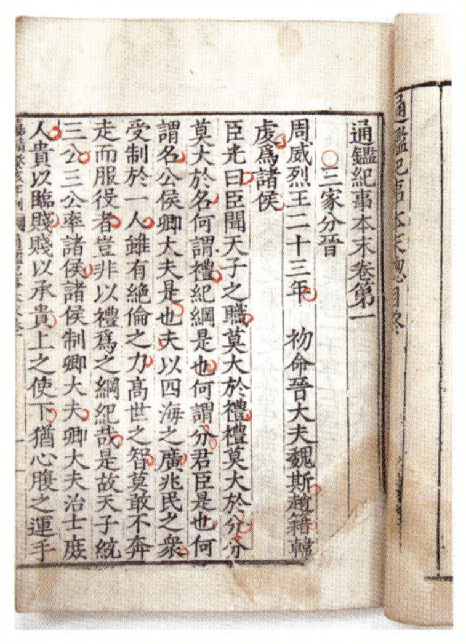
通鑑紀事本末卷第一
○三家分晉
周威烈王二十三年　初命晉大夫魏斯趙籍韓
虔為諸侯
臣光曰臣聞天子之職莫大於禮禮莫大於分分
莫大於名何謂禮紀綱是也何謂分君臣是也何
謂名公侯卿大夫是也夫以四海之廣兆民之衆
受制於一人雖有絕倫之力高世之智莫敢不奔
走而服役者豈非以禮為之綱紀哉是故天子統
三公三公率諸侯諸侯制卿大夫卿大夫治士庶
人貴以臨賤賤以承貴上之使下猶心腹之運手

Tongjian Jishi Benmo, 42 volumes, written by Yuan Shu (Song dynasty), engraved by Zhao Yu (1257), revised edition of Yuan and Ming dynasties (40 volumes were Left: 1-14, 16-41)

The size of frame: 24 cm ×19. 5 cm. The book told the history from 403 B. C. to 959 A. D. It is the first event-based historical records of China.

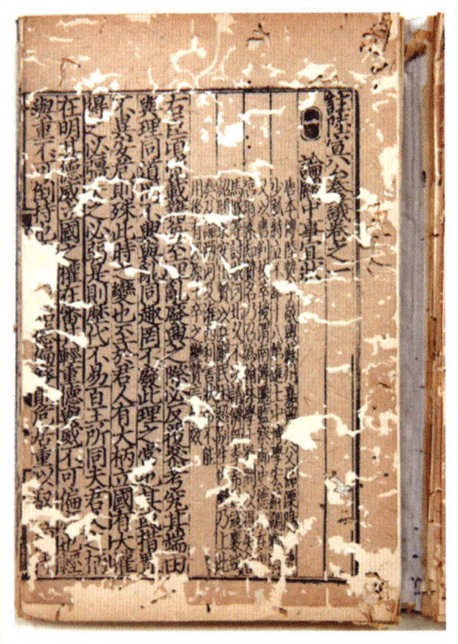

Zhu Luxuangong Zouyi, 15 volumes, written by Luzhi (Tang dynasty), noted by Lang Ye (Song dynasty), block-printed edition of Liu (1354) .

The size of frame: 19 cm ×12. 3 cm. The postscript was written by Yu Chao and the title was written by Gong Zhi. The book included letters of Lu Zhi who was one of ten excellent prime ministers in Tang dynasty about the current affairs, and the book was praised by Su Shi and Zeng Guofan. Jianyang Mashaben was famous in the middle of Northern Song dynasty, and it is valuable for studying Mashaben.

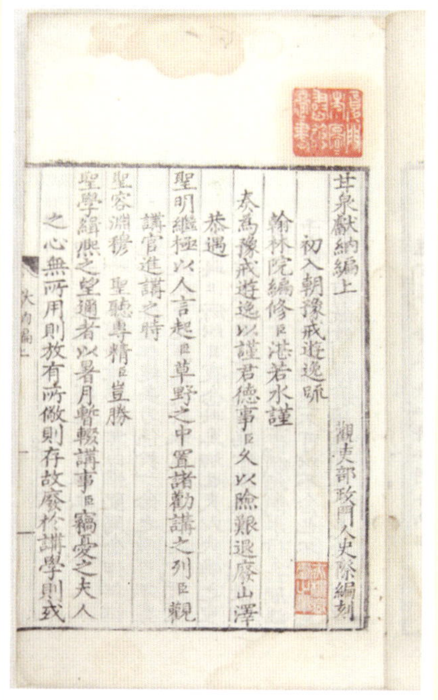

Ganquan Xiannabian, 3 volumes, written by Zhan Ruoshui (Ming dynasty), block-printed edition (1534).

The size of frame: 19. 8 cm ×14. 9 cm. There were seals of "The Collection of Gong Zhi" and "The Colletion of Yilou". It was a compilation of 18 essays of Zhan Ruoshui from 1522 to 1533, and the essays talked about from learning rules to the royal government. Zhan Ruoshui (1466-1560), whose literary name was Gan Quan, from Zengcheng, Guangdong, was a philosopher, educator and calligrapher.

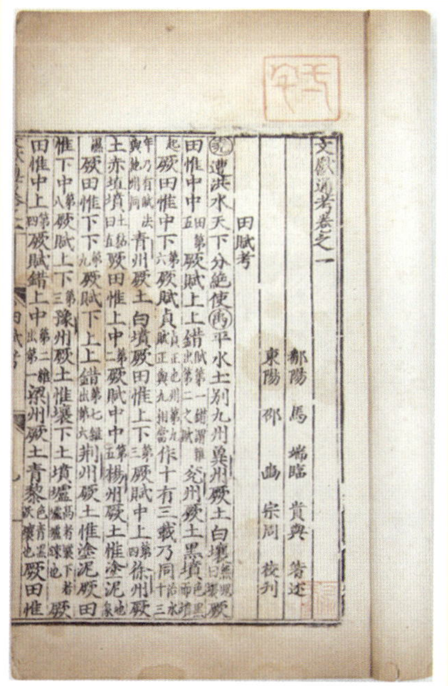

Wenxian Tongkao, 348 volumes, written by Ma Duanlin (Yuan dynasty), the revised edition of Liu Hongshen (1516-1519).

The size of frame: 19. 2 cm × 13 cm. It was the important work of Ma Duanlin, and the book told the history from ancient times to the period of Jiading of Southern Song dynasty. People call *Tongdian*, *Tongzhi* and *Wenxian Tongkao* as "Three Tongs", and they are significant in the Chinese ancient books.

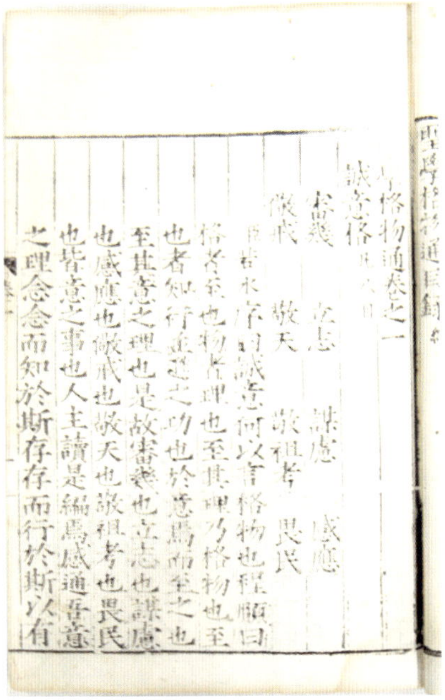

Shengxue Gewutong, 100 volumes, written by Zhan Ruoshui (Ming dynasty), the block-printed edition of Chen Shen (1533).

The size of frame: 25. 3 cm × 20 cm. It had the seal of "Shuzhuang". It was the main work of Zhan Ruoshui, stating his thoughts of Confucianism and governing theory.

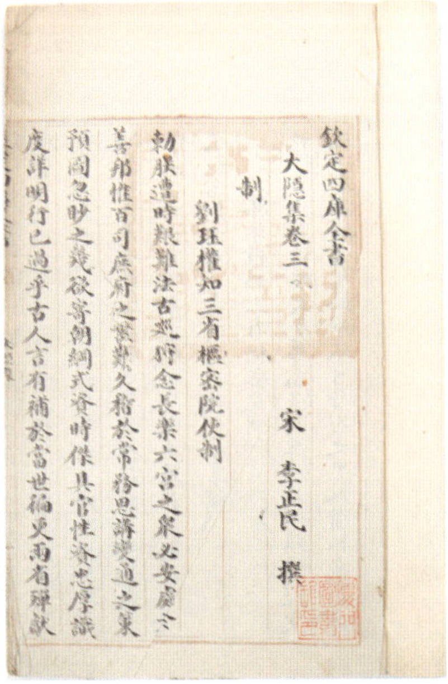

Dayinji, 10 volumes, written by Li Zhengmin (Song dynasty), the handwritten copy of Hanlinyuan in the period of Qianlong of Qing dynasty. 8 volumes were Left (3-10).

The size of frame: 22. 3 cm ×15 cm. It had the seal of "Hanlinyuan". It was the collection of poems and proses of Li Zhengmin, reflecting his career as an officer of Song dynasty, and had historical values.

Yunxiji, 12 volumes, written by Guoyin (Song dynasty), the handwritten copy of Hanlinyuan in Qianlong period of Qing dynasty.

The size of frame: 22. 2 cm × 15. 2 cm. It had the seal of "Huanlinyuan". It was the anthology of Guo Yin of Song dynasty. Guo Yin was from Chengdu, the Jinshi in the period of Zhenghe, and was close with Zeng Zao and Ji Yougong. His work was important for studying the poems and the history of Song dynasty.

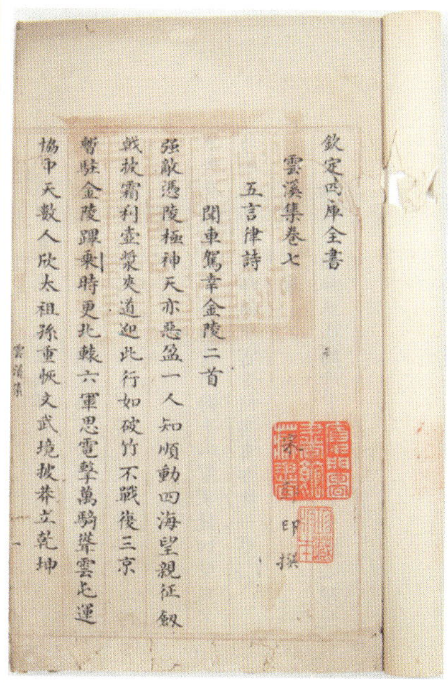

Song'an Ji, 6 volumes, written by Li Chuquan, the handwritten copy of Hanlinyuan in Qianlong period of Qing dynasty. 4 volumes were Left.

The size of frame: 22 cm × 15. 3 cm. It had the seal of "Hanlinyuan". It was the collection of poems of Li Chuquan of the Northern Song dynasty. Some poems reflected the feeling of the rise and fall of the country. The poems of Li were fresh and clean.

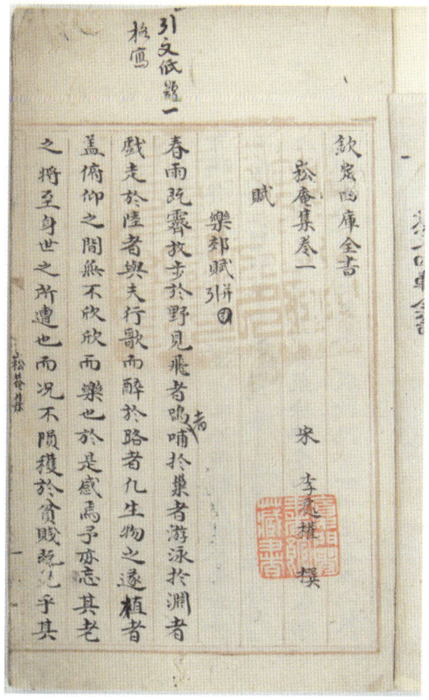

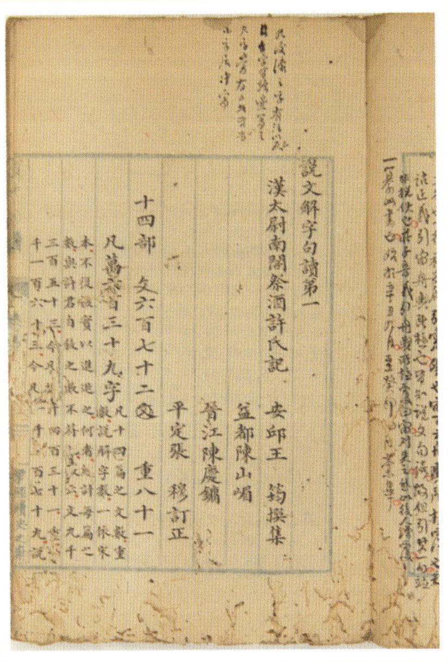

Shuowen Jiezi Judou, 15 volumes, written by Wang Yun (Qing dynasty). 14 volumes were left.

The size of frame: 19.5 cm × 15 cm. The book made notes and study on *Shuowen Jiezi*, the first Chinese dictionary arranged according to the radical. The book was the important work of Wang Yun, who was one of the four masters of "Shuowen Jiezi" in Qing dynasty.

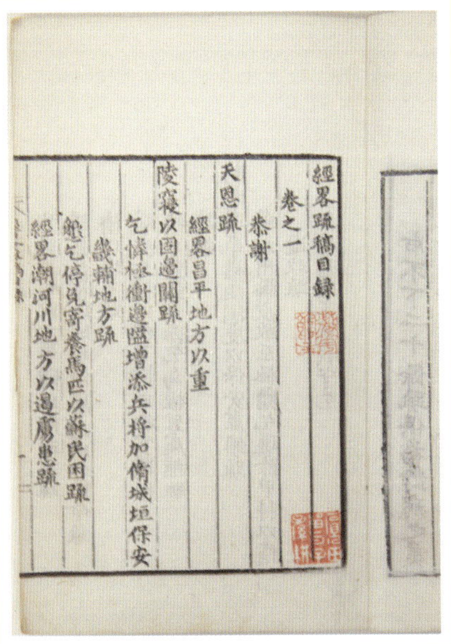

Jinglue Shugao, 2 volumes, written by Yang Bo (Ming dynasty), the block-printed edition of 1553.

The size of frame: 17.7 cm ×13.9 cm. It had many seals. It collected 26 essays of Yang Bo, who was a politician in Ming dynasty.

Piling Ji, 20 volumes, written by Dugu Ji (Tang dynasty), the handwritten copy of Ming dynasty. 12 volumes were Left.

The size of frame: 25. 7 cm ×17. 1 cm. It had many seals. It had important values for studying the political, economic conditions and literature of the Middle Tang dynasty. Dugu Ji, whose courtesy name was Zhizhi, was a famous writer in Middle Tang dynasty.

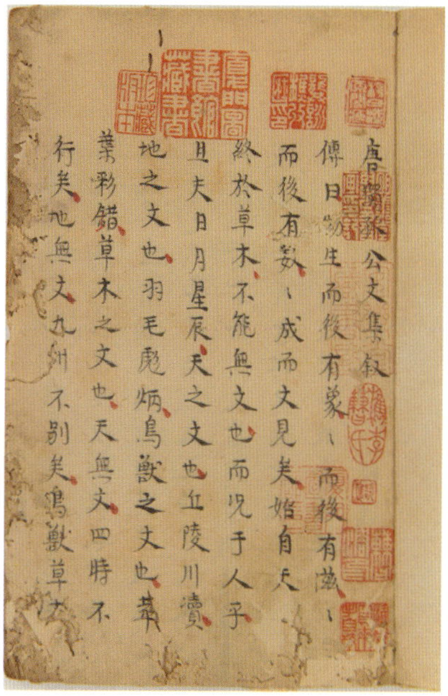
唐[illegible]公文集叙
傳曰物生而後有象、而後有滋、
而後有數、成而文見矣始自天
終於草木不能無文也而況于人乎
且夫日月星辰天之文也丘陵川瀆
地之文也羽毛䖑炳鳥獸之文也華
葉彩錯草木之文也天無文四時不
行矣地無文九州不別矣鳥獸草木

The first issues of journals in the period of the Republic of China

More than a hundred varieties of the first issue of journals in the period of the Republic of China were collected in Xiamen Municipal Library. Regional representative journals were selected for introduction.

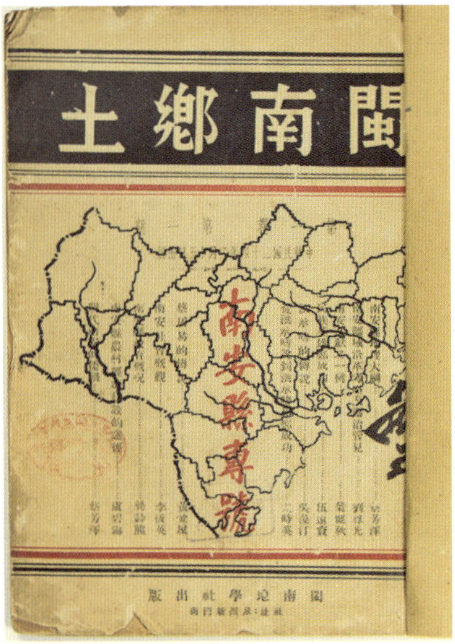

Minnan Xiangtu, edited by Minnan Dixueshe, quarterly, and the first issue of the first volume was published in Feb. 15, 1935.

The purpose was to spread the local culture and promote the local construction. The content included the geography, history, society, politics and economy of Minnan. The first issue was the special issue of Nan'an county, with the autographs of Sa Zhenbing and Lin Guogeng, the map of Nan'an and photos of scenery. It was a publication of history and geography.

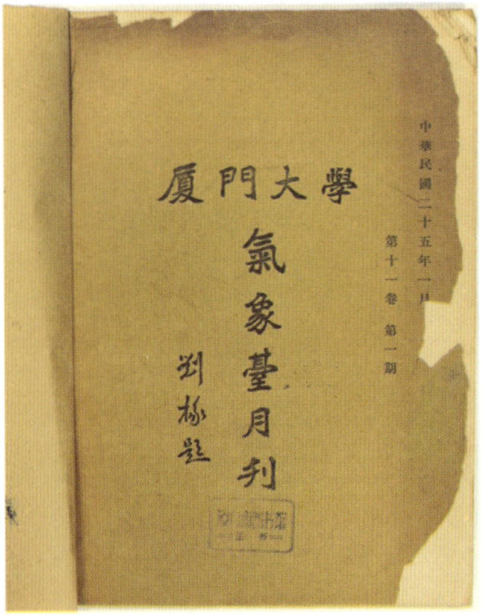

Xiamen University Observatory Monthly, the first issue of the 11th volume, Jan. 1936.

Xiamen University observatory started work in Jan 1, 1926 and many institutes needed the data of observatory. The monthly recorded the atmospheric pressure, temperature, absolute humidity, relative humidity, wind, visibility and ground temperature, which were the original materials for recording the meteorology of Xiamen in the Republic of China.

Southeast Sea, Monthly, established in May 1944.

The journal talked about issues of Fujian, Taiwan and Nanyang (the Southeast Asia). The name of journal followed the geographical name, showing its range and indicating that the journal was just a grain of corn in the wide sea. The editors were far-sighted and talked about the importance and strategy of Southeast coast defence. It was a comprehensive periodical.

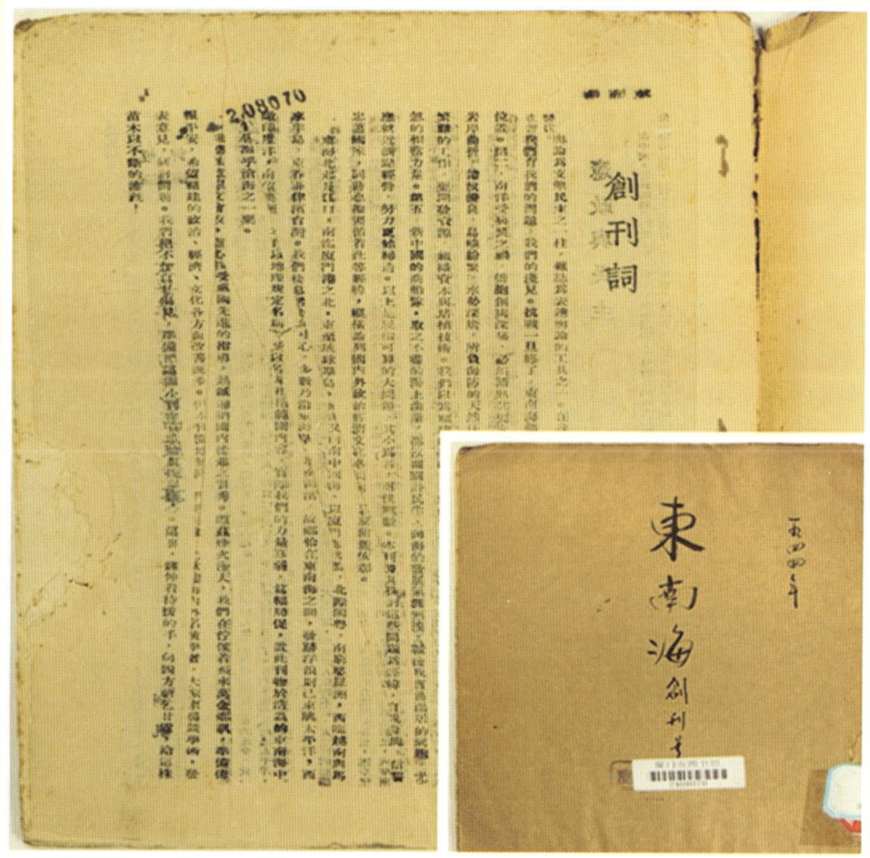

Taiwan-related literature

Fujian and Taiwan are close neighbours separated by only a strip of water and they pay attention to each other. In 2009, Taiwan University Library found 26 books with the seal of Xiamen Municipal Library. They contacted with Xiamen Municipal Library immediately and finally the 26 books were returned to Xiamen Municipal Library across the sea, which became a much-told story. Here are some distinctive literature.

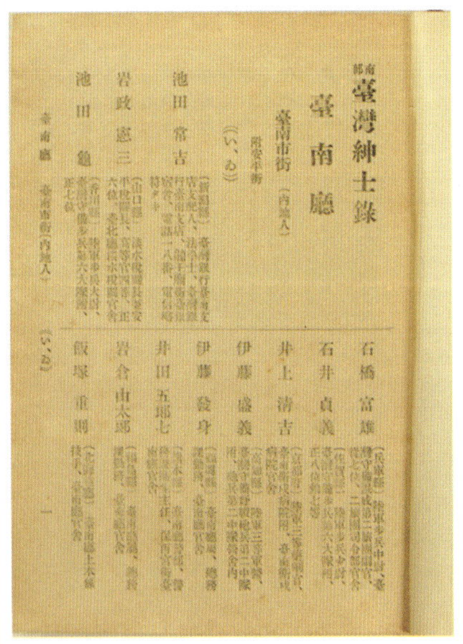

南部臺灣紳士錄

臺南廳

臺南市街（内地人）

附安平街

（い、の）

池田常吉

岩政憲三

池田龜

臺南廳 臺南市街（内地人）

石橋富雄

石井貞義

井上清吉

伊藤盛義

伊藤發身

井田五郎七

岩倉由太郎

飯塚重則

一

Southern Taiwan Shenshilu, issued by Tainan Xinbaoshe, published in Feb. 1907.

It collected about 10, 000 people living in Tainan, Yanshuigang, Jiayi, Douliu, Zhanghua, Taizhong, Nantou, Fanshuliao, Fengshan, Ahou and Hengchun. The recordings were detailed and valuable for studying the history of the Southern Taiwan.

General History of Taiwan, written by Lian Heng, published in April 1921.

The book was made of hardcover. Lian Heng collected rich literature, archives and news, and imitated the style of *The Historical Records* to write the first historical book according to the general history style in Taiwan. The book recorded the history from 605 to 1895, including 4 Ji, 24 Zhi and 60 Zhuan. The book recorded the politics, military, economy, customs and figures of Taiwan. The writer published the book in Taiwan from 1920 to 1921.

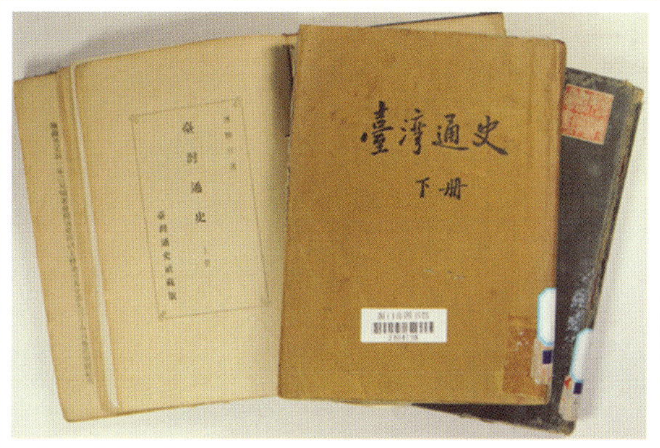

The Real Taiwan, written by Cai Renquan, published by Jiliu Publisher in September 1, 1945.

The writer traveled the island for 4 months to collect the valuable materials. The book with only 56 pages showed a real Taiwan from many aspects including local administrative office, education, culture, scenery and people's life.

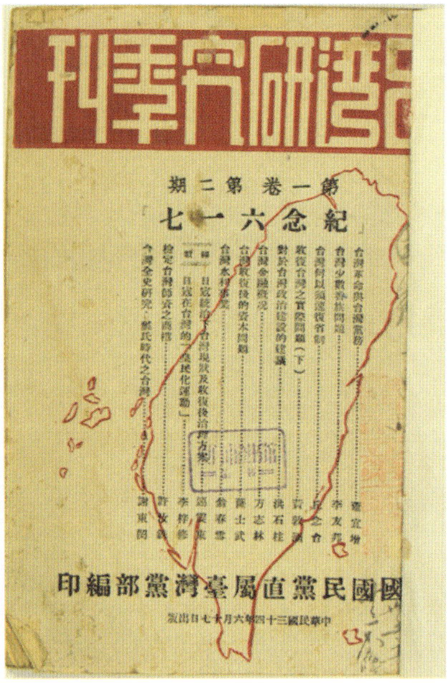

Taiwan Study Quarterly, published in June 17, 1945.

The periodical studied many issues of Taiwan to "enable people to know Taiwan better and offer information for the government". The content included the history and geography of Taiwan, the monographs about culture, education, military, politics, economy, works about the national spirit and national culture, e. g., novels, dramas, poetry, biographies, history, essays, proses and others.

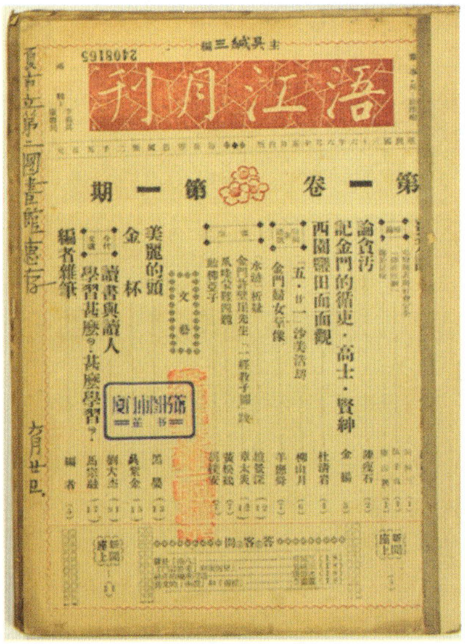

Wujiang Monthly (the first issue of the first volume), edited by Wu Jiansan, published in June 15, 1947.

After the Anti-Japanese war, *Wujiang Monthly* was born.

Taiwan Wenxian Huikan, edited by Chen Zhiping, published by Jiuzhou Publisher in 2004.

It was the first large literature of Taiwan published in the mainland of China. The book had 7 series and 100 volumes, collecting about 200 kinds of materials. The literature were from libraries, archives and the private collections. Some of them were from Taiwan, China and Japan, and had high historical and research values. These literature offered the original and powerful proof for revealing the historical development of Taiwan and the indivisible relation between the mainland and Taiwan. Therefore, it had higher research achievement, made up for the limitation of literature of Taiwan, and eliminated the bad effects.

Local Southern Fujian Literature

The local southern Fujian literature collected in Xiamen Municipal Library were mainly Xiamen, Zhangzhou, Quanzhou regional books as well as works written by the authors of Southern Fujian. They were the basic literature for the research of social culture of Southern Fujian.

Jianyinglu Yigao, written by Pan Jiewen (1917).

Pan Jiewen (1891-1916), whose courtesy name is Yijing and literary name Lihen, was from Yongchun County. In the Revolution of 1911, he served as the battalion commander and gained the four-class medal. In 1916, Pan Jiewen returned to Fujian from Baoding Military Academy to join the revolution. He died in the war when the army went to Tong'an County in June 1. His friends raised money and published *Jianyinglu Yigao*, and Cai Yuanpei wrote the title and preface. Pan Jiewen was good at poems, and the book collected over 100 poems of Pan Jiewen and his photo, reflecting his aspirations.

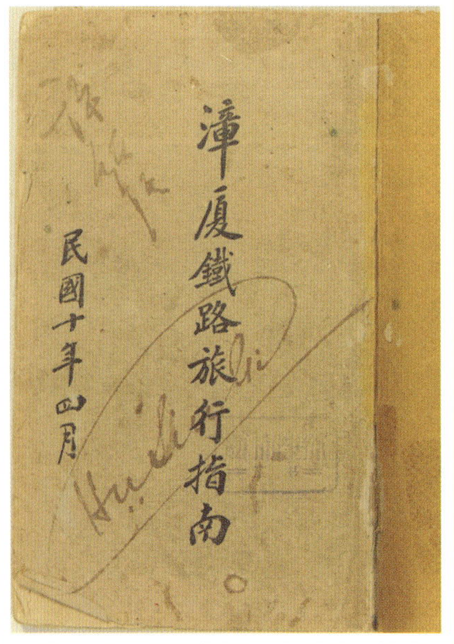

Zhangxia Railway Travel Guides, April 1921.

The book introduced the origin of building of Zhangxia railway, the scenes, schools, hotels along the stations like Xiamen and Zhangzhou, some rules, price lists and maps. The book was the guide for knowing the construction and operation of Zhangxia railway.

The Report of Filling Yundang Port of Xiamen, 1923.

Xiamen was a small island, with a huge number of people in a small land, and it needed to fill the sea to expand the city. Therefore, "filling Yundang Port of Xiamen" was put forward. The report had four parts with the map of Xiamen and Yundang. Filling Yundang Port was a huge project, and it promoted the development of Xiamen at that time.

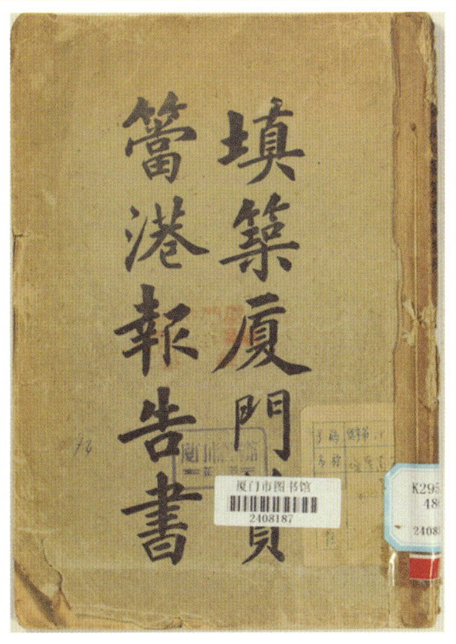

The Yearbook of Education Agency of Xiamen, 1927.

Education Agency of Xiamen was established in 1921, the content included education, hospitals, speeches, new drama and politics. The year book included essays talking about the activities of the agency and memorabilia.

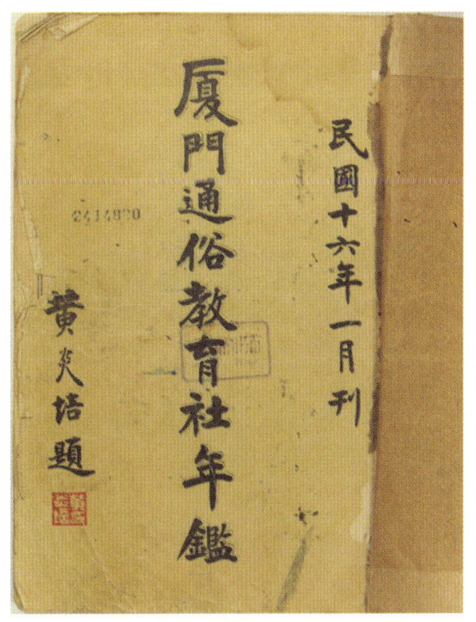

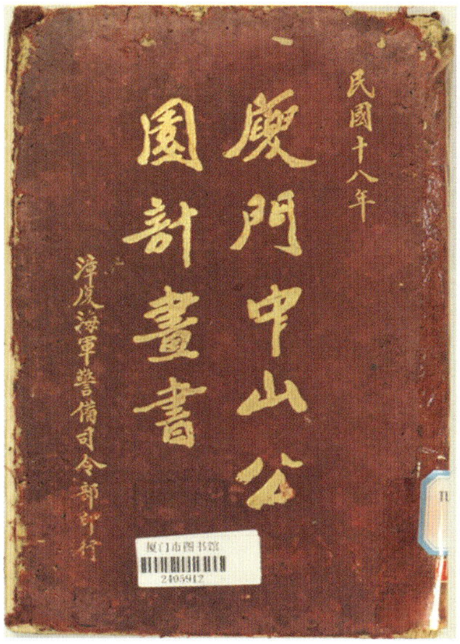

Xiamen Zhongshan Park Planning, published by Zhangxia Navy Garrison Headquarters, 1929.

The book introduced the construction of Zhongshan Park in detail from the choice of the location, the name of the park, the appropriation budget, the procedures of the project to the map of the park. The 11 photos are valuable because they recorded the event.

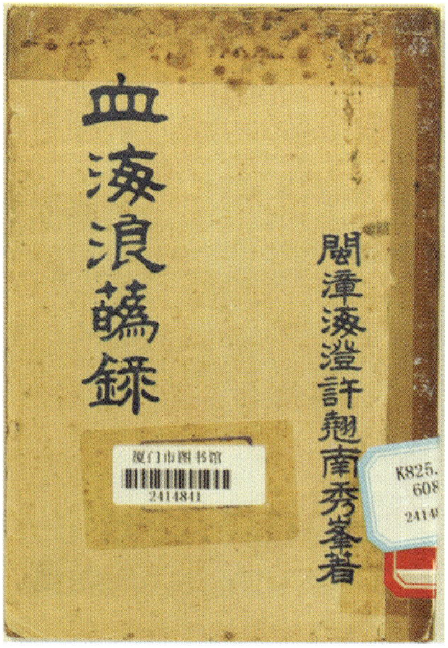

Xuehai Langhualu, published by Xu Qiaonan, December 1930.

The book introduced the biographical sketch of Sun Zhongshan and a list of 72 martyrs in Huanghuagang. It also included 61 figures who were died in the revolution. These martyrs were respected because of their patriotic spirit.

Xiamen Guides, edited by Chen Peizhen, Su Jingyu and Xie Yunsheng, 1931.

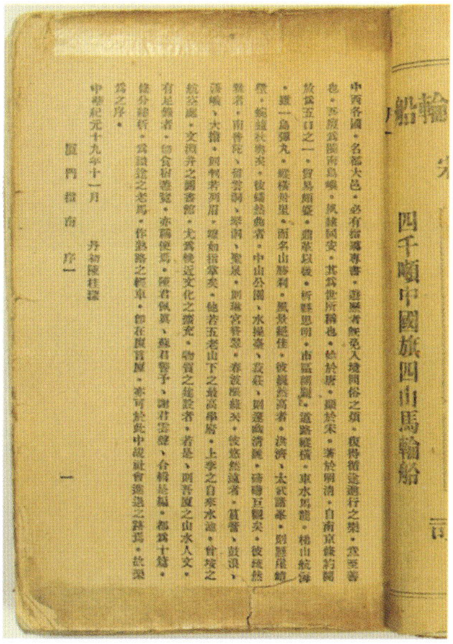

The materials of the book were collected from Xiamen records and newspapers, including 12 parts like Pictures, Geography, Administration, Regulations, Customs, Public Utilities, Transportation, Accommodation, Tour, Industry, Technologies and Appendix. It was the instruction to know Xiamen in the Republic of China and was also the travel guide.

Tabloids Appreciation, edited by Chen Junong, 1931.

Tabloids of Xiamen in the Republic of China started in 1929 and increased to 7 kinds. The book chose some parts of tabloids and compiled according to 10 categories.

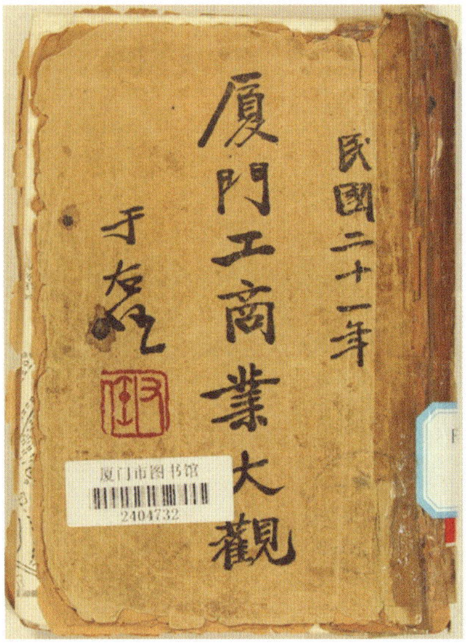

The View of Industry and Commerce of Xiamen, 1932.

The book has 8 chapters including geography, historic and cultural sites, municipal administration, transportation, industry and commerce, industrial and commercial laws and regulations, local administration and industrial and commercial teams. The book gives a comprehensive introduction to the development of industry and commerce of Xiamen and includes many pictures, which is the important reference for knowing Xiamen in the Republic of China.

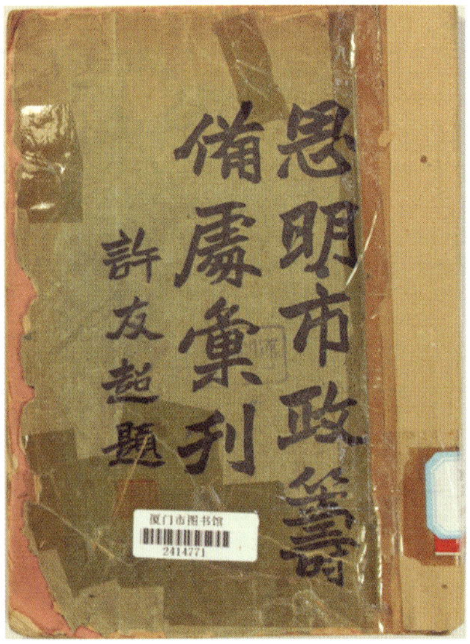

Compilation by Municipal Preparatory Office of Siming City, published by the secretary of the municipal preparatory office of Siming City of Fujian Province, November, 1933.

Fujian Incident happened in 1933, and Xiamen changed from a county to a city. Xu Youchao served as the mayor and established the municipal preparatory office of Siming City. To follow the policies better, he ordered that "the office should compile the past material and the book should be published openly to the public". The publication included many columns like photos, essays, organizations, laws and regulations, the overview of the job, the extract of official document, statistic tables, attachments and postscript.

Luhua, the 2nd issue of the 1st volume, and published by Luhua Literature Publisher in February 1, 1934, printed by Yuyuan Printing Company of Gulangyu.

It was the literature publication, including the language, novels, dramas, translation and poetry. The issue published the *Life in the Soviet Union — Duanpian*, translated by Ye Lu (Huang Wangqing).

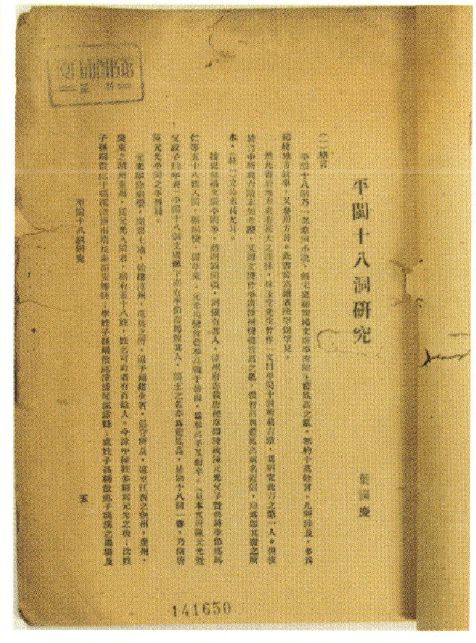

Study of Pingmin Shibadong, written by Ye Guoqing (1935).

Pingmin Shibadong was a Zhanghui novel (a type of traditional Chinese novel with each chapter headed by a couplet giving the gist of its content), which told that Yang Wenguang defeated Lan Fenggao in the period of Jiayou of Song dynasty. The novel had about 100, 000 Chinese characters and told many local stories of Fujian with local language. The story of Yang Wenguang was not true, but there were Chen Zheng and Chen Yuanguang in the history. The book studied the novel from many aspects including the version, the times, the author, the name of the place, the historical records, the genre, the evolution of novels, trying to help readers know the novel and the history of Fujian better.

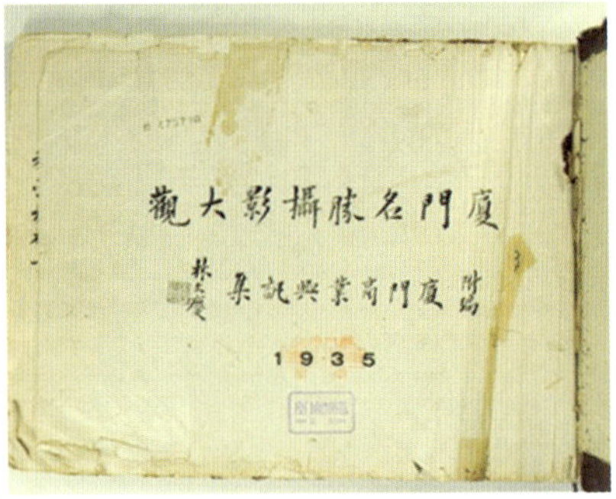

Photography of Tourist Sites of Xiamen, 1935.

The book involved about 300 photos recording the beauty of many tourist sites of Xiamen, and became the valuable material for the later generations to look at Xiamen in the Republic of China.

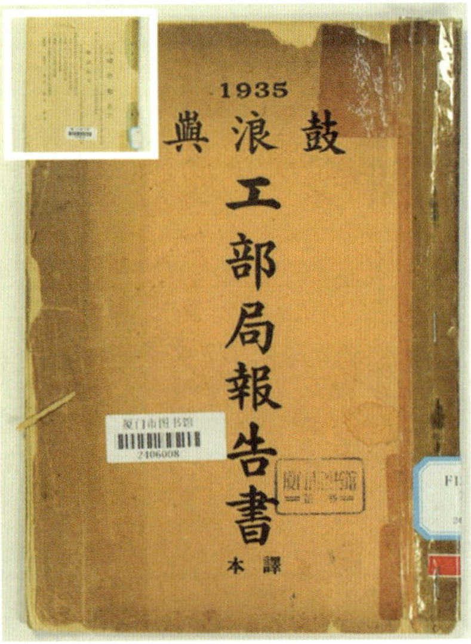

The Translation of Report of Gulangyu Municipal Council in 1935, *The Translation of Report of Gulangyu Municipal Council in 1937*

The Translation of Report of Gulangyu Municipal Council in 1935 reflected the conditions and operation of the municipal council in 1935 with many reports and budget tables. *The Translation of Report of Gulangyu Municipal Council in 1937* reviewed the work in this year and included many reports and the budget in 1938. "This publication is published for the public", reflecting the management model of the Gulangyu Municipal Council.

Xingguang Monographs, written by Shen Zhiyuan et al. , published by *Xingguang Daily* Publisher, March 10, 1936.

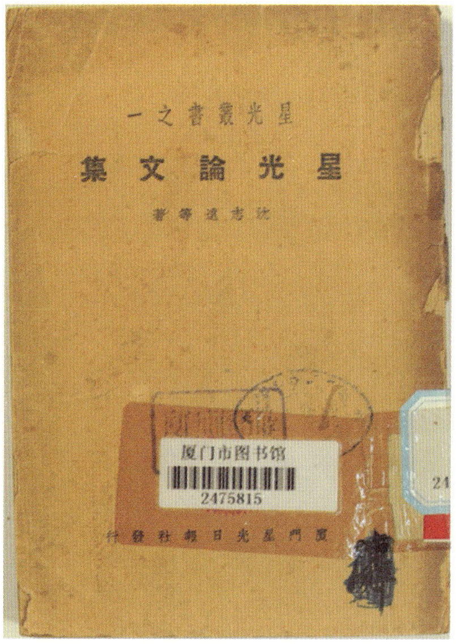

Xingguang Daily invited experts to write monographs and called them " Xingguang Monographs" and listed as "The series of Xingguang". The monographs included six parts, international, economic, political, philosophical, educational and journalism categories. Six tenths of them were from "Xuezhong", one tenth was from the first issue, and three tenths were from the special issue of the new year, which were systematic and related.

List of Doctors of Traditional Chinese Medicine in Xiahegu, Xiamen, Part One, edited by Chen Shizun, published by Fujian Medical Publisher in December 22, 1936.

The purpose of the book was to make medical contacts, to spread medical knowledge and facilitate patients. The Part One included 88 doctors from department of internal medicine, department of surgery, department of pediatrics, department of ophthalmology, department of leprosy, and department of obstetrics and gynecology. It also included the photos, clinics, addresses and phone numbers, becoming the important reference materials for studying the medical development of Xiamen.

Special Issue of Tianxian Travel Agency, edited by Tianbao, published in January 1, 1937.

The columns of the issue included illustrations, famous works and good words, the guides of Xiamen, statistic materials, special subjects (about morals, hygiene and economy), appendix and features. In the part of Guides of Xiamen, it told the history of Xiamen, the situation, hills, cultural relics, municipal administration and transportation. In the part of famous works and good words, it told the golden sayings. The publication also recorded the situations of Tianxian Travel Agency.

Rouzhong Wencun, written by Pan Mingcheng, 1937.

Pan Mingcheng, whose courtesy name was Rouzhong, was good at writing, Confucian classics and history. He worked in the field of journalism when he was young, and he edited *Quanzhou* Daily in 1934. He broke down from constant overwork and died in May 1937. He had abundant works. His colleagues in *Quanzhou Daily* selected some works. The book is the important reference for studying Pan Mingcheng and the journalism in Quanzhou and Xiamen in the Republic of China.

Jiulong River (the first issue of the bound volume), August 1946.

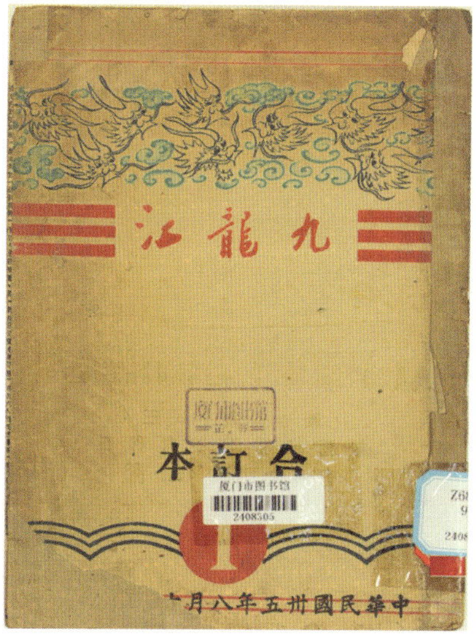

Jiulong River, which was published in Shima in April 9, 1942, was a periodical appearing once every ten days and then became a periodical appearing once every five days. It stopped publishing because of the wartime shortage of materials. After the war, the publication resumed in May 24, 1946, and it appeared once every three days. It published the bound volume to review the past and express appreciation. The bound volume included the content from the 77th to the 90th edition (from May to July 1946).

Memorial of Zhongxing Ship Tragedy, edited by Chen Shanming, Chen Hounan and Huang Yunpeng, compiled by the committee, August 1948.

On February 28, 1948, Zhongxing ship reached Jinmen and the ship capsized, and over 200 people died. The publication recorded the accident and offered the material for studying.

Photos of Zhongxing Ship Tragedy, taken by Xiamen Liangyou Photo Studio (1948).

There were 10 photos of Zhongxing Ship Tragedy from the Xiamen Liangyou Photo Studio: one photo of the ship immersed in the river, and the other nine photos of victims. The sizes of photos were from 8 cun (I cun equals $3\frac{1}{3}$ cm) to 10 cun. They were valuable materials.

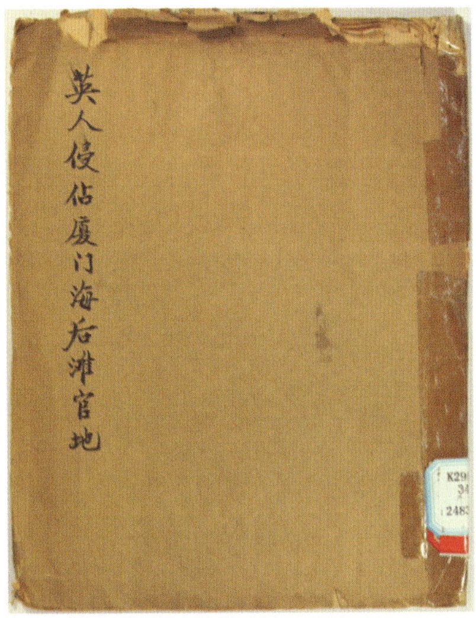

The British Invaded the Haihoutan of Xiamen, written by Huang Hongxiang.

The book was a manuscript, including 9 pages and 3 parts, i. e., Haihoutan location, the history of land leasing, and the British breaking a contract. The appendix included nine protocols written by the British counselor, recording the incident, and offering the solutions.

Xiamen Tabloid Essence (the fifth volume), edited by Wu Dingzhi, published by Xiamen Publisher in August, 1936.

The book collected the folk customs and interesting legends. The book was interesting. The cover was the picture given by Li Bo and the name was written by Luo Dan.

Xiamen Historical Accounts, compiled by Historical Accounts Council of Xiamen Municipal Committee, the Chinese People's Political Consultative Conference.

The first issue was published in 1963 and the 23rd issue was published in 2002. It followed the principle of "being true", recorded historical facts and became valuable reference.

Xiamen Culture Series, compiled by *Xiamen Culture Series* editorial board, published by Lujiang Publisher.

It reflected the development of Xiamen culture and included the overseas Chinese, landscape, food, dialects, characters, local records, coastal defense, culture and religion. The book had 2 series and 23 volumes. It had been reprinted for many times because it was very popular.

Modern Xiamen Socio-economic Profile, edited by Compilation Committee of Xiamen Local Records and editorial board of *Xiamen Customs Records*, published by Lujiang Publisher in 1990.

The book included Annual Trade Report of Customs and Ten-year Report of Customs during the period from 1865 to 1881. The report involved a wide range of information including the trade and customs related to the customs business, and the industrial, agricultural, commercial, transportation, political, military, financial, monetary and other accounts and statistics. It collected a large number of data and had a great reference value for studying the modern social and economic development of Xiamen.

Xiamen in the Fifty Years of New China, edited by the Propaganda Department of the Municipal Committee of Xiamen, published by Lujiang Publisher in 1999.

It is a part of large series *Fifty Years of New China*, including the Part One, Part Two and the Appendix. It recorded the great changes in Xiamen in the fifty years since 1949 and it was the important historical material with values of education, reference and practicality.

Local Records of Xiamen (*the Republic of China*), compiled by the compilation committee office of Local Records of Xiamen, published by Local Records Publisher in 1999.

Local Records of Xiamen (*the Republic of China*) had been a book without publishing. The compilation committee office of Local Records of Xiamen took the manuscript as the main reference and other editions of Fujian Library, Xiamen University and Li Xi as the references, did not change the original styles or words but made some changes about punctuation and made notes. The book included 35 volumes and was the important reference for knowing Xiamen in the Republic of China.

Local Records of Xiamen, edited by the compilation committee of Local Records of Xiamen, published by Local Records Publisher in 2004.

The book had 5 volumes with 7 styles, including pictures and tables. The book firstly set the general part, memorabilia, and the records followed the order of general, politics, economy, culture and society. The final part included characters, appendix and the postscript. The source of the materials were from the history, archives, books and newspapers. The time dated back from the start of the event and stopped on December 31, 1995. It mainly recorded the facts of the city and also recorded the history of the counties. It had thinking features, local features and thematic features. It was the first large reference book reflecting the history and present conditions of Xiamen after 1949.

Xiamen Literary and Historical Series, edited by Hong Buren, published bu Xiamen University Press.

Xiamen Municipal CPPCC (Chinese People's Political Consultative Conference) and literary and historical workers of Xiamen cooperated to write the series and it was published in 2007. It selected the first-hand historical literature and started from the cultural history of the city. It took Xiamen City as the center and extended to Southern Fujian areas; took the modern history as the center and the contemporary history as supplement. It also involved historical pictures including the famous people's house, musicians, currency, history and films. 24 volumes had been published. It reflected a lot of historical facts and the content was true and novel.

Xiamen Gazetteer (2010), part 1 and part 2, edited by the Department of Civil Affairs of Xiamen, published by Fujian Map Publisher in June 2013.

The book included 8 chapters, such as administration management, residents, natural entities, water conservancy and hydro power facilities, transport facilities, institutions, architectures and historical sites. It had about 1.5 million Chinese characters. There were 44 illustrations about the map of cities, districts, towns and streets, and 110 illustrations about important or famous places. It involved over 10,000 current and historical terms with the basic information for each term. It also recorded the history from Ming dynasty to 2010, with illustrations and detailed content. It is not only the reference book as a gazetteer, but also the important literature for collection and cultural exchange.

Chinese and overseas Chinese literature

Chinese books with the research of Chinese and overseas Chinese as the subject were the collection focus of Xiamen Municipal Library. The overseas Chinese literature in the period of the Republic of China collected in the library reflected the history of Chinese migration of Southeast Asia. It emphasized the displaying of profile of overseas Chinese activities in Philippines, Singapore, Myanmar, etc.

Confucianism Syllabus in the Republic of China, written by Lin Wenqing, printed by Zhonghua Book Company in March 1914.

Lin Wenqing, the Overseas Chinese in Singapore, respected the Confucianism and called to rule the country by following the Confucianism. The book is not divided into chapters. Lin Wenqing explains the thoughts of Confucianism according to his understanding and some other famous thoughts. He introduces western knowledge including "the overview of European politics", "Parliament" and compares the eastern and western understandings, which reflects his thoughts of " traditional Chinese values aided with modern Western ideology", The last essay with title of " the Republic of China can not live without the Confucianism" illustrates that he advocates to learn the thoughts of Confucianism to enlighten the people and revitalize the country.

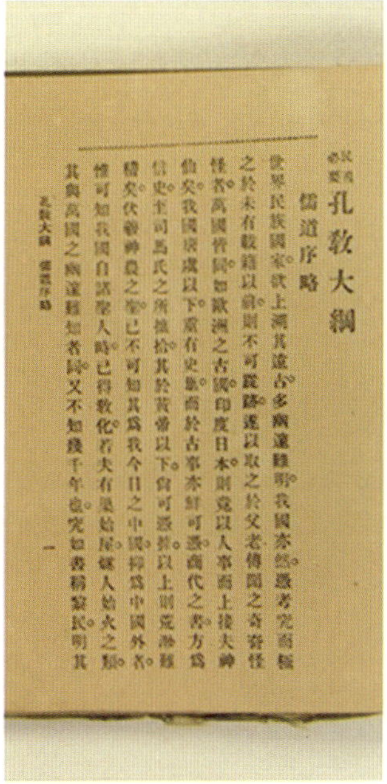

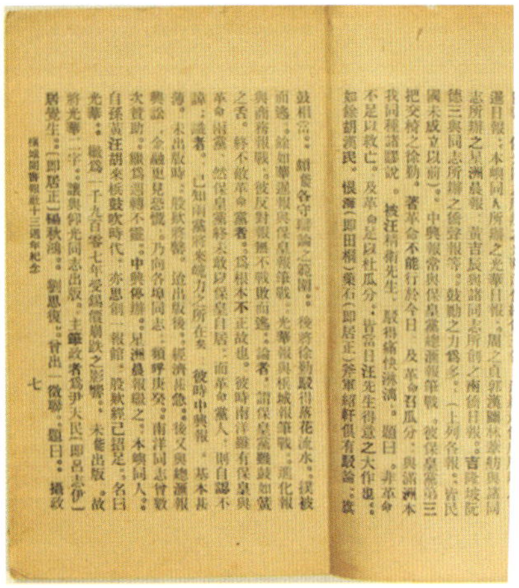

The Thirteenth Year Memorial of Yueshu Newspaper Office in Penang, published in 1921.

Yueshu Newspaper Office was the center for Overseas Chinese in Nanyang to publicize revolutionary ideas in the period of the Revolution of 1911 and the organization which supported the Tongmenghui. According to the book, Yueshu Newspaper Office was established by Wu Shirong, Huang Jinqing, Chen Xinzheng and Qiu Mingchang on November 13, 1908. It was located on No. 94 of Ganzi Garden in Penang. It held speeches each month. People who wanted to become members of Yueshu Newspaper Office needed to take an oath, shake hands with each other and buy revolutionary books to give Overseas Chinese. The book was not divided by chapters and it recorded the establishment of Yueshu Newspaper Office and some letters of Sun Wen, Ju Zheng, Chen Qimei and Huang Xing. It recorded some activities held by revolutionists like Wang Jingwei and Sun Zhongshan including fund-raising and spreading revolutionary thoughts, which could reflect the revolutionary activities of early revolutionists like Sun Zhongshan.

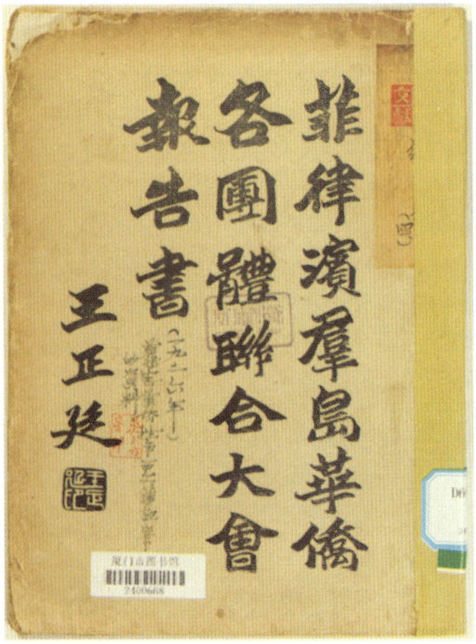

Joint Assembly Report of the Overseas Chinese in the Philippine Islands

It recorded the origin and procedures of the joint assembly of the overseas Chinese in the Philippine Islands. It collected the important speeches, important reports, and the appendix included many lists and charts. It was a complete record for the conference and had important historical values for studying the overseas Chinese in Philippines.

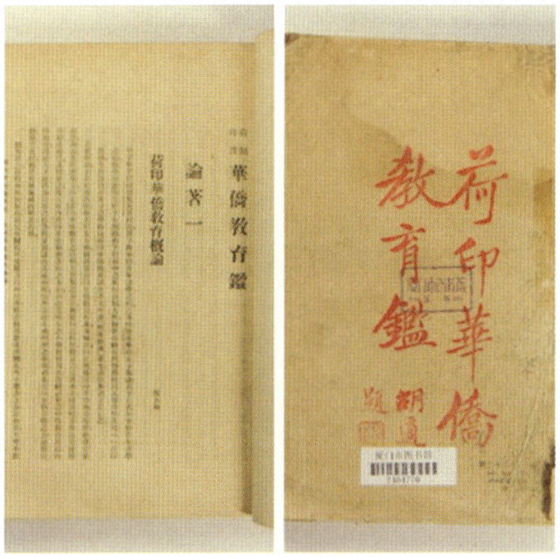

Education Book of Overseas Chinese in Holland East India, compiled by the editorial board of the academic affairs institution of overseas Chinese in Holland East India.

It collected 33 writings of educators about overseas Chinese education in Holland East India. It talked about the overview of education, the changes and trends of education, textbooks and curriculum of the overseas Chinese education in Holland East India, and it included works of Liang Qichao and Zhang Jiuru. It also included some statistic charts and tables about the educational institutions, providing valuable literature for overseas Chinese education in Holland East India.

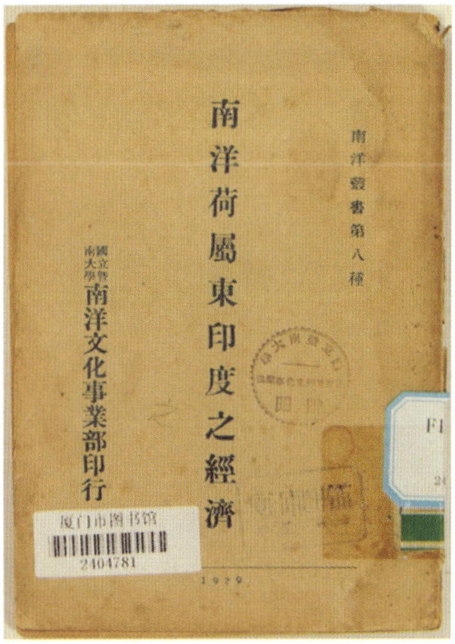

Economy in Holland East India in Nanyang, published by Nanyang Culture Department of National Jinan University, translated by Liu Shimu, firstly published in August 1929.

The book from a speech of E. Hefferich who was a German economist was the 8th kind of *Nanyang Series*. After its publishment, a Japanese got the book and translated it into Japanese, and Liu Shimu translated it from Japanese into Chinese. The book analyzed the reason of the world wars and the economic conditions of Holland East India (Indonesia).

Pictorials in Singapore (70th issue), published on November 20, 1929.

The pictorial included many photos which reflected the society at that time, for example, the photo of actors in Beiping Art Club, the photo reflecting anti-Russia situations, the photo of kids of Xiehe Kindergarten in Los Angeles in America, the photo of women selling flowers in Xingzhou (i. e., Singapore), the photo of overseas Chinese in America and the facts in Nanyang. The early *Pictorials in Singapore* paid much attention to China and reflected the close relation between overseas Chinese with China.

The History of Overseas Chinese in Nanyang, written by Wen Xiongfei. The first edition was published in November 1929 by Shanghai Eastern Press.

It followed the style of event-based historical record, and the Parts 1 and 2 recorded the history of the overseas Chinese moving toward south and the history of merchants, studying the reason of overseas Chinese taking the special position in economy. The Part 3 included miscellaneous biography, chronology, biographies of 32 representatives like Chen Jiageng and Lin Tuiqian, and Transportation Chronology of China-Nanyang. The book had the appendix of 7 notices about labor contract and planting.

The 30th Anniversary Memorial of Anglo Chinese School of Manila, edited by Yan Wenchu, 1929.

In 1929, to commemorate the 30th Anniversary of the establishment of the Anglo Chinese School in the Philippines, the principal, Yan Wenchu, edited the book. It contained 40 articles and covered many aspects, e. g. , the movement and new trend of world peace and development, China's political changes, the history of the Chinese Kuomintang, the development of industry agriculture, commerce, education, the condition of Japanese invasion to the south, the British colony in Nanyang, the overseas education development of the Holland East India, Myanmar, Siam (i. e. , Thailand), Annan (i. e. , Vietnam), the development of overseas Chinese in the Philippines and the development of Anglo Chinese School in the past 30 years. The book on the development of overseas education in countries in the Southeast Asia provided the important reference for studying the history of overseas education in Southeast Asia.

The Birthday Wishes on the 73-year-old Zhuang Yin'an, 1929.

In April 1929, Zhuang Yin'an, the former president of Myanmar Branch of Tongmenghui and Myanmar Branch of Tongmenghui in Fujian, celebrated his 73th birthday with his relatives and friends. Zhuang Yin'an collected the birthday wishes from relatives and celebrities such as Hu Hanmin and Zhang Zhen, and his own preface and his portraits in different times, which had historical values.

The Records of The Straits Settlements of the Britain in Nanyang, written by Song Yunpu, published in January 1930.

The book included three parts, Singapore, Penang and Malacca. Each part included eight chapters, such as overview, material, survey, celebrity, tourism, entertainment, traveling notes, and other notes. They told the history, cultural conditions and overseas Chinese of the three places, which were not only the records but also the traveling guides. The reference material of the book includes 13 kinds of newspapers and 51 books in Nanyang, and translation from foreign books of the Britain, Holland, Japan, USA, France, Xianluo (Thailand) and Annan (Vietnam). The reference material is rich in information.

The History of Myanmar Branch of Tongmenghui, the volume 1, written by Xu Shiyin, edited by the compilation agency of Myanmar Branch of Tongmenghui, printed by Siming Rixin Book Company (1931).

The book told the history from November 2, 1908 when Myanmar Branch of Tongmenghui was established, to August 1912 when Tongmenghui formed Kuomintang. The book included Parts 1 and 2: the Part 1 was compiled by the compilation agency, and the Part 2 was the Overseas Chinese Revolution History in Myanmer written by Xu Shiyin. The library only had the Part 1. The Part 1 included four chapters, i. e., history of branch of Myanmar Branch of Tongmenghui, history of members of Myanmar Branch of Tongmenghui, the overview of members of Myanmar Branch of Tongmenghui, and Revolution. There were also some photos of important persons and revolution newspapers. The book recorded the conditions and development of overseas Chinese in Nanyang who supported and joined in the 1911 Revolution, and saved a lot of valuable historical material.

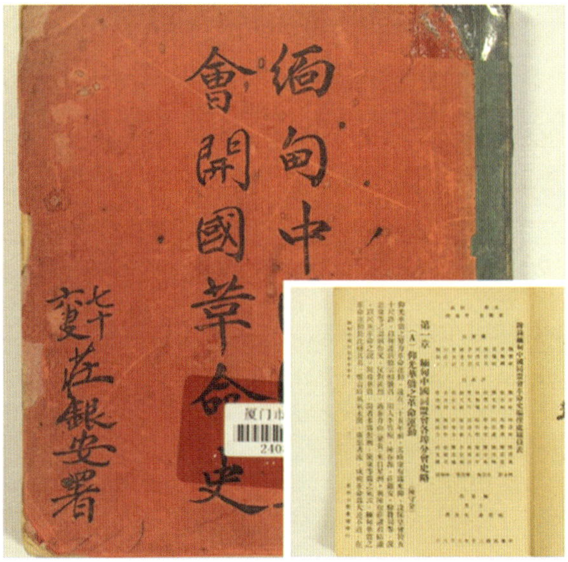

The Overseas Chinese in Europe, written by Chen Lite, 1933.

The book analyzed the reason of overseas Chinese to Europe, traced the origin, told the living conditions from houses and food, and surveyed the political and other life of these overseas Chinese in Europe. It was the earliest works in China to systematically describe the conditions of overseas Chinese in Europe.

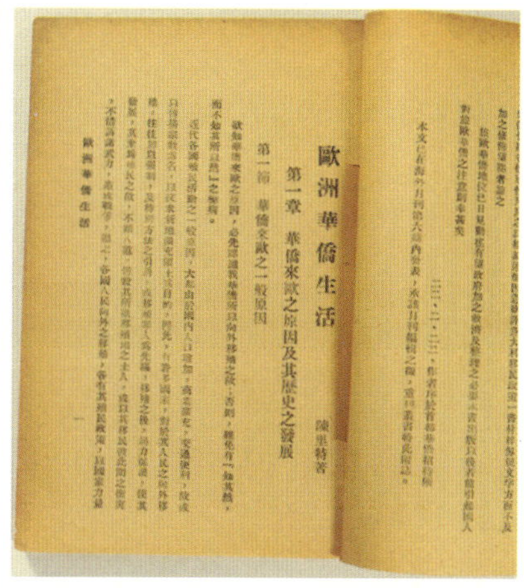
歐洲華僑生活
陳里特著
第一章 華僑來歐之原因及其歷史之發展
第一節 華僑來歐之一般原因

Nanyang and Establishing the Republic of China, edited by Zhang Yongfu, published by Zhonghua Book Company on October 10, 1933.

Zhang Yongfu who followed Sun Zhongshan for a long time was one of founders of Singaporean Branch of the Tongmenghui. He made a great contribution to the rise and the development of revolution in Singapore and Malaysia. Among the early literature on the Revolution of 1911, *Nanyang and Establishing the Republic of China* written by Zhang Yongfu has high values. The book was based on the material Zhang Yongfu collected when he joined in the Revolution of 1911. From the perspective of Nanyang, the book recorded the stories of overseas Chinese in Nanyang and Chinese revolution. The book also included some important events and stories of Sun Zhongshan before and after the Revolution of 1911, which were reliable. The photos of Chen Chunan, Sun Zhongshan and *Tunan Daily* are valuable.

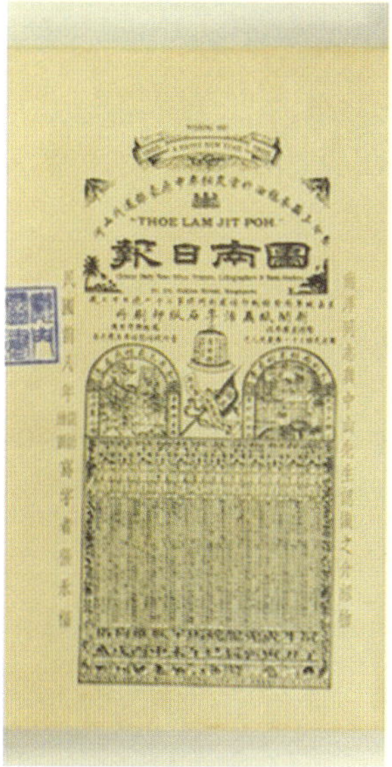

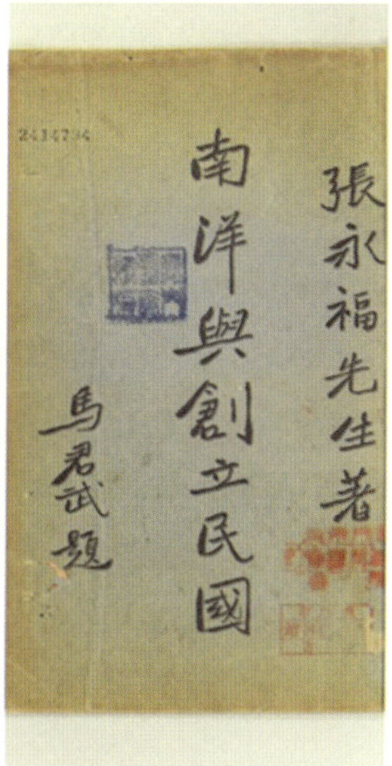

There is a Zhongshan Library in Gulangyu, Xiamen, which changed its name to commemorate Sun Zhongshan. It was opened to the public in 1928 and focused on collecting literature about Sun Zhongshan. *Nanyang and Establishing the Republic of China* was given by Zhang Yongfu to Zhongshan Library.

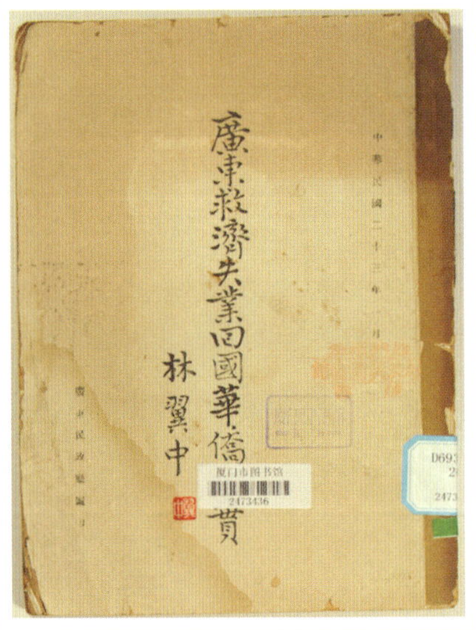

Giving Relief to Unemployed Overseas Chinese in Guangdong, printed by Guangdong Agency of Civil Affairs in January, 1934.

Affected by the world economic crisis from 1929 to 1933, the economy of the Southeast Asia with the most overseas Chinese was declining. Lots of overseas Chinese merchants went bankrupt and many overseas Chinese workers lost their jobs. The industry of gum and tin suffered seriously. Many overseas Chinese were forced to return to China because they couldn't make a living. To commemorate the glory of the revolution and relieve the suffer of the unemployment, the provincial government of Guangdong promoted giving relief to the overseas Chinese, and people also organized some activities to help the overseas Chinese. The book recorded the history about giving relief in Guangzhou, Shantou and Haikou, which has high historical values.

The History of the Chinese Colonizing Nanyang, written by Liu Jixuan and Shu Shicheng, published by National Institute for Compilation and Translation, printed by the Commercial Press, re-printed in March 1935.

The book recorded the history of Chinese emigrating to Nanyang. In the introduction, the writer stated that the purpose of the book was to arise the national awareness and return the national confidence. The feature of the book was the rich historical material including over 160 kinds of books. There were Chinese official materials like *Diplomatic Bulletin* and *Customs Trade Statistics Monthly*, official materials of the Philippines and Holland East India, the reports and local records like *Overseas Chinese News*, ancient literature and contemporary books on studying the issue of overseas Chinese. Moreover, the writer also consulted English and Japanese literature. "According to the present standards, the book still shows the high academic levels."

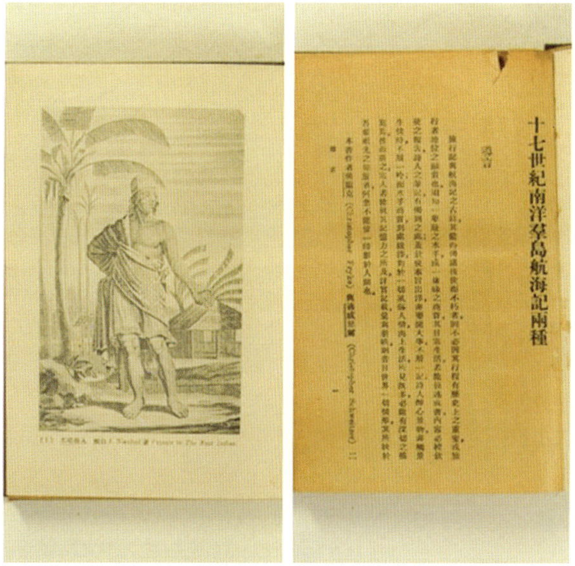

The Two Voyages in the Nanyang Islands in the 17th Century, written by Fryke and Schweitzer, translated by Huang Sufeng and Yao Zhan, published by Shanghai Commercial Press in September, 1935.

The book included two storis about Europeans's voyage in the Nanyang islands in the 17th century. The first was the military and voyage documentary of the East India, which was published in Germany in 1692. The second was the six-year journal of voyage in the East India which was published in 1688. The two were the earliest books which records the history of the Nanyang Islands in western languages. The British deemed the value of the book as the value of *Macro Polo*. The translators made textual research on old words and the names of animals and plants , and listed over one hundred notes. Wang Yunwu listed the book as the "Translation of the World Masterpieces Series" of the Commercial Press.

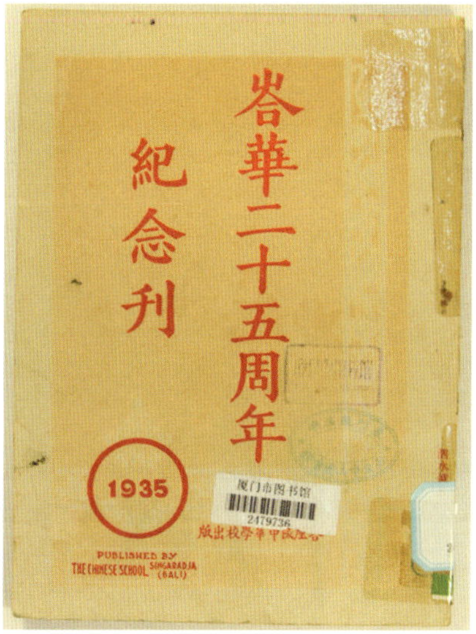

The 25-year Memorial of Bahua, published by Baliling Chinese School in 1935.

Bali is a small island of Holland East India (Indonesia). In 1935, at the 25th year after the establishment of the Baliling Chinese School, the book was published to elaborate the school motto and record the administration, teaching affairs, books and events of the school. The book seemed to be a memorial of the school, but actually, it recorded the history of overseas Chinese education.

The Special Issue of the Investigation from the Overseas Chinese in Philippines Returning China, written by Liqiang Club, published in April, 1936.

In the 1930s, the number of overseas Chinese who stayed in the Philippines reached hundred thousands. They organized to investigate the situations of the industry and commerce of China, and took the responsibility to introduce the situations of the overseas Chinese in the Philippines to China. The issue included the suggestions and thoughts from people who investigated China and photos of many people, which showed that the overseas Chinese were enthusiastic about building and developing the country.

The 30-year Memorial of Chinese Chamber of Commerce in Manila (Minlila), the Philippines, written by Huang Xiaocang, edited by the publication committee of the Chinese Chamber of Commerce in Manila, the Philippines, published in 1936.

The book included three parts. The first part were the foreword and photos, the second part were words, and the third part were the English inscriptions and papers. The second part included six units, i. e., the history, commerce, laws, statistics, famous places, and books. The purpose of the compilation was to make overseas Chinese to be clear about the positions of themselves in the Philippines and to encourage them to pay more attention to the commerce, economy and customs. The contents of the book were rich, including the events, laws and customs. It can be deemed as the important historical material.

The Chinese Colonial History, written by Li Changfu, published in January, 1937.

It was the first volume of *Chinese Cultural History Series*, and the book included five chapters. The writer valued the methodology of studying the history. The book was the significant works of the Chinese emigrating history.

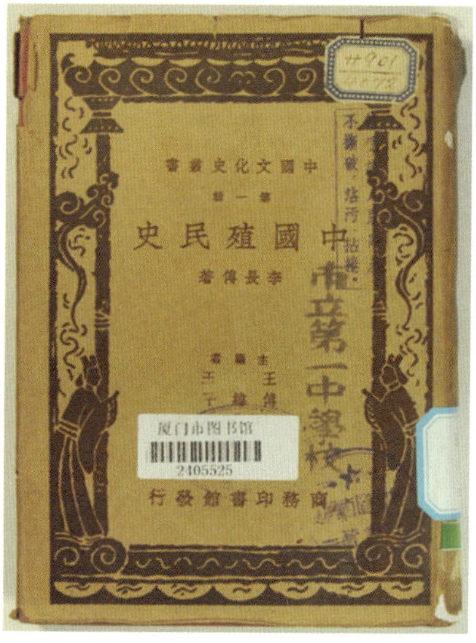

Special Issue of Overseas Chinese Women Saving the Country, edited and published by Huanglianxing Company in January, 1938.

The book recorded the events of overseas Chinese women supporting the war against the Japanese aggression. The book disclosed the evil face and behaviors of the Japanese invaders.

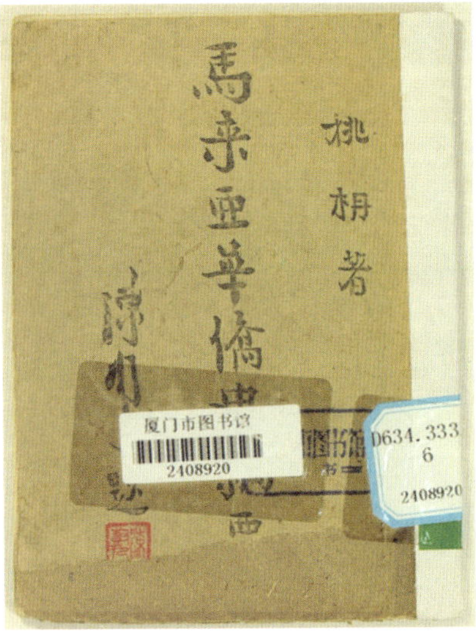

Outlines of History of Overseas Chinese in Malaysia, written by Yao Zhan, compiled by Nanyang Research Institute, printed by Commercial Press, first published in April 1943.

Malaysia was one of the important settlements of overseas Chinese. The book briefly introduced the transportation of the Chinese and Malaysia in ancient times and studied the change of positions of Malaysia and the economic development of overseas Chinese. Some tables and statistics showed the contribution to the economic development of Ma by the overseas Chinese.

Special Issue of Black and White Men and Women Basketball Team of the Philippines Visiting Xiamen and Shanghai, published in October 1946.

Black and White Basketball Team of the Philippines was born in April 1934, which consisted of overseas Chinese, and its performance was brilliant. There were two purposes or reasons of returning to China: the first was to promote sports and examine the results of the basketball sports; the second was to visit the country and to make friendly contacts. The book introduced the history of the team and the purpose of the expedition. It also introduced the games and photos of players, which was valuable.

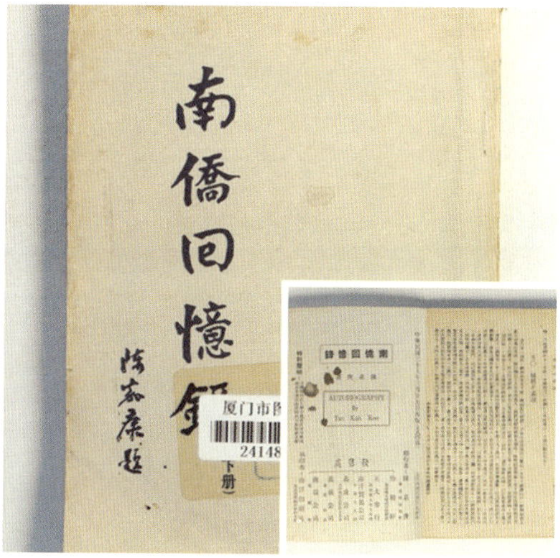

The Memoir of Overseas Chinese in Nanyang, written by Chen Jiageng, re-published in 1946.

Chen Jiageng (1874-1961), from Jimei, Xiamen, was the famous patriotic leader of overseas Chinese. He was also the excellent educator and activitist in the 20th century. Chairman Mao once prized him as the "the example of the overseas Chinese and the glory of the nationality". From 1943 to 1945 when Chen Jiageng took refuge in Indonesia, he wrote the book as an autobiographical memoir, and the book included about 300, 000 Chinese characters. The Japanese invaded China and all of overseas Chinese shared a bitter hatred of the enemy. The overseas Chinese raised money, refused the Japanese goods and returned to China to save the nation from extinction. The book recorded the support for the War of Resistance Against Japanese Aggression from the overseas Chinese in Nanyang, and how Chen Jiageng established schools and run business. Chen Jiageng served as the chairman of the organization of raising money for saving country of overseas Chinese in Nanyang, and led the movement to support the War of Resistance Against Japanese Aggression. The book was mostly based on his own experiences and therefore, it became the valuable material for studying the history of overseas Chinese in Southeast Asia, overseas Chinese in Nanyang and the War of Resistance Against Japanese Aggression, and the first-hand material for studying Chen Jiageng.

The 10th Year Memorial Issue of Xiamen Association in Singapore, written by Zhong Qinghai, published on December 31, 1947.

The book had over 200, 000 Chinese characters, including inscriptions, charts, overviews, reports, records of events, history and future parts, works and appendix. It mainly introduced the history since the establishment of Xiamen Association in Singapore, some important events and prospects for the future. It also included the material of industry and commerce, paintings and arts, scenes of the city and old photos, which can show the situations of Xiamen at that time.

Study of Philippines (the first issue), compiled and published by Jinan Overseas Chinese Student Union in the Philippines, published on May 20, 1928.

It studied the issue of overseas Chinese in Nanyang from many aspects, including the history and politics of the Philippines, the overseas Chinese education and the positions of the overseas Chinese, trying to bridge the gap between the overseas Chinese and China. It included the special subject, novels, poems, essays, and works of Liu Shimu and Yan Wenchu.

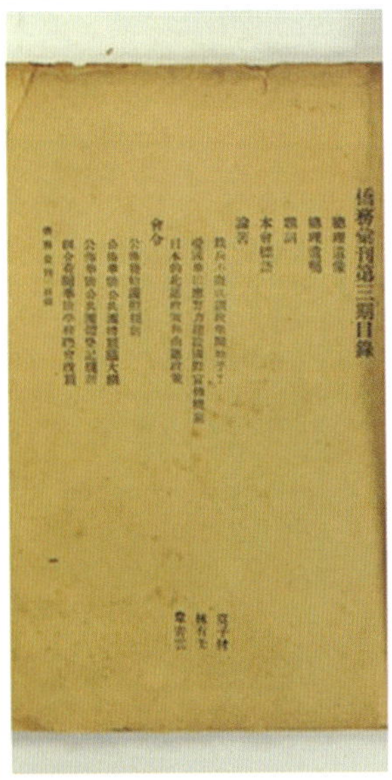

Transactions of Affairs Concerning Nationals Living Abroad (the third issue), compiled by the committee of national government affairs concerning nationals living abroad, published on January 25, 1929.

It was established by the committee of of national government affairs concerning nationals living abroad. The book included slogans, works, orders, messages, records, laws, national and international events , and the news of the overseas Chinese. It spread the national and foreign news, the dynamic conditions of overseas Chinese and analysed the issue of overseas Chinese, which was the relatively important overseas Chinese journal.

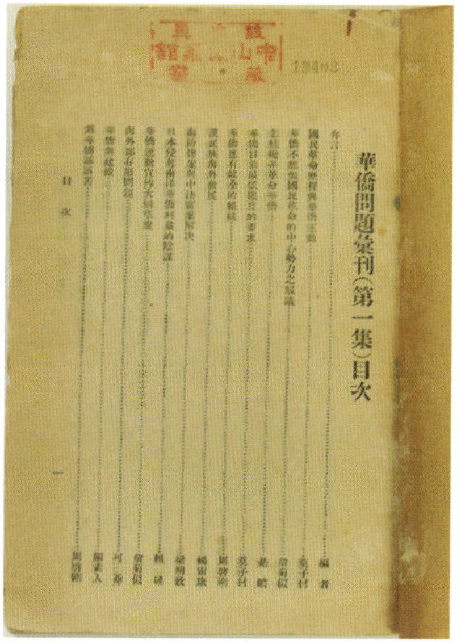

Transactions of Issues of Overseas Chinese (the first set), edited by the second office of overseas Chinese in August, 1929.

Transactions of Issues of Overseas Chinese (the first set) included 24 essays, studying the relation between the overseas Chinese and national revolution, the overseas Chinese organization, the development of the overseas Chinese, and the important issues of overseas Chinese, which became the important journal studying the overseas Chinese.

The Overseas Chinese in Fujian (the first issue), 1929, semimonthly.

The journal was established by overseas Chinese associations in Yongchun, Jinjiang, Nan'an, Huian and Anxi, Singapore. The columns included short comments, exclusive reports, national communications, short messages of overseas Chinese, literature and arts. It also included some news, surveys, the development conditions and the overview of overseas Chinese. There were many materials reflecting the society of Soutern Fujian at that time and some valuable photos. There was an article from Chen Jiageng in the first issue.

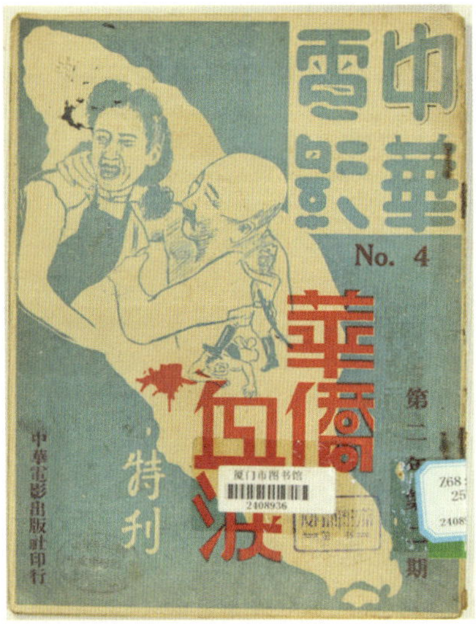

The Chinese Movies (the second issue in the second year), established by Lin Zhensheng, published by the Chinese Film Publisher in Singapore in 1946.

The film of "*The Blood and Tears of the Overseas Chinese*" was previewed in Singapore and the journal reported it in detail. It introduced the story of the film, the origin and interesting parts of the film, photos of films and some news and knowledge about the film. *The Blood and Tears of the Overseas Chinese* was filmed in 1946 by the Chinese film studio. The film as a black-and-white sound film reflected the brutality of the Japanese aggression and the overseas Chinese resisting against the Japanese. The director was Xie Wenjin, the actors and actresses included Chen Feng who played the part of Lin Zhenxin, Huang Wanqiao who played the part of Yu Xianhua, and Su Dan who played the part of Huang Kuizhang. It was an early film reflecting the subject of overseas Chinese.

The Overseas Chinese in Southeast Asia, Parts 1 and 2, written by Victor Purchell. It was translated by Guo Xiangzhang, published by a press in Taipei, in 1974.

It included over 1, 100 pages. part 1 included introduction, the first Chapter which was the overview of the overseas Chinese in Southeast Asia, the second to the fifth chapters which told about overseas Chinese in Myanmar, Thailand, Vietnam, Cambodia, Laos, Malaysia and Singapore. Part 2 included the sixth to the eighth chapters, which told about overseas Chinese in British Borneo, Indonesia and the Philippines, conclusions and a postscript. The writer of the book had lived in the Southeast Asia for years, who served as the official of the British government in Malaysia. He knew Chinese, Cantonese and many other foreign languages, and knew the overseas Chinese very well. Therefore, the book made a comprehensive and deep study about the population, history, economy, society, culture and politics of overseas Chinese in Southeast Asia. It was regarded as the most valuable work at that time and it is one of the most important works on studying the overseas Chinese in Southeast Asia. The translator Guo Xiangzhang referred to the old and new editions of the original book, and tried to realize the faithfulness, expressiveness and elegance of the translation.

The Compilation of Historical Materials of Overseas Chinese Workers (10 volumes), written by Chen Hansheng, printed by Zhonghua Book Company in 1980s.

The book included 10 volumes, i. e., *The Compilation of Chinese Official Documents*, *Selected Translation of Documents of British Parliament*, *Selected Translation of Documents of America's Foreign Affairs and Congress*, *Chinese and Foreign Comprehensive Books about Overseas Chinese Workers*, *The Private Works about Overseas Chinese Workers in Southeast Asia*, *Chinese Laborers Abroad in Latin America*, *Chinese Laborers Abroad in America and Canada*, *Chinese Laborers Abroad in Oceania*, *Chinese Laborers in Africa* and *Chinese Laborers Going to Europe in the First World War*. The history of Chinese laborers going abroad is a major issue in the history of China and the world. Scholars at home and abroad have paid much attention to studying the history. The compilation collected a lot of first-hand materials and literature about Chinese laborers abroad, and it was the highest level among books about this history. It provided scholars with rich information and materials, and promoted the study about the history of Overseas Chinese.

The Compilation of Materials of Modern Overseas Chinese Investment in Chinese Enterprises (the volumes of Fujian, Guangdong and Shanghai), written by Lin Jinzhi and Zhuang Weiji (published by Fujian People's Publisher in 1985, and 1989, and by Xiamen University Press in 1994, respectively)

The overseas Chinese have the tradition of loving their country and hometowns. In modern times, the overseas Chinese invested in industries and made a great contribution to the economic development of China. As the professors of Xiamen University, the authors led teams to survey the overseas Chinese investment of 48 cities and counties in Guangdong and Fujian, and Shanghai from 1958 to 1960. They compiled the manuscript from 1960 to 1961. Each volume was divided into several parts by the category of enterprise, each part was divided into several chapters by the category of area, and each chapter was divided into several sections by the category of industry. At the beginning of the 1980s, the writers published the book. The book is the important work of studying the relation between overseas Chinese and Chinese economy, gaining praise from scholars at home and abroad.

The Historical Materials of Archives of Overseas Chinese in Fujian, 4 volumes, edited by Fujian Archives, published by Archives Publisher in 1990 (the first edition).

Fujian is the important hometown of overseas Chinese, and the affairs of the overseas Chinese occupies an important position in the work of government. Therefore, there are a lot of archives. Archive materials from 1912 to 1949 were selected, and the content was composed of 10 parts, including organization, plan, reports, overseas remittance, overseas education, overseas donation and other parts. The book can be used for studying the history of overseas Chinese and the local history.

The Records of Fujian — The Records of Overseas Chinese, edited by compilation committee of the Records of Fujian, published by Fujian People's Publisher in 1992.

The overseas Chinese from Fujian are distributed in five continents and over 100 countries. The book was one kind of records, and it recorded the history of overseas Chinese going abroad. It introduced the development and contribution of overseas Chinese and reflected their contribution to China, overseas affairs and the related institutes and organizations in different stages. The book collected a lot of materials and received the guides from many experts at home and abroad, becoming the important reference for studying the overseas Chinese issue.

The 100-*year History of Overseas Chinese in Singapore*, written by Song Wangxiang, translated by Ye Shude, published by the Chinese Chamber of Commerce in Singapore in 1993.

The book described a comprehensive chronological history, and recorded the society of overseas Chinese from 1819 to 1919. It recorded the social activities the overseas Chinese joined in the 19th century from different aspects, including economy, society, education, religion and politics. It was a reference for overseas Chinese affairs and a record book of overseas Chinese. It recorded the stories and public cultural services of outstanding overseas Chinese.

Xiamen, *Hometown of Overseas Chinese*, edited by Guo Ruiming, published by Lujiang Publishing House in 2002.

The book was one of the second set of *Xiamen Culture Series*. Guo Ruiming served as the deputy chairman of Overseas Chinese Federation in Tong'an, Xiamen, the chief editor of *Tongsheng Newspaper*, and standing director of Xiamen Overseas History Society. Xiamen is one of the famous hometowns of overseas Chinese. The book introduced the history and business experiences of overseas Chinese in Xiamen and reflected the contribution of overseas Chinese to economic development and cultural education, and studied the overseas affairs in Xiamen.

Encyclopedia of Overseas Chinese, edited by the editing committee, published by The Chinese Overseas Publishing House, 1998 – 2002, the first edition.

The book included 12 volumes, i. e., the general volume, the volume of characters, the volume of societies and parties, the volume of economy, the volume of education and technology, the volume of journalism, the volume of laws, regulations and policies, the volume of history, the volume of works, the volume of customs, the volume of literature and arts, and the volume of overseas Chinese. It made a comprehensive, systematic and deep introduction of the history and present conditions of overseas Chinese. It was the first large reference book about the knowledge of overseas Chinese. The book tried to be accurate and reliable, and paid much attention to the scientific, academic and knowledgable characteristics. It was the gems of wisdom of many scholars in Beijing, Fujian, Guangdong, Shanghai, Hainan and Guangxi.

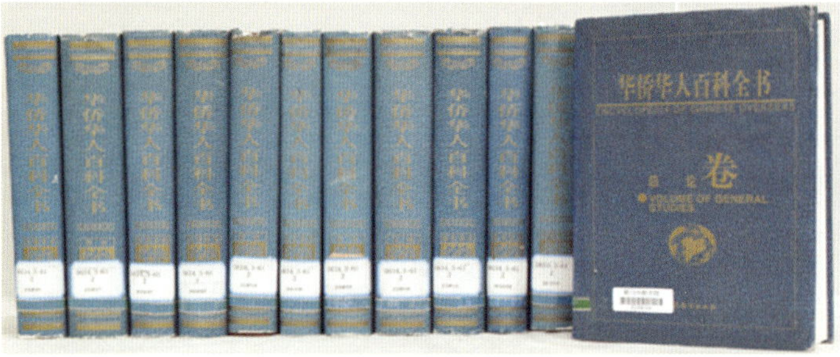

The Study on History and Geography of Nanyang and Overseas Chinese — Collected Papers of Li Changfu, written by Li Changfu, *et al*, published by Jinan University Press in 2001, the first edition.

Li Changfu (1899-1966), was the famous scholar on studying the history and geography of China, especially those related to overseas Chinese in Nanyang. The book collected his 40 papers and most of papers were related to his study on history and geography of Nanyang. Li Changfu was one of the pioneers who studied the geography in dialectical materialism in China. His study on history and geography of Nanyang was comprehensive and new. Though some citations were not accurate, the book summarized the historical and geographical conditions of Nanyang in that period and had important reference values. Because of the serious loss of the past materials after the second world war, the publishment of the book was significant for the later study on Nanyang.

The Overseas Chinese Society in Thailand: An Analysis on History, written by G. William Skinner (the U. S.), translated by Xu Hua, *et al*, published by Xiamen University Press in 2010 (the first edition).

G. William Skinner (1925-2008) was the famous archaeologist and sinologist in the U. S., and he wrote the book in 1956. The book introduced overseas Chinese in Thailand from before 1600 to 1950s, and materials were collected from field investigation of archaeology. Although it was a historical book, it emphasized on analysis rather than narration. By giving the example of overseas Chinese in Thailand, he came up with the famous model of nationality "assimilation". The idea was popular. The book was still the classic work about the study of Southeast Asia and overseas Chinese.

Nanyang Research Institute of Xiamen University (the origincal Nanyang Research Department) was the first institute that realized the academic values of the book. The translation of the book was completed from 1962 to 1964. In 2009, based on the original translation version, the book was re-translated and published according to the academic norms, and it ranked second in *Studies on Southeast Asia and Overseas Chinese Series* of Center for Southeast Asian Studies of Xiamen University.

Overseas Chinese in Nanyang and Society of Fujian and Guangdong, written by Chen Da, published by the Commercial Press in 2011 (according to the 1939 edition).

It was one of the *Chinese Modern Academic Famous Book Series*. It was a research report by Chen Da who did a research on the society and economic conditions of Guangdong and Fujian in 1934. The book involved two sets. The first set told about traditional lifestyles in two chapters, i. e., environment and change of society. The second set told about the influence of migration in seven chapters. The book focused on the formation and change of lifestyles, made description and analysis on social elements and social force, and discussed the organization, process, evolution and change of lifestyles. The book pursued the comprehensive investigation and deep analysis, offering an example for the field work of studying the sociology and archaeology in the Republic of China.

The Compilation of Historical Materials of Overseas Chinese in Republic of China, 15 volumes, compiled by Geng Suli and Zhang Jun, published by National Library of China Publishing House in 2011, the first edition.

The book was one kind of the series of *The Compilation of Historical Materials in Republic of China*, collecting 49 kinds of literature about overseas Chinese published from 1913 to 1948 (44 kinds of books and 5 kinds of journals).

Postscript

Xiamen Municipal Library was one kind of "Series of China's City Libraries in the 21st Century", which introduced the collection and service of Xiamen Municipal Library from 1919 to 2014 with the cultural and social background of Xiamen.

In March 2014, Xiamen Municipal Library established the editorial board and selected the employees from each department to participate in the writing of the book. According to their professional work, Lin Shaojie wrote Chapter One and Section Five of Chapter Two; Li Ying wrote Sections One and Four of Chapter Two; Xue Hanqiu wrote Section Two of Chapter Two and Section One of Chapter Three; Su Hua wrote Section Three of Chapter Two; and Chen Hongqiu wrote Section Two of Chapter Three. Lan Meihui and Chen Xiaoqin prepared and collected the relevant materials. The first draft was completed on September 17, 2014. According to the suggestions of the reviewer Wang Zongyi who was the research librarian of Shanghai Library, Fu Hong led the revision of the first draft. The chief librarian Lin Liping finalized the book and gave it to Tianjin University Press in March 2015.

The book seeks to highlight the development of the library under the background of the overseas Chinese culture in Xiamen, which shows the change from the traditional culture of collection to the culture of reading, and reflects the fruits of building the public culture service system and the new image of city libraries.

To focus on the theme of "Series of China's City Libraries in the 21st Century" and keep the integrity of historical materials, we made great efforts and organized seminars for many times. We agreed to describe the activities of library in the latest decades in detail, and highlight the features of library services and the combination of literature features and city culture. We also invited Hong Buren, the expert of Xiamen history and former deputy director of Xiamen Local Records Office, Li Guoliang, the expert of study of the overseas Chinese history and professor of Xiamen University, and Yan Ruxuan, the former director of exhibition department of Xiamen Overseas Chinese Museum, to check and revise the book. Professor Xu Jianhua in Nankai University and Tianjin University Press also gave a lot of guidance.

Because of the limited knowledge and time, errors were unavoidable. We are willing to listen to comments and criticism from readers.

Authors

March 10th, 2015